北京市社会科学理论著作出版基金资助

博雅语言学书系

LANGUAGE AND HIGH-LEVEL METONYMY

语言与高层转喻研究

陈香兰　著

北京大学出版社
PEKING UNIVERSITY PRESS

图书在版编目(CIP)数据

语言与高层转喻研究 / 陈香兰著. —北京：北京大学出版社，2013.9
（博雅语言学书系）
ISBN 978-7-301-22913-2

Ⅰ. 语…　Ⅱ. 陈…　Ⅲ. 语言学—研究　Ⅳ. H0

中国版本图书馆CIP数据核字(2013)第173094号

书　　　名：语言与高层转喻研究
著作责任者：陈香兰　著
责 任 编 辑：唐娟华
标 准 书 号：ISBN 978-7-301-22913-2/H·3351
出 版 发 行：北京大学出版社
地　　　址：北京市海淀区成府路205号　100871
网　　　址：http://www.pup.cn　　新浪官方微博：@北京大学出版社
电 子 信 箱：zpup@pup.pku.edu.cn
电　　　话：邮购部 62752015　发行部 62750672　编辑部 62754144　出版部 62754962
印　刷　者：三河市博文印刷厂
经　销　者：新华书店
650毫米×980毫米　16开本　16.5印张　279千字
2013年9月第1版　2013年9月第1次印刷
定　　　价：36.00元

本研究课题得到教育部人文社科一般项目“语言中的高层转喻思维机制研究”(项目批准号:09YJA740022)的部分资助。

序

这本书是陈香兰2006—2008年在北京大学从事博士后研究的出站报告《语言中的高层转喻思维机制研究》的基础上整理而成。陈香兰的指导教师是北京大学长江学者申丹教授。在此期间，我有幸参与过该课题的部分活动，并担任陈香兰出站报告的答辩委员会主席。现作者约请我作序，欣然从命。

这本书属于认知语言学和语用学范畴的理论研究，从认知语用学角度讨论语言现象，尤其是汉语现象中难以从字面观察到的转喻思维。如果我们回顾转喻研究的发展历程，从Plato和Aristotle把转喻作为一种修辞格起，经由Jakobson提出转喻与隐喻之别在于前者为“相邻”、后者为“相似”，Lakoff和Turner把转喻定义为两个概念认知域之间的一种概念映射，以至转喻被用于解释间接言语行为和语法变化，就不难发现本书的高度前端性，陈香兰所从事的高层转喻思维机制研究正是国内外认知语言学的一个前端课题。

为研究本课题，陈香兰教授认真学习和采用当今学术研究中的最新成果，如将转喻分为高低层的思想；有关场境理论的思想；转喻观点和目前的种种构式观点；思维的语境条件等等。这说明陈香兰教授密切关注并掌握了转喻研究的最新成果，积累了多种学科的知识，为本课题研究做了大量准备。

这本书主要讨论五种语言现象：“What's X doing Y”构式、现代汉语的间接拒绝、现代汉语疑问句的意义偏离情况、汉语伏应和汉语“的”字结构。不难看出，作者所研究的课题涵盖多个方面，并且主要是结合汉语进行的。这一方面向汉语界介绍了国外的先进理论，另一方面将这些理论应用于汉语实践，本书的实用性应予肯定。

但我认为这本书的最大看点是作者始终采取唯真理是问的非派性立场，即作者不拘泥于一个学派的理论，或是以一派理论抨击另一派理论，而是不论哪一派都是该肯定的肯定、该学习的学习，该存疑的存疑。除对上述已经流行两千多年传统的转喻观指出其局限性外，作者不同意Chomsky从深层结构和表层结构的转化以及约束原则来解释照应问题；作者在肯定了Halliday和Hasan的衔接理论的同时，指出他们只讨论词汇和句子层面的衔接问题，未涉及语篇的层次；就本书主要采用的理论之一——语用学理论来说，作者坦率地指出Grice的合作原则、Searle的间接言语行为理论以及Sperber和

Wilson的关联理论和传统语用推理理论无法系统解释有关的推理模式和认知基础；从认知理论看，Lakoff、Johnson、Turner等人虽然指出隐喻和转喻是人类语言使用的两种心智策略，以后进一步把转喻看作一种概念映射，但这些学者对转喻的研究深度远远不如对隐喻的研究；在"的"字结构研究方面，作者认为我国汉语界多数学者只是从语法、语义的角度研究，等等。所有这些，表明了作者的用心所在，她能从前人的研究中构建自己继续前进的台阶。

为了回答或解决上述问题，作者经过材料收集和分析研究，在多方面取得了突破。如作者提出意义偏离不仅是语用问题，也是一个认知思维问题，因此在研究中采用高层转喻来解释意义偏离；认为构式的意义生成与语境密切相关，背景知识规定着常规的转喻思维，而情景语境影响着常规思维在具体情况下的变化；构式的转喻操作有时表现为两域操作，但在间接请求身边的人去阻止构式所涉及的行为的条件下，可表现为多域操作；拒绝言语行为必须考虑上下文的动态语境，并有狭义拒绝和广义拒绝之分，特别是语境对间接拒绝有时有决定性的作用；常见的间接拒绝的转喻类型有部分代整体、整体代部分和因果思维中的转喻三种；间接拒绝经常存在两种类型的转喻链——从直接到间接的转喻链和从间接到直接的转喻链；在伏笔照应方面，提出了区分四种不同的"伏"与"应"类型，即一伏一应、一伏多应、多伏一应和多线伏应；"的"字结构中的转喻思维可细分为领有者、领有物、地点、人/物、形状、事物、施事+行为、对象、行为+受事、人、时间、事物、施事+行为+受事、事物、行为+形状、事物等转喻思维源域类型，等等。这样的创新性成果在本书中屡屡出现，令人欣喜。

最后，作者承认在这本书中对转喻在不同语言中的特点和规律尚未充分涉及；在方法上主要采用内省法，不可避免地会带有一定的主观性；所提出的假说还有待后续研究的进一步验证和完善；有些问题有待继续思考，如反问的问题等等。这说明作者的治学态度是谦虚的、诚恳的。

陈香兰现为对外经济贸易大学教授、硕士生导师、理论语言学研究所所长，多次应邀赴西班牙、葡萄牙、荷兰、芬兰、波兰等国出席国际学术会议并宣读论文。2012年她还赴英国华威大学做了一年的访问学者。这些都说明她具有很强的独立研究能力，并受到国内外学术界的瞩目。陈香兰为人谦和、学习刻苦，积极上进。我坚信，在她治学的道路上，将有更多的突破，她会为我们带来更大的惊喜！

胡壮麟

北京大学蓝旗营寓所

2012年9月21日

目 录

第一章　引　论

本书从认知语用的角度，以汉语为主要语料，探讨其高层转喻思维机制，并力求通过探究汉语认知的独特之处，对场境理论（Panther & Thornburg, 1998）和高层转喻思想（Ruiz de Mendoza & Díez, 2001）进行理论上的补充和发展。具体来说，本研究主要对五种语言现象中存在的转喻思维进行比较系统的探讨：现代汉语间接拒绝、现代汉语疑问句的意义偏离、伏应现象、汉语“的”字结构与“What's X doing Y”构式。我们的基本假设是，汉语中有些语言表达尽管从文字上看不出存在转喻，但其意义获得存在着高层转喻思维，我们认为汉语的转喻思维有其独特性。西方的认知理论有些方面难以解释汉语现象，因此，深入探讨汉语现象的认知转喻，会对转喻理论研究有所贡献。本项研究目的在于揭示一些语言表达背后的高层转喻思维机制，解释一些传统理论和言语行为理论难以解释的语言现象，补充和完善转喻理论。开拓伏应认知研究的新领域，从而对人类认知思维中的高层转喻思维有更深刻的认识。

1.1　研究起因

转喻在我们语言表达、心智思维中非常普遍，它以其独特的魅力引起了哲学家、修辞学家、心理学家及语言学家们的注意。转喻研究的发展大致分为四个阶段：第一阶段，转喻被作为修辞现象来研究，这个阶段可以追溯到Plato、Aristotle，直至20世纪70年代。第二阶段，转喻被作为意义关系来研究，Jakobson（1971）注意到转喻基于“相邻”，而隐喻基于“相似”这一原则。Stephen Ullman（1962）在他的著作*Semantics: An Introduction to the Science of Meaning*中，将转喻定义为意义相邻。第三阶段，转喻被视为概念机制。起初的转喻研究主要集中在转喻的概念本质，转喻概念研究兴起于Lakoff & Johnson（1980），他们指出隐喻和转喻是人类语言使用的两种心智策略。Lakoff & Turner（1989）又对转喻定义进行新的补充，将转喻作为一种概念映射，而且发生在两个概念认知域之间。第四阶段，转喻用于解释间接言语行为和语法变化。Ruiz de Mendoza & Díez（2001）在前人的基础上，明确将转喻分为高层和低层，一些学者将高层转喻作为研究间接言语行为和语法的重要手段。以 Thornburg & Panther（1997）和 Panther & Thornburg（1998）为代表的场境理论的出现，标志着转喻研究从概念指称范围扩展到言语行为领域，其理论核心是用转喻思维来解释间接言语行为的意义获得过程。Panther & Thornburg（1998: 756）指出传统推理理论（如 Grice（1967/1975）的合作原则、Searle（1975）的间接言语行为理论和 Sperber & Wilson（1986/1995）的关联理论）存在两大不足：（1）传统推理理论未能很好地解释为何听话人通常能毫不费力地做出语用推理这一事实；（2）传统理论无法系统解释有关的推理模式和认知基础；这些不足尤其体现在对间接言语行为的解释中。针对这些问题，他们提出场境理论，场境理论把间接言语行为相关的意义整体看作场境，把不同的间接表达看作部分，这样，场境往往由多个间接表达的部分组成。转喻思维体现为：场境中一个成分即一个间接表达，可激活整个场境而获得整体意义。

Ruiz de Mendoza & Díez（2001）对转喻进行高低层分类，将场境理论所讨论的间接言语行为归为高层转喻的范畴。国外对场境理论的研究主要有两方面：（1）研究语用因素在转喻操作中的作用，如 Pérez & Ruiz de Mendoza（2002），他们集中研究了说话双方在“得失”、“权利”、“意愿”等方面谁多谁少的问题。例如在命令言语行为中，言者比听者“得”的更多，“权利”更大，“愿望”更能得到满足。听者处于服从地位，“愿望”难以得到满足，“得”的较少。（2）研究转喻操作域问题，如 Ruiz de Mendoza & Díez（2001）认为“What's X doing Y”构式存在转喻多域操作的情况。从这些成果可以看出，虽然 Panther & Thornburg 和 Ruiz de Mendoza 的相关转喻研究最为深入，得到学界的广泛认可，但目前有两个方向明显还需深入研究，比如语用因素在认知操作中的作用，到目前为止还没有见到系统的分析；同样，转喻多域操作也仅仅是被提及，缺乏深入研究。这具体表现在以下方面。

首先，语境因素对高层转喻的影响，目前研究的还不够。

（1）What time is it?

（2）What's your age?

有些语境下例（1）和例（2）存在高层转喻，比如责备的情景。早晨七点半了，孩子还没起床上学，妈妈从厨房走出来，很不高兴，说出例（1）的话语，在这种语境下，很明显是间接表达对孩子的不满，属于间接言语行为。再如大学已经毕业的女儿，对小弟弟一点儿也不呵护，俩人就小事争执不下，妈妈很不高兴，便对女儿说出例（2）这样的话语，在此情景中，也是间接地表达不满，属于间接言语行为，存在高层转喻思维。当然，有些语境下话语意图为询问，询问时例（1）没有间接意思，这样的语境下也就不存在转喻思维。这两个例子说明语境因素确实影响话语意思，对不同的间接言语行为现象，语境怎样影响其高层转喻思维及其操作，确实需要深入研究。

其次，场境理论只将研究目标定在解释间接言语行为如何通过转喻思维快速获得意义上，对于最基本的间接言语行为问题，例如如何理解间接这一概念？拿什么做标准来衡量间接？有哪些不同的转喻思维类型？这些问题到目前为止还很少有人讨论。

（3）赵安涛：（望了他一下，打破沉闷）实夫，经济情形怎么样？

（俞实夫淡淡地一笑）

赵安涛：（走近身边，摸出方才从正谊那儿拿来的钱，轻轻地塞给他）拿去用了。

俞实夫：什么？

赵安涛：你先用了，付了房钱。不多，这个月多买了几本书，所以……

俞实夫：<u>你自己，不也很窘吗？</u>

赵安涛：别管我，我有办法。（笑）

（夏衍《法西斯细菌》）

该例中，画线部分可以理解为“你自己也不富裕，还帮我，真是感激不尽”，“<u>你自己，不也很窘吗</u>”在这里是间接言语行为吗？间接言语行为如何确定？是否存在转喻思维？这些问题都值得研究。

再者，不同类型的间接言语行为中的转喻情况，他们的转喻操作是否相同？比如现代汉语中疑问句的意义偏离和现代汉语间接拒绝中的转喻操作是否一样？也需要深入探讨。

（4）你有钱吗？

a. 对不起，正好没带。

b. 我这够，谢谢！

“你有钱吗”，从（4a）和（4b）的回答可以看出，两者都不是把问题理解为询问信息，而是理解为隐含义，回答是针对不同隐含义的。这说明，疑问句意义在理解中，与字面义相比，意义发生偏离，回答是针对疑问句意义偏离之后的话语意义而进行的。听者怎样理解到偏离后的话语意思，而不是字面意思？同一个话语表达产生不同的意义偏离是否存在不同的转喻思维？如果是，其背后的机制又是什么？面对偏离现象的复杂情况，如何界定意义偏离？有哪些偏离种类？如果存在高层转喻思维，其转喻思维的认知操作是什么？在复杂的语境中，它们的操作完全相同吗？深入分析不同语境中具体间接言语行为的转喻思维状况无疑存在很广阔的研究空间，有必要进行深入的研究。

此外，已研究的存在高层转喻思维的语言现象，也有需要拓展研究的地方。以“What's X doing Y”构式为例：

（5）Madam: What's this fly doing in my soup?
（直译：苍蝇在我的汤里干什么？）

Ruiz de Mendoza & Díez（2001）不赞同 Kay & Fillmore（1999）对例（5）“What's X doing Y”构式做出从词汇项配价出发的语义分析，认为揭示存在的高层转喻思维对该构式的语义能够做出更好的解释。Ruiz de Mendoza & Díez（2001）认为该构式规约地表示不满或抱怨，例（5）的意义获得基于“行为代结果再代请求”的两步映射转喻（action for result for request）。我们观察发现，由于语境的复杂性，该构式的具体使用情况要比 Ruiz de Mendoza & Díez（2001）所分析的情况复杂得多，该构式在有些语境下存在转喻，而有些语境下不存在转喻，并非规约地表示不满或抱怨，转喻思维的存在是有条件限制的。这些问题前人并未深入探讨，因此也有必要继续拓展。

（6）What's John doing in the garden?（John在花园干什么？）

第4章我们将深入讨论，揭示该构式在询问信息的语境下没有转喻思维；如果在表示担心或不满的语境下，则存在转喻思维。该构式有无转喻与语境有很大的关系，而且进一步揭示语境不同，其转喻操作也会不同，有的语境下为多域操作，有的语境下为两域操作。对这个构式的重新观察，使我们感到已研究的现象仍有需要发展之处。再如“的”字结构虽已被认为存在转喻思维（沈家煊，1999），但转喻思维如何进行？有哪些转喻类型？其转喻属于高层还是低层？这些问题都还有待深入研究。

国内在间接言语行为的转喻解释方面的研究起步较晚，但发展势头很好，越来越多的学者对汉语中的转喻思维加以关注（沈家煊，1999、2006；王寅，严辰松，2005；徐盛桓，2009、2008；张辉，2003），但间接言语行为中的转喻可以做深入研究的空间还很大，我们认为对汉语现象的深入研究是发展该理论的一种有效途径。那么，在汉语语言现象中，语境因素在高层转喻思维中起多大作用？转喻操作域是什么样的情况？这两方面的探究将是本研究的重点。

本研究具体将围绕下面几个问题展开：（1）不同间接言语行为转喻的具体操作问题与变体问题；（2）语境因素如何影响转喻思维的问题；（3）前人研究如“的”字结构和“What's X doing Y”构式需要继续深入的转喻操作变化与种类问题。本研究将从这三方面，对提到的五种语言现象进行了深入研究。虽然本研究对五种语言现象考察的侧重点不同，但我们的目的在于探讨高层转喻思维机制，找出五种语言现象中转喻思维的共同规律及其各自的特点，从而形成对高层转喻理论较为完善的看法。其中，“What's X doing Y”构式、现代汉语间接拒绝和现代汉语疑问句的意义偏离，这四种语言现象都和间接言语行为有直接或间接的关系，需要找出其转喻特点。伏应涉及的转喻现象到目前还未引起学者们的注意，需要做开拓性的研究。对这五种语言现象的共同特点，我们的假设是：（1）五种语言现象中都有转喻，而且转喻都应该归到高层转喻中；（2）这五种语言现象的转喻思维都存在多域操作的情况；（3）语境会对其意义形成产生影响。但从转喻思维的抽象程度来说，“的”字结构是一个很复杂的现象，“的”字前的部分可以是抽象和复杂的，如“我知道你的弱点，你也知道我的”，这里“你也知道我的”比“红的”的结构复杂，而且“的”字结构中的转喻情况，是在分类意义基础上建立的，有标记语“的”，不同于一般的指称转喻，因此，“的”字结构也归入高层转喻来研究。这些问题我们将在后面章节中分别深入讨论。

1.2 研究层面与创新观点

本研究对高层转喻进行了更为细化的分类。Panther & Thornburg（1998、2004）的场境理论和 Ruiz de Mendoza & Otal（2002）的高层转喻观点，拓宽了转喻的研究范围，探讨了对间接言语行为的转喻解释。在前人的基础上，Ruiz de Mendoza & Díez（2001）按照抽象程度将转喻更加明确地细分为高层转喻与低层转喻，高层转喻和低层转喻又分别分为命题转喻和情景转喻（第三章细述）。我们赞同他们的基本划分，把转喻分为高、低层转喻，但对高、低层转喻的界定，本研究将探索一种更易接受的区分标准，对高、低转喻内部，我们也提出不同的再分类。我们的转喻分类具体如下图：

- 转喻
  - 高层转喻
    - 高层命题转喻(语法转喻)
    - 高层情景转喻
    - 高层篇章转喻
  - 低层转喻
    - 低层命题转喻/指称转喻
    - 低层情景转喻

图 1.1　转喻的分类

我们把高层转喻细分为三种：高层命题转喻（propositional high-level metonymy)/语法转喻（grammatical metonymy）、高层情景转喻（situational high-level metonymies）和高层篇章转喻（textual metonymy）。Ruiz de Mendoza & Díez（2001）、Panther & Thornburg（2000）将引起词性变化且涉及语法范畴变化的抽象转喻归为语法转喻，如"He chested the ball"。"chested"在此为名词动化，用高层转喻来解释，我们接受这一观点。高层情景转喻指由情景激发，在句子层面意义的获得中产生的抽象转喻，如"The poor dog left with its tail between its legs"。此句中，"with its tail between its legs"激活人们对狗挨打的整体事件，因此存在部分—整体转喻，"with its tail between its legs"为部分，"狗挨打的全部事件"为整体。在前人提出的语法转喻和高层情景转喻的基础上，我们提出高层篇章转喻，它是存在于篇章层面上的高层转喻。就目前研究来看，学者们讨论的高层语法转喻经常发生在词汇层面，高层情景转喻常常发生在句子层面，我们认为在篇章层面也有高层转喻，尤其是我们考查了篇章中的伏应关系后，这一观点得到进一步强化，我们确信存在高层篇章转喻。在篇章意义的获得中，跨句段语篇中出现所具有影响整个篇章意义的抽象转喻即为高层篇章转喻。

本书中我们提出区分高、低层转喻的两种方法。Ruiz de Mendoza & Díez（2001）曾对前人提出的高层转喻和低层转喻做出更为明确的阐释，从抽象程度上给予区分，但我们认为对高层转喻和低层转喻的界定方法还是模糊，而且难以操作。因为抽象只是一个相对的概念，缺乏具体标准。本研究中，我们结合语言表达形式，寻找更简洁明了的答案。我们认为在给定语境下，从语言形式表达的判断可知，有些转喻从直觉上可以看出来，如"新手"表示"新员工"，称为低层转喻，修辞领域涉及到的借代基本属于这种可以在语言层面看出来的转喻，Panther & Thornburg（1999a）称这类转喻为指称转喻。然而，还有很多转喻思维存在于非指称转喻中，不能从语言现象中辨认，如间接言语行为中的转喻和语法转喻。我们认为可以把能否从语言表达形式中依靠直觉观察出来作为高层和低层转喻划分的一种方法。本文提出能看出来的简单的指称转喻为低层转喻；不容易看出来的转喻，如只有在特定的情景中才产生的转喻和特定的篇章衔接中才能领悟的转喻称为高层转喻，即高层情景转喻和高层篇章转喻。第二种界定方法，把是否引起词性变化作为转喻高、低层划分的另一种标准，引起词性变化的为高层转喻，不引起词性变化的为低层转喻，语法转喻引起词性变化属于高层转喻。高层情景转喻和高层篇章转喻将在后几章中深入分析，在此，我们仅举例说明语法转喻这类高层转喻。

(7) There is a lot of America in what she does.（他的做法很美国。）

例(7)中，“America”用作不可数名词，但与“a lot of”搭配，在传统语法中，这是行不通的。语法研究虽然经历了结构主义语法、生成语法，发展到目前形式、功能、认知三足鼎立局面的几个阶段，但在认知语言学之前，这些现象如“a lot of America”用前面的几种语法理论都无法给出满意的解释，尤其无法给出其背后的认知机制。目前，国外以Panther & Thornburg为代表为数不多的学者（Kövecses & Radden, 1998 ; Panther & Thornburg, 1999a、1999b、2000 ; Ruiz de Mendoza & Díez, 2001; Ruiz de Mendoza & Pérez, 2001）用转喻解释词性的语法变化，揭示其背后的认知机制。Ruiz de Mendoza & Díez (2001) 指出高层转喻直接利用类属ICM进行映射，并对语言结构产生影响。对于例(7)，他们用一个目标域在源域的转喻模型（target-in-source）解释它的完整语义，“America”代表“美国人”一惯的价值观，转喻“实体代属性”（an entity for one of its property）允许一个语法上的量—质转化，因此，归为高层语法转喻。

本研究把抽象的高层转喻作为研究对象，对五种具体语言现象进行深入讨论，并将重点放在了较难辨别的高层转喻如高层情景转喻和高层篇章转喻上，而高层语法转喻我们将在后续的一本专著中另加探讨。我们把现代汉语间接拒绝和现代汉语疑问句意义偏离归为高层情景转喻，因为这些语言现象的意义获得与语境关系十分密切，其高层转喻是在具体语境的激发下产生的。我们把伏笔照应归为高层篇章转喻，因为他们产生于整体篇章语境中。本研究中我们把“的”字结构归为语法转喻，因为进入“的”字结构的任何词汇、短语或句子在该结构中都成为一个名词结构，同时激活转喻思维，这与一般指称转喻有很大不同。除此之外，我们对不同语言现象研究的侧重点也不同。对前人已研究的语言现象如“What's X doing Y”构式和汉语的“的”字结构，前人已经提到存在转喻的情况，因此我们把重点放在更为深入地揭示其操作模式以及语境对其的限制上。对现代汉语的间接拒绝和现代汉语疑问句的意义偏离情况，目前从认知角度研究的不多，我们的研究重点放在探讨现代汉语这两种语言现象中是否存在转喻思维、有哪些转喻类型以及语境因素对转喻思维的影响上。对伏应的研究，属于新拓展的转喻研究范围，重点在于揭示其转喻思维的存在和类型。

此外，还需要指出的是，指称转喻的理解也存在转喻思维，但不是高层转喻思维而是低层转喻思维。在认知语言学中，讨论转喻，其实质上指的就是转喻思维，转喻是转喻思维的省略表达。同理，高层转喻就是指高层转喻思维。由于本研究都在讨论高层转喻思维，有时为了简便，常常直接用术语“转喻”代替“高层转喻”。

1.3 研究思路

纵观认知语言学理论，如Langacker（1987）的认知语法、Goldberg（1995）的构式语法、Croft（2001）的激进构式语法和Panther & Thornburg（1998, 2004）的场境理论及Ruiz de Mendoza & Díez（2001）的转喻模式，我们赞同认知界的观点，认为转喻构成了一些语言表达的语义基础，并在很大程度上为其提供了认知理据，正是基于这样的假设，我们将对这五种语言现象展开讨论，以期弄清汉语认知的特点，拓展转喻研究，并起到抛砖引玉的作用。

整体研究基本思路如下：

第一，提出如前所述新的转喻分类（见图1.1），阐述我们的分类原因。我们认为在语篇层面也存在转喻思维，它体现着转喻思维在篇章层面的作用，而这样的转喻不同于指称转喻，因为指称转喻基本只在词汇层面进行，也不同于高层情景转喻，因为高层情景转喻一般在句子层面，尤其在对话情景中发生。有一些学者在研究衔接的转喻关系，但我们认为还存在篇章内超越邻句的甚至跨度更大的篇章转喻，伏应关系便是一种。本研究以研究伏应中的转喻作为篇章转喻研究的突破口。

第二，提出高层转喻思维的基本模式（见图3.2）。虽然五种语言现象的转喻思维有所不同，其操作也会有所区别，但我们相信转喻都将遵循其转喻本质，因而存在共同的基本操作模式，在我们提出的模式中，体现着转喻操作的核心思想即语境有时影响转喻思维的进程步骤，也影响着转喻操作域的多少等观点。同时，我们认为该操作模式与转喻两域观并不矛盾，高层转喻多域操作是过程，最终过渡到两种操作，因此，该模式也体现着转喻两域映射的观点。在具体语言分析中，虽然转喻操作基于此模式，但不同语言现象或同一语言现象在不同语境下，都可能会出现变体形式，这是因为不同语言现象有其特殊性所致。在共同的基本操作模式中，我们的转喻观点体现其中，并在后面各章的分析中具体检验，第三章细谈具体转喻模式及其观点。

第三，对五种语言现象中的转喻思维进行深入探讨。将语言现象置于不同语境下，我们观察同一种语言现象在语境中的变化情况，考虑语境对转喻的制约情况，从而观察转喻操作域的变化情况。这样，我们能够获得语言动态的转喻思维情况，我们认为动态语境中的情况更能体现思维的真实，在此基础上的观察会更符合人类的思维规律。

第四，得出结论。本研究的结论分为两个层次：首先，五种语言现象中，各自语言现象的转喻思维结论。同一语言现象，会有许多不同的表现形式，在分析众多同类语言现象后，必然会发现其中共同的一些东西，这就需要我们总结归纳它们共同有代表性的特征与共性，得出这一语言现象的转喻规律。在分别对每种语言现象观察总结的基础上，进一步观察五种语言现象的转喻思维，找出具有五种语言现象整体共性的认知特点和规律，不断修正完善高层转喻基本模式，使其能够解释普遍的语言现象，形成两个归纳层次。

1.4　研究方法与路线

本项目属于定性研究，主要采用基于语料的内省法，用此方法考察一些语言表达中的高层转喻思维。Talmy（2000:5）在2007年第十届国际认知语言学大会发言中，重新强调内省法的重要性。他认为研究高层思维现象学的内容和结构，就目前的条件而言，无法在实验室进行全面的考察和研究，其重要研究方法就是内省法（张辉，2003）。这种方法也是国内外认知语言学界普遍使用的方法。除此之外，本研究还涉及分析法、归纳法和演绎法等。从转喻区别性特征出发，首先确定哪些语言现象存在转喻思维，然后通过分析大量语料，归纳一些共性，在此基础上形成一些粗浅的观点，然后将这些观点用于分析其他同类的语言现象，验证这些粗浅的观点是否站得住脚，这是一个演绎的过程。只有归纳与演绎相结合，反复总结并验证其有效性和解释力，最终才能形成一些普遍的规律。这一过程是一个反复验证完善的过程，从分析现象到总结规律，再从规律到分析现象，反复观察比较，最终找到能解释普遍现象、能站住脚的一些规律。研究路线如下：

1. 以转喻思维部分—整体关系的特点为标准，首先确定存在转喻思维的语言现象，尤其关注从语言表达层面上看不出来、但实际上存在抽象高层转喻思维的语言现象。这一过程需要考察前人的相关研究，即使前人并非研究转喻，但他们的研究也会很有启发，这一寻找过程的长短取决于我们对转喻的把握程度，把确信存在转喻思维的语言现象锁定，然后观察其转喻思维的状况。

2. 如果锁定的语言现象的原有分类不适合转喻分析，我们将从新的角度，提出新的符合转喻分析的分类，为转喻分析做好铺垫。如果语言现象很复杂，难以操作，我们可以在锁定的范围进行转喻分析，这样，有助于结论的可靠性，也能避免不必要的因素干扰，再限定范围讨论其转喻思维的操作情况和语境对转喻操作的影响。

3. 尽量穷尽性地收集语料，最大范围内选取语料，分析尽可能多的语言现象，同时，归纳其中的共同点，划分转喻类型，并将语料中的转喻归类整理，寻找规律。这一过程是发现各自语言现象特点的必要过程，也是寻找规律的过程，也是分析法、归纳法、演绎法反复更替共同作用的过程。

4. 分析不同转喻类型中的思维特点，并根据不同语境下的转喻变化情况，探讨影响转喻思维的因素。不同的语境将给同一种语言现象的转喻思维带来变化，可以发现其语境制约的大小，也可以探讨其转喻操作域的问题，这正是与前人相区别之处，观察其变化并归纳其规律，形成各自语言现象的规律。

5. 总结各语言现象的分析，找出语言现象转喻的一些共性即规律，得出结论，对不符合规律的现象给予解释，或者重新衡量所得结论能够解释的范围。这一阶段是对五种语言现象中共同的规律进行探讨，是各自语言现象基础之上的共性，这将要求我们在对各自语言现象总结出规律后，再做全新更宏观层面的归纳，以形成对转喻思维的宏观认识，需要反复的归纳和演绎去验证，我们提出的基本模式就在反复验证中确定。

语料来源有两大块：第一，英语语料来源于名人的研究文献，这样更有利于与国内外学者进行交流。第二，汉语资料来源于多种渠道：话剧、小说、散文和文献积累，以选用真实自然的语言为基本原则。

第二章 高层转喻研究

20世纪80年代，尤其90年代后期，以Lakoff及他的合作者的转喻研究为标志，学者们开始将转喻看作一种概念认知方式，随着转喻研究的深入，呈现出不同的研究方向，涉及到语言现象的各个方面。本人前期研究已做相关研究综述（陈香兰，2006、2007），国外对认知语言学转喻的研究主要有这几个方面：（1）转喻的界定。Dirven（1993）从转喻与隐喻相比较的角度给出转喻定义；Croft（1993）从语义组合的观点，认为隐喻和转喻作为部分，它们的理解由整体构式来决定；Ruiz de Mendoza（1999）从隐喻和转喻相互关系的结构角度对转喻给予界定。（2）隐喻和转喻的相互关系（Goossens, 1990; Turner & Fauconnier, 2000; Ruiz de Mendoza & Otal Campo, 2002）。（3）隐喻映射的转喻动机（Barcelona, 2000; Radden, 2000; Niemeier, 2000）。（4）转喻在推理中的作用（Gibbs, 1994; Thornburg & Panther, 1997; Panther and Thornburg, 1998、2003、2004; Ruiz de Mendoza, 1999、2005; Barcelona, 2003）。（5）语法转喻（Barcelona, 2004、2005; Ruiz de Mendoza & Otal Campo, 2002; Warren, 2003）。（6）转喻与间接言语行为。用场境理论解释间接言语行为（Panther & Thornburg, 1997; Panther & Thornburg, 1998、1999; Ruiz de Mendoza & Otal Campo, 2002; Pérez & Ruiz de Mendoza, 2002）。近几年，间接言语行为中的转喻、语法中的转喻和构式中的转喻成为转喻研究引人注意的三个方面。由于这三方面的转喻不同于一般指称转喻，比较抽象，有些学者将转喻重新分类，把这种抽象的转喻归为高层转喻。以Thornburg & Panther（1997）、Panther & Thornburg（1998）、Ruiz de Medoza & Diez（2001）和Ruiz de Mendoza & Otal（2002）为代表的学者把转喻分为高层转喻和低层转喻，对这三种语言现象进行了超越指称转喻范围的研究，把间接言语行为的意义获得看成是高层转喻思维，把语法中一些相互制约现象也看成是高层转喻思维。

2.1 高层转喻与低层转喻的分类

我们首先了解一下高层转喻的起源。Kövecses & Radden（1999）在前人分类的基础上，曾经从类属程度及认知域的本体特征出发，提出把转喻分为高层次转喻（high-level metonymy）和低层次转喻（low-level metonymy）（张辉、孙明智，2005）。Ruiz de Mendoza & Diez（2001）和Ruiz de Mendoza & Otal（2002）根据抽象程度更加明确地将转喻分为高层转喻与低层转喻，高层转喻和低层转喻又分别分为命题转喻和情景转喻，认为高层转喻是直接利用类属理想化认知模型（ICMs）的映射，类属ICMs存在于许多非类属ICMs之上，依次抽象而得到，并且将谓词和间接言语行为中的转喻归于高层转喻，认为高层转喻的类属特点允许他们在非词汇层面操作，而且也可以存在于语法现象中（Ruiz de Mendoza & Diez, 2001）。

高层转喻指直接利用类属理想化认知模型（generic ICMs）进行的转喻操作，类属ICM是对许多非类属ICM的概括。类属的特殊性使得它们能在非词汇层面上进行操作，从而对语法现象做出恰当的解释。虽然目前对语法转喻的定义还没有人专门讨论，但从这些学者们的研究中可以看出语法转喻的两大特点：（1）语法转喻研究的范围仍在那些对句法实现有影响的语言词汇现象中；（2）语法转喻研究所列举的例子还是在传统语法意义范围中。

（1）John swiftly chested the ball.（John迅速用胸脯顶球。）

Ruiz de Mendoza（2000）认为这是一个高层“工具代行动”的转喻，转喻使得“胸脯”指代“用胸脯顶”，转喻使名词向动词转换，从而带来了句子的重构，词性因此发生变化。这是一个语法转喻的例子，表明高层转喻在语法建构中起作用。目前，语法转喻的研究已经比较深入，学者们在好几个领域展开研究，后面将细谈。

Ruiz de Mendoza & Díez（2001）所谈的高层情景转喻实际上指Panther & Thornburg（1998，1999a）所指的言外转喻。Ruiz de Mendoza & Díez（2001）的高层情景转喻用来解释间接言语行为中的意义获得问题，即在具体情境中，用一个言语行为的部分代替整体场境。用Panther & Thornburg（1998）曾提出的言语行为场境的方式组构，场境的每一部分都可转喻地代替整个场境。

（2）Can you open the window?（请您开窗户好吗？）

这个问话一般来说不会问听者是否有这个能力，在普通语境下通常理解为一个请求，因为它形成了请求场境前部分的一个成分，因此，请求场境的一部分（听者的能力）转喻地代替整个请求场境。例（2）中的转喻为一种言语行为用来代替另一种言语行为，这种转喻无法从书面表达看出来，是一种抽象的思维方式，但保持着转喻的思维本质，属于高层情景转喻。相比之下，指称转喻如“大鼻子”代替“人”则不属于高层转喻，采用典型且直观的部分代整体，因此属于低层转喻。

低层转喻指在语义激活中利用非类属理想化认知模式（nongeneric ICM）操作的转喻（Ruiz de Mendoza & Otal，2002）。非类属理想化认知模型指那些基于个人体验确立的ICM。Ruiz de Mendoza & Otal（2002）将低层转喻再分为两类：低层命题转喻和低层情景转喻。命题转喻指在认知域内用一个概念指代另一概念的典型转喻，等同于Panther & Thornburg（1998）的指称转喻。

（3）a. Tired <u>faces</u> all of them, some old, some young.

（不论年老还是年轻，脸上都带着倦意。）

b. Blufton smiled with pleasure and kept searching for their <u>faces</u>.

（Blufton满意地笑了，继续巡视他们的脸孔。）

（Ruiz de Mendoza & Díez, 2001）

在这些句子中，我们发现了“face for person”映射关系，其中“face”是源域，“person”为目的域，在例（3a）中，“faces”用来指代“people”，经验告诉我们部分可以指代整体（Ruiz de Mendoza & Díez，2001）。例（3b）中，同样，部分指代整体，“face”是部分，要找的“人”是整体，是目的域。在这两例中，源域“脸”作为次域，转喻地指目的域“人”。根据我们的经验，一个人的疲倦往往会反映在脸上，脸成了疲倦主体最突显的部分。另外，脸还是我们身体特征最明显的部分，我们认识一个人首先记住的是他的脸，因此，用有代表性的部分“脸”来代替整体，属于典型的指称转喻。

低层情景转喻与低层命题转喻不同，低层情景转喻的特点是用一个极度明显且重要的具体情景成分来代替整体事件情景。这个转喻发生在日常生活中，Ruiz de Mendoza & Otal（2002）称为低层情景转喻。

（4）The poor dog left <u>with its tail between its legs</u>.

（可怜的狗夹着尾巴离去。）

（Ruiz de Mendoza & Díez, 2001）

在例（4）中，存在一个转喻映射，“狗夹着尾巴走”的这一部分情景激活了整个狗受罚离开的情景。

本节我们主要理清目前对高层转喻和低层转喻分类的渊源以及如何确认高层转喻和低层转喻的问题。下面我们对目前主要的高层转喻的研究作一梳理，以便更好地把握高层转喻的分类，同时，也能够更加明确我们增加高层篇章转喻分类的意义所在。

2.2 高层情景转喻研究

高层情景转喻产生于情景之中，属于高层转喻的一种重要类型，目前，学者们主要用高层情景转喻解释间接言语行为和一些情景构式中的意义获得问题（Ruiz de Mendoza & Diez, 2001; Ruiz de Mendoza & Otal, 2002; Panther & Thornburg, 1998）。Ruiz de Mendoza & Otal（2002）认为高层情景转喻是通过许多低层情景转喻所共有的概念结构而获得的。高层情景转喻主要讨论间接言语行为中的意义获得问题，其特点是用一种言语行为间接地代替另一种言语行为。

2.2.1 场境理论

讨论高层转喻，我们首先追溯到认知界所熟知的场境理论。场境理论（Speech Act Scenarios）是 Ruiz de Mendoza & Otal（2002）提出的高层情景转喻的理论基础，场境理论由 Thornburg & Panther（1997）和 Panther & Thornburg（1998）首次提出，其核心思想是用转喻解释间接言语行为，Ruiz de Mendoza & Otal（2002）将该类转喻归为高层转喻范畴。Panther & Thornburg（1998:756）指出传统推理理论解释不了思维的敏捷性，回答不了为何人类能够在极短的时间内，快速地获得意义。Thornburg & Panther（1997）和 Panther & Thornburg（1998）认为对转喻的传统研究主要局限于人们如何在真实世界中指称事物和事件。在思维层面，他们认为转喻是一个更为宽泛的认知方式，甚至可以假设转喻是一种工具，间接地完成言语行为如许诺、提议、请求、建议等。正像说话者能通过提及一个人的某部分指称整个人，我们可以通过提及言语行为的一部分来实施另一个言语行为。Thornburg & Panther（1997）用容易理解的请求场境来阐述“概念距离”，将场境分为“前”、“核心”、“后”等部分，场境的任何成分都可以通过转喻激活整个场境。也就是说，Thornburg & Panther（1997）和 Panther & Thornburg（1998）为间接请求提供了一种认知解释，他们认为言外场境由每类言语行为的合适条件构成，间接言语行为可以从转喻运作的角度来解释，其中一种合适条件可以转喻地激活整个言外场境。按照其“前”、“核心”和“后”的划分，听话人的能力、意愿及其对某物的拥有，在具体场合中均可作为突显部分，转喻地激活整个言语范畴。

2.2.2　间接言语行为与高层转喻

在此，我们观察前人对间接言语行为转喻思维的研究情况，深入了解高层情景转喻。

（5）What's that smell?（什么味儿?）

（Panther & Thornburg, 1998）

Panther & Thornburg（1998）认为该话语发生的语境是，两人坐在一个房间里，门开着。通常这个语句并不是规约地用来作为关门请求的，这个语句只是“指向”一个请求。此语句在概念上置于请求场境的界限之外，然而，在情景的帮助下，例（5）可以被理解为听者实施行为的动机或者原因，通过关门来阻止味道进入房间。从这个意义上来说，Panther & Thornburg（1998、1999a）认为存在一个因果转喻。场境理论从认知角度，对原本属于语用学领域的间接言语行为给予可接受的解释，这种转喻思维比较抽象，归为高层情景转喻。其中整个问话是“因”，间接的请求为“果”，这样，形成因果转喻关系。

（6）Will you close the door?（您关一下门好吗?）

（Pérez & Ruiz de Mendoza, 2002）

该表达在英语中被规约性地使用，实施请求，用来请求听者关门。“您关一下门好吗”只作为言外场境请求关门的一个成分，代替关门本身的整体要求。换句话说，例（6）是直白请求“close the door”的语用替换。用例（6）能代替直白请求的原因是，在场境中，例（6）可以作为请求场境的一部分，概念上激活整个请求场境。

（7）Can you get me a cup of coffee?（帮我来杯咖啡好吗?）

（Pérez & Ruiz de Mendoza, 2002）

此话语规约化程度非常高，在绝大多数语境中，人们不假思索地认为这是个请求而非疑问。在这种情况下，说话者实施一个言语行为疑问，来完成不同的言语行为请求。许多间接言语行为已规约化到对本族人来说难以辨别其中的间接语力的程度。但实际上存在一个转喻思维，问句为源域，请求为目的域。

（8）甲：你怎么去虹桥机场的？

乙：我叫了个的。

（张辉，2003）

乙意欲告知甲，他是叫了一辆出租汽车去机场的。从我们的经验可知，途中经历了一系列的行为，包括：找到车辆、进入车辆并启动、乘坐、到目的地、停车并从车里出来、到达目的地等。从一个地点到另一个地点的旅行包括一系列的行动或事件，这一系列事件集合为一个事件域，其次域是这个事件的不同部分。在上面的例子中，甲使用了事件域的前提部分“我叫了个的”来激活整个旅行事件域（张辉，2003）。

（9）甲：小王毕业论文快要答辩了吧？

乙：他正在北图查资料。

该例用“他正在北图查资料”这一行为，激活“写论文”的整体情况，属于部分代整体转喻。按照间接言语行为场境理论观点，整体事件域分为“前”、“核心”和“后”部分，它的前部分应该为论文相关的前期准备工作，比如“找资料”、“开题”、“培养做论文的能力”、“整理资料”、“消化吸收”等，该事件域的核心为“撰写论文”，后部分为“检查”、“修改”、“答辩”、“讨论”。很明显“正在北图查资料”为整个事件域的前部分，在此用言语行为的前部分转喻地激活“他的论文还没做好”，形成部分—整体转喻。说话者为何选择前部分“正在北图查资料”来激活整个认知域，而不用后部分来激活呢？本来听者也可以回答“他在修改”或者“他在加班”，这取决于说话者的语用意图。比如说话者出于礼貌可能不好意思说小王还没写完论文，或者不好意思说他刚准备写，所以采用一种间接的表达方式。礼貌的考虑是主要因素，因为在我们的认知背景中，我们知道说有损于别人的话很不礼貌，而会话的双方可能是同学关系也可能是师生关系或别的关系，说对小王不利的话非常不合适，这是一个语用问题。但从认知角度来说，在这个语用问题中采用的间接表达方式，存在一个高层转喻思维。

2.2.3 “What is N” 构式与高层转喻

“What is N” 疑问构式也常常是间接言语行为。Panther & Thornburg（1999a）用类属代特例即目标域存在于源域中的转喻来解释该构式。

（10）What is John?（John是干什么的？）

a. He is a teacher.

b. He is a human being. （×）

（Panther & Thornburg, 1999a）

（11）What's that building?（那是什么楼？）

a. That is technology building.

b. That is a building. （×）

（Panther & Thornburg, 1999a）

例（10）问的是John的工作或职业，而不是问John是什么，回答应该是“他是老师”，我们不能回答“他是人”。例（11）则问那栋楼的名称，回答“那是科技楼”，而不能回答“那是高楼”。Panther & Thornburg（1999a）认为有些“what is N”构式包含结果代原因转喻，属于目标域在源域中的转喻。

（12）What's that noise?（什么噪音？）

a. A burglar is trying to break your house.

b. It is a highpitched noise. （×）

（Panther & Thornburg, 1999a）

例（12）一般情况下询问的是声音的来源，合适的回答可以是例（12a），如果仅仅对声音进行描述性回答，如“It is a highpitched noise”，显然是不合语境的。Panther & Thornburg（1999a）认为这里就存在因果转喻思维。

2.2.4 “What's X doing Y”构式与高层转喻

此构式在学界最经典的例子如下：

（13）Madam: What's this fly doing in my soup?

（苍蝇在我的汤里干什么？（直译））

Waiter: I believe that's backstroke.（我想它在仰泳。）

（Ruiz de Mendoza & Díez, 2001）

Ruiz de Mendoza & Díez（2001）认为该构式的语义获得可以通过指出转喻的存在来得到解释。他们认为例（13）意义的获得基于行动代结果再代请求转喻。转喻映射分两步进行：第一步，转喻映射从行为动作到结果，即苍蝇的行为动作会导致汤被弄脏，属于目的域在源域中的转喻类型；第二步，可能是请求，请求换汤。同时，他们认为“doing”是这个构式中必不可少的成分，其功能是激活行为ICM，而ICM为类属场境，可以描述为：(a) 行为用以指代事件状态；(b) 行为将产生对参与者不利的结果；(c) 只要行为的结果对一个或多个参与者不利，其他参与者应尽力改变这种状况。在例（13）中，行为潜在的否定结果通过对行为的质疑而激活。在此情况下，通过行为ICM的逻辑线索，转喻映射确定其目的域，这样行为结果在此转喻模式中成为一个主要次域，构成从行为到结果的第一步转喻。在许多语境中，“What's X doing Y”构式被理解为请求改变对听者不利的事件状态即要求换汤。这是依照类属行为ICM的部分要求，即如果行为的结果对一个或多个参与者不利，其他参与者应尽力改变这种情况。因此，这个构式中的转喻映射需要第二步映射，即从行为的结果再映射到请求。Ruiz de Mendoza & Díez（2001）把这种情况称之为双转喻。如下图：

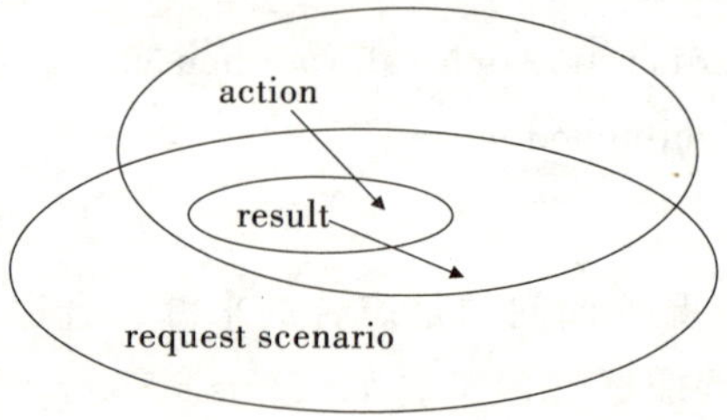

图2.1 “What's X doing Y”构式（Ruiz de Mendoza & Díez, 2001）

为了更清楚该构式的转喻操作，Ruiz de Mendoza & Díez（2001）又给出一个例子。

（14）What's John doing in the garden?（John在花园里干什么？）

（Ruiz de Mendoza & Díez, 2001）

该例同样存在行为代结果再代请求的双转喻。第一次转喻映射为行为代结果转喻，它使我们把例（14）理解为John在花园里做一些不合适的事情，即行为将导致不好的结果，在此基础上产生另一种映射，请求别人改变不好的结果，即转喻从结果映射到请求，产生第二次映射。通过第二次映射，句子被看作是阻止John做不合适的事情的请求，在第二次转喻映射中，“John在花园里做一些不合适的事情，并将产生不好的结果”作为请求场境的前部分，转喻地代替整个请求场境即“阻止John做不合适的事情”（Ruiz de Mendoza & Díez, 2001）。本研究中我们认为“What's X doing Y”构式在不同的语境下，还会有不同的转喻操作形式，不止是只有这个类型，这点将在后面章节专门细述。我们相信高层转喻不仅存在于前人分析过的这些现象中，还会存在于其他语言表达中。基于这样的考虑，我们在本研究中将分析汉语现象，同时，也对前人已讨论的现象如“What's X doing Y”构式再作进一步分析。

虽然国内学者用高层转喻术语的不多，但如果我们按国外学者对高层转喻的分类来看，国内研究间接言语行为高层转喻推理范畴的有：张辉（2007）的“从转喻场境到语用参数和言外ICM”；卢卫中、孔淑娟（2006）的“转喻与委婉语的构成”；孙亚（2007）的“误解与言语行为转喻”；覃胜勇（2007）的“转喻与语义—语用之间的连续体”；徐景亮（2007）的“转喻推理与转喻性习语加工模式的构建”；张权、张立新（2004）的“论图式推论的转喻理据”；陈香兰（2006）的“语用推理与转喻思维”；陈香兰（2008a）“高层转喻研究”和陈香兰（2008b）“转喻思维的多样性”。可见也有不少学者关注间接言语行为的转喻解释，这些研究对转喻研究和汉语研究的发展都会起到积极的作用。

2.3　语法转喻研究

以Panther & Thornburg（1999b）发表的“Coercion and Metonymy: The Interaction of Constructional and Lexical Meaning”为起始标志，语法转喻研究到现在已有十多年的历史。学者们对语法转喻的兴趣，主要集中在选取经典的例子，揭示语言结构背后的转喻思维机制上。目前，国外语法转喻研究涉及的范围有：词类再范畴化、谓词、配价扩展与压缩、个体指称与类指称、What疑问构式、情态动词和回指。研究语法转喻的学者主要有Panther & Thornburg（1999b、2000），Kövecses & Radden（1998、1999），Langacker（1990），Ruiz de Mendoza & Díez（2001），Ruiz de Mendoza & Pérez（2001），Ruiz de Mendoza（2005）。目前，语法转喻已成为转喻研究的一个重要分支。

2.3.1 语法转喻的界定

语法转喻的来历可能有两个。第一，Panther & Thornburg（1999b）从转喻功能角度将转喻分为指称转喻（referential metonymy）、谓述转喻（predicational metonymy）和言外转喻（illocutionary metonymy）。指称转喻和谓述转喻合称命题转喻（propositional metonymy）。沿此思路，学者们把研究传统语法中的转喻思维称为语法转喻。第二，Halliday（1994）将情态系统中的语言资源用于别的系统，用隐喻解释一些语法过程，称之为语法隐喻，顺延下来学者们就把相关语法的词形变化、词义伸缩等转喻现象称为语法转喻。

Ruiz de Mendoza & Pérez（2001）在探讨语法问题时，主要还是用传统语法观来判断和鉴别语法问题，表现在他们的研究范围集中在传统语法范畴。我们从他们的语法转喻研究及其方法描述中得到启发（Ruiz de Mendoza & Pérez, 2001:12）。

> “我们下一个目标就是看转喻对其他语言现象有多大程度的限制，或者有多大程度的交互。这里，我们需要展望一下在哪儿可以找到语法中的转喻现象。这些部分地由转喻的特点所提供。因此，既然许多转喻都涉及名词短语和名词短语为动词论元构式（argument structure）的一部分的指称转换，这就有理由来调查动词的互补类型，以便决定是否有转喻引起的具体语法构式。并且，既然不是所有给定概念的次域都通过同样范畴的语言表达出来，可能涉及域——次域的转喻关系，我们就有可能发现语言范畴化变化中的一些转喻基础。其他的看法依赖于所涉及概念域的本质。这里，我们认为基于类属理想认知模型基础上的规约化的转喻映射，就像行为和感知框架那样，一方面对于解释动词派生的名词和名词派生的动词发挥着重要的作用，另一方面，对基于情态动词的语法建构的操作也发挥着重要作用。最后，我们尽了全力来挑选那些最能通过考虑它们可能的转喻动机来得到解释的语法现象。”

通过上面的描述，我们可以观察到语法转喻的研究界限还是比较分明的，语法转喻讨论的并非构式语法中的语法，而是在传统语法领域中可能存在的转喻语言现象。换句话说，目前语法转喻的范围，仍然在传统的语法结构中，学者们在此范围内揭示转喻动机。因此，我们将目前语法转喻研究归纳为揭示传统语法结构中存在的并影响到句法实现的转喻现象。语法转喻是在语法结构中讨论的，但这并不意味着学者们不重视构式，除了揭示语法结构中的高层转喻外，学者们也在努力揭示构式中的高层转喻，但该构式仍然是结构，不同于构式语法的构式含义。后面章节我们将细述构式中的转喻问题。

（15）a. a movable piano "can be moved"
　　　b. drinkable water "safe to drink"

（Radden, 2005）

Radden（2005）认为例（15a）中的"movable"表示"-able"类的原型或中心意义，意思为"可以……（动词）的"。这样，"a movable piano"的意思可以解释为"可以挪动的钢琴"（a piano that can be moved），其中"可移动性"是钢琴的一个固有特征。例（15b）中的"drinkable"不仅表示水的固有特征，更准确地说，它还表示水与人类的相关性，它指人可以饮用的水。从一个物体的固有特征到更具体的与人类相关的固有特征，这种延伸正是基于"一般代特殊"的转喻基础之上的。Radden（2005）认为这两个例子都存在语法转喻，而且大多数派生词缀意义之间的关系往往是转喻的。

2.3.2　语法转喻主要观点

在研究转喻与语法关系的学者中，Panther & Thornburg（1999b、2000）是其中的代表人物。Ruiz de Mendoza（2005）在此基础上，进一步揭示了语言结构背后的认知机制。Panther & Thornburg（1999b）的语法转喻研究主要持意义构式语法观（Fillmore、Kay & O'Connor, 1988；Goldberg, 1995），认为语言意义不仅是词汇特征的，也是更大的语言单位即构式的。Panther & Thornburg（1999b）认为句子的整体意义产生于构式意义和词汇意义的互动，而且这些意义是兼容的，彼此可以互补。可是，构式意义和词汇意义也可能互相冲突，意义冲突时可能有两个结果：句子的概念意义异常或一个意义优先于另一个意义（Hayase, 1997; Talmy, 1988）。在此，将目前语法转喻研究的主要观点简述如下。

2.3.2.1　词类再范畴化与语法转喻

从转喻角度研究词类再范畴化的主要有Kövecses & Radden（1998、1999），Ruiz de Mendoza & Díez（2001）。他们的研究主要集中在名词用作动词和动词用作名词上，很少出现形容词和副词再范畴化的现象，他们都认为词类再范畴化是语法转喻起作用的结果，但在某些细节问题上，存在着分歧。Kövecses & Radden（1998:39）持宽泛的转喻观，认为转喻是一个认知过程，在这个过程中一个概念实体即源域为另一个概念实体即目的域提供心理通道，而这两个域处于相同的认知域中。他们分析了理想化认知模式（ICM）的类属特征，认为ICM的不同特性可允许多个转喻存在，并列出下列清单：

1. 行为者代行为（如：to author a book）
2. 工具代行为（如：to shampoo one's hair）
3. 结果代行为（如：a screw-up）
4. 感知物代感知（如：There goes my knee.）
5. 感知代感知物（如：a gorgeous sight）
6. 控制者代受控（如：Schwarzkopf defeated Iraq.）
7. 受控代控制者（如：The Mercedes has arrived.）
8. 行为涉及的物体代行为（如：to blanket the bed）
9. 行为代行为涉及的物体（如：Give me one bite.）
10. 时间代行为（如：to summer in Paris）
11. 结果代行为（如：a deep cut）

Kövecses & Radden（1998:55）认为"行为者代行为"（to author a book）中，"书"对于"作者"来说是"行为者代行为"转喻（agent for action）；在"工具代行为"（to shampoo one's hair）中，人的"头发"对于"洗发水"来说是"工具代行为"转喻（instrument-action）。在感知理想化认知模型中，"There goes my knee"（the pain in my knee）"膝盖"代替"膝盖疼"为"感知物代感知"转喻。Kövecses & Radden（1998）认为这些转喻属于部分代部分转喻类型。Ruiz de Mendoza & Díez（2001）不赞同Kövecses & Radden（1998）的部分代部分转喻观点，认为Kövecses & Radden（1998）的分析中存在对语言事实根本性的误解，以人的"头发"与"洗发水"的关系为例，Ruiz de Mendoza & Díez（2001）认为如果这个例子中存在转喻，那么很明显，其目的域将会是借用工具帮助而进行整体行为，而不仅是其中一部分。同样在"to author a book"中，转喻过程不仅仅是作者"author"代替理想化认知模型中的行为，而是用于代他参与的整个活动。这个过程不仅仅是一个概念问题，而且是以概念为基础的语法问题。上面列出的其他转喻也存在类似问题。与前人不同，Ruiz de Mendoza & Otal（2002）明确提出转喻只发生在整体和部分之间，部分之间无转喻。他认为高层语法转喻映射包含四种不同的形式：范畴转换（category conversion）、次范畴转换（subcategory conversion）、充盈结构（enriched composition）以及参数化（parametrization）。可见语法转喻研究中，是否存在部分代部分转喻是有争议的。

2.3.2.2　范畴转换与语法转喻

（16）He hammered the nail into the wall.（他把钉子钉进墙里。）

（Ruiz de Mendoza & Otal, 2002）

Ruiz de Mendoza & Otal（2002）认为这句话的转喻模型是“工具代行为”（instrument for action），其中“铁锤”（hammer）为工具，代“铁锤敲打的整个行为”。这句话可以解释为“He drove a nail into the wall with a hammer”（他用铁锤将钉子钉进墙里）。从语法角度，转喻允许名词“hammer”向动词转换，表达意思“用锤子将钉子打进墙里的整个行为”，“hammer”的词性发生了转换。再如：

（17）The door opened.（门开了。）

（Ruiz de Mendoza & Otal, 2002）

例（17）中，行为的施事者没有通过句法术语明显地反映出来。然而，从概念上来说，可以设想一定有人实施了开门这个行为。Ruiz de Mendoza & Otal（2002）认为存在语法转喻，体现在谓词的再分类中，“opened”从及物到不及物是语法转喻所致，并且受该句子构式影响才导致此结果。句中的转喻为“过程代行为”（process for action），如下图所示。

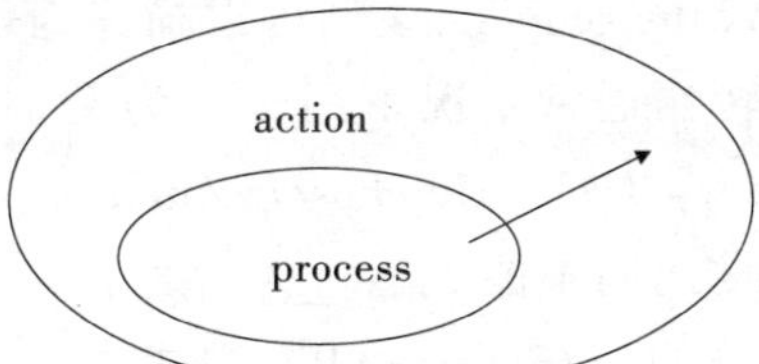

图2.2　过程代行为

2.3.2.3　次范畴转换与语法转喻

词汇的语法特征往往比较灵活。Ruiz de Mendoza & Otal（2002）认为词汇在一些语法上的变化是在同一概念域内发生的，因此它们具有转喻性质。

（18）There is a lot of America in what she does.（他的做法很美国化。）

（19）There were three Johns at the party.（晚会上有三个约翰。）

（Ruiz de Mendoza & Otal, 2002）

Ruiz de Mendoza & Otal（2002）用一个目标域在源域的转喻模型（target-in-source）解释上面两例的完整语义。例（18）中，“America”代表“美国人”一惯的价值观，这个转喻操作允许一个语法上的量—质转化，也就是一个相关的特征或属性代一个实物，即“某一属性代实体”转喻（one of its property for an entity）。例（19）中，存在“单个实体代整体”转喻（an individual entity for a collection including that entity）。

2.3.2.4 充盈结构与语法转喻

（20）He began/enjoyed the soup.（他开始享用汤。）

（Ruiz de Mendoza & Pérez, 2001）

Ruiz de Mendoza & Pérez（2001）注意到一些词如“began”、“enjoy”为行为动词，但并没呈现出具体动作，听者需要借助背景知识来补充出具体行为，才能与“enjoy”形成完整的意思，词汇意义由此得以延伸。该例句理解为“He enjoyed / began to cook / heat / eat etc. the soup”（Ruiz de Mendoza & Pérez, 2001:11）。Jackendoff（1997:61）称这种现象为充盈结构（enriched composition）。Ruiz de Mendoza & Pérez（2001）认为充盈过程中，存在一个源域在目的域的转喻激活，上例中“soup”为源域，而目的域是通过语境和百科知识充盈的具体行为“cook the soup”。该例可以描述为“物体代行为”转喻（object for action），这个转喻通常情况下用于行为动词，如“choose”、“finish”、“miss”、“try”和“want”（如“He chose/wanted to cook/eat/the soup”）。这些动词的一个共同特征是他们不能表达行为自身，而表达说者的态度或者涉及到具体行为的方式。例如，在“do+NP”构式中，可以找到一个明显的类似情况：

（21）This week, he'll do the carpet and I'll do the dishes.
（本周他处理地毯，我处理盘子。）

（Ruiz de Mendoza & Pérez, 2001）

这个构式表明行为者实施一种行为，并且这个行为是在期望他实施的语境中发生。作为结果，我们可以找到“do”的默认值，该例中，“do the carpet”指代“clean the carpet”，“do the dishes”指代“wash up the dishes”，具体语境可以提供给我们相应的理解。再如，一对夫妇准备搬到新房，正在打包东西，“I'll do the dishes”意指“I'll pack the dishes”。在这个构式中，存在“一般代具体”转喻。听话人会根据动词所激活的百科知识扩充语句中缺省的语义成分。Ruiz de Mendoza & Otal（2002）认为用语法转喻“一般代具体”来解释充盈结构，不仅找到了该现象的认知动机，而且还把它作为一个更普遍的认知方式来研究。如果这种解释正确的话，至少有可能把范畴和次范畴变化的一些例子看作是同一个本质现象的不同语法表现。

2.3.2.5 谓述与语法转喻

“Predicational”翻译成什么合适？是“谓语”、“谓词”还是“谓述”？本研究中我们采用第三个术语“谓述”，似乎能把所指部分表达得更好。Dik（1989）在他的《功能语法》中把“predicational”定义为句子中述说或阐明主语的那个部分，通常一个谓语动词后面可带也可不带补语等，该结构常常是在谓词中插入许多论元的结果。Dik用控制原理对这个部分进行解释，认为“控制”是一些谓词和论元的基本语义属性。这位语言学家认为谓词和论元的一些性质与事件类型有关，他提出事件状态类型分为事件、位置、过程和行动，只有位置和行动受控制。从转喻动机对谓词和论元情况做出的解释属于一个很新的领域，目前，对此做出研究的有Panther & Thornburg（2000）和Ruiz de Mendoza & Díez（2001）。他们吸收了Dik（1989）的控制原则，并结合构式语法观对静态谓词给予解释（Fillmore、Kay & O'Connor, 1988；Goldberg, 1995；Panther & Thornburg, 1999a），他们认为语言意义不仅是词汇特征也是更大的语言单位即构式的特征。Panther & Thornburg （1999a）认为句子的整体意义产生于构式意义和词汇意义的互动，而且这些意义是兼容的，因而彼此可以互补。同时，构式意义和词汇意义也可能互相冲突，意义冲突时可能有两个结果：句子的概念意义异常或一个意义优先于另一个意义（Hayase, 1997；Talmy, 1988）。

（22）? Be tall, John.（长高一点儿，John。）

（23）Be quiet, John.（保持安静，John。）

例（23）可以接受，而例（22）不能接受。Panther & Thornburg（2000）认为用转喻可以对此做出解释。与这个语法构式相关的意义特别稳定，动词“Be”的祈使构式激活了一个行为，“Be quiet”只是激活的整体行为的结果。这样，构式使得静态谓词与行为产生了转喻关系，“Be quiet”为源域，“能引起导致安静的一系列行为”为目的域。例（23）容易理解，因为人的控制能带来事件的要求状态，“Be quiet”代一个结果情形，例（23）被解释为“结果代行为”转喻。人可以选择安静还是不安静，但不能选择高还是不高，因此例（22）不能通过激活行为产生结果，故不易被人接受。

（24）a. Bill ordered John to <u>be polite</u>.（Bill 让 John 礼貌一些。）

b. ? Bill ordered John to <u>be intelligent</u>.（Bill 让 John 聪明一些。）

（25）a. John promised Bill to <u>be polite</u>.（John 向 Bill 保证他会礼貌一些。）

b. ? The clock promised to <u>keep ticking</u>.（钟表保证会一直走。）

同理，例（24a）和（25a）中的“polite”是可控制的，而（24b）和（25b）中的“intelligent”和“keep ticking”是不可控制的。Ruiz de Mendoza & Díez（2001）赞同 Panther & Thornburg（2000）的解释，认为如果事件状态不是意识行为的结果，不能被控制，也就没有转喻思维，表达不能接受。其他能控制的情况就像“源域在目的域”转喻一样涉及域的扩展。被构式激活的不仅是结果状态，而是整个行为理想化认知模型。除了 Dik（1989）指出的情况以外，他们还利用控制谓述解释其他语法构式。总之，这些结构通过典型地激活一个行为理想认知模型，允准一个“结果代行为”转喻操作，使得话语得以理解，并且进一步论证并不是每一个表达结果状态的谓述都可以同等程度地成为转喻的一部分。例如从“不开心”的状态转变到“开心”的状态比从“贫穷”的状态转变到“富有”的状态容易得多，主观状态比客观状态更好控制。

2.3.2.6 价扩展与压缩的语法转喻

Dik（1989、1997）称去掉谓词论元的情况为配价缩减，而增加额外论元到典型的不及物结构上为配价扩展或延伸。Ruiz de Mendoza & Díez（2001）用转喻思维解释配价扩展与压缩。价扩展与压缩的研究比较集中，基本在典型的及物动词用作不及物动词与不及物动词用作及物动词两个方面。Ruiz de Mendoza & Díez（2001）认为配价扩展与压缩现象利用了类属 ICM 的行动框架，涉及到谓词类型的改变，对句法产生明显的影响，它们是转喻思维参与的结果。

（26）a. The door closed.（关门了）

b. John walked the dog.（John在遛狗）

（Ruiz de Mendoza& Díez, 2001）

Ruiz de Mendoza & Díez（2001）认为例（26a）存在“行为代过程”转喻。“closed”表示行为，在整体句子构式中，“closed”行为代替过程即有某人或某物打开门。例（26b）存在“活动代事件”转喻，陪同行走“walk”这一活动代表了它所涉及的整个事件。由于这两个例子皆对小句的句法构式产生影响，可以把它们看作是语法转喻。下面一组涉及不及物化。

（27）a. This bread cuts easily.（这种面包容易切。）

b. ? This bread cuts.

（Ruiz de Mendoza& Díez, 2001）

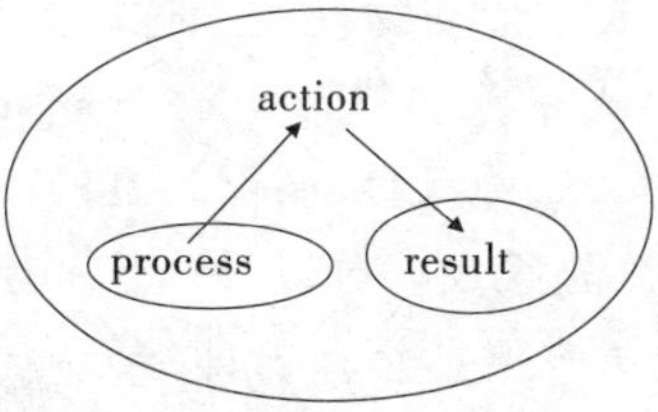

图2.3　过程代行为代结果

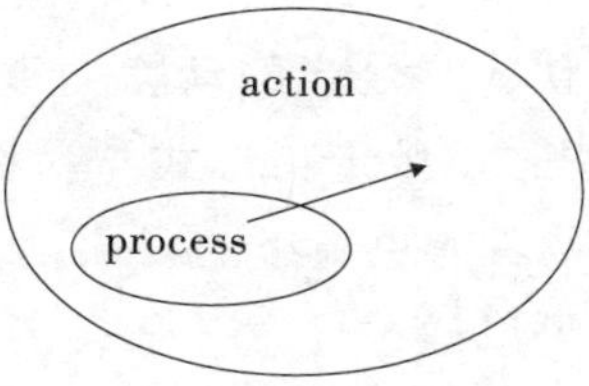

图2.4　过程代行为

在例（27a）（如图2.3）和例（27b）（如图2.4）不同的行为框架下，操作过程完全不同。为了把握例（27a）的完整意义范围，Ruiz de Mendoza& Díez（2001）认为需要假设有一个双重转喻即“过程代行为代结果”，把行为（cutting bread）解释为一个过程（那个面包“被切”），通过完成这一行为过程而得到行为结果，并且这个结果用难易程度来衡量。在这个复杂的转喻转换中，“切”的过程在语言上被置于中央，而结果仍保留在认知域中，副词突显了这个行为的难易程度。例（27a）中，“cuts”使用的目的不是集中在行为上，而是集中在行为的结果上。不同的是，（27b）没有评价副词来激活行为结果，这种情况下使用“cut”是不能接受的，因为没有这个副词提示，默认的及物动词用作不及物动词的转喻造成概念上不连贯。

2.3.2.7 个体指称、类指称与语法转喻

Radden（2005）通过分析类指称揭示了其中的转喻现象。个体指称和类属指称属于同一指称概念域，他认为这两类指称之间的关系是转喻。多数为一类中的个体成员被用来指称该类的全部，即“类典型代类型”转喻。英语中的类指称分为四类：单数、复数、定指和非定指，Radden（2005）根据单复数和确定、不确定性来分析，例（28）中有些含类指称的句子听起来相当别扭，这说明四种类型的类指称是不可相互替换的。

（28） a. ? <u>The Italian</u> is fond of children. (definite singular generic)
b. ? <u>An Italian</u> is fond of children. (indefinite singular generic)
c. <u>Italians</u> are fond of children. (indefinite plural generic)
d. <u>The Italians</u> are fond of children. (definite plural generic)

例（28a）为定指单数，Radden（2005）认为通过突显一个有代表性的成员可以对整体类别进行概括，涉及到“类成员代类别”转喻。例如同一类型的动物具有相同的本能属性，因此形成一个动物种类，这就是为什么单数定指形式被认为是恰当的动物类指称形式。例如“The dog is an extremely social animal”中，单数定指形式与动物种类统一使用。而例（28b）不能接受，因为人比动物具有更高级的属性，个体差异很大，难以被当作一个“种类”。非定指单数可以通过任意一个或多个成员来概括全体，即涉及“任意成员代种类”转喻。任何成员都可以被选来代表整个类别，因此，所有成员都必须是平等的。在此，确立家族成员的一些根本特征是首要的，赋予该类指称词语“本质”之意，如“A lion is a friendly beast”能反映类属的本质特征。而例（28b）有些别扭，因为该句把人类对小孩儿的喜爱视为人类的本质特征，这是不合适的，不能被人接受。例（28c）中，非定指复数通过共享某一具体特征的大多数成员来概括全体，即所涉及的转喻可以更直白地表述为“成员代种类”转喻。例（28d）中，定指复数通过共享一个突显特征的群体成员来概括全体，这些群体成员数量很大，决定了全体成员的意象性，涉及“凸显成员代群体”转喻。

2.3.2.8 情态动词与语法转喻

Ruiz de Mendoza & Díez（2001）努力发展 Panther & Thornburg（1999a）对情态动词的解释，他们从高层转喻角度对情态动词进行了研究，认为情态

助动词“must”一般用于表达说话者义务。

（29）I must go.（我必须走。）

（Ruiz de Mendoza & Díez, 2001）

Ruiz de Mendoza & Díez（2001）认为当说话者和助动词的主语重叠时，就会导致一个很有趣的结果。说话者将“走”这一义务强加在自己身上，因此这个句子变成了表达执行这一行为的意愿或愿望。他假定有一个“义务理想化认知模型”存在，根据哪些行为可以强加在自己身上和本人是否愿意接受，可以用“义务指代意愿”转喻（obligation for desire to carry out the required action）对此做出解释。

Panther & Thornburg（1999a）对情态动词“can”给出“潜力代现实”（potentiality for actuality）的转喻解释。他们认为这类情态动词体现了参与者与所涉及事情实现过程的“能力”或“潜力”等关系。

（30）I can see the mountains from the balcony of my room.
（我从卧室的阳台可以看见山。）

（Panther & Thornburg, 1999a）

在这个例子中，说者指的是事实（即他实际“看到”山），而不是他看山的能力。转喻的逻辑为：观察事物时，我们必须首先具备能力。实际发生的一切是个人先前潜力的结果，而且结果被看作是事件的一个次域，而在Ruiz de Mendoza & Díez（2001）看来，这种转喻属源域在目的域的转喻。Panther and Thornburg（1999a）观察到当动作执行者必须进行某行为或保证说话的真实性时，才能找到这样的转喻。这种情况是由我们所看到的、听到的、触摸到的事实所激活的，“潜力代事实”转喻映射在身体和心智感知的认识域中，即感知通常作为事实证据来接受（Ruiz de Mendoza & Díez，2001）。

2.3.2.9　构式与语法转喻

构式中转喻的研究主要集中在构式内部成分之间的相互关系上，学者们的研究基本集中在内部成分与构式意义一致或不一致的方面。

（31）Be ready by 5 p.m.!（到下午5点准备好！）

例（31）中，“Be ready”是非行为谓词，按传统语法不应该用在祈使句中，因为祈使句是指使或请求对方做某事，应该用行为动词。

在认知语言学之前，“Be ready”中动词用法问题前人虽然注意到了，但传统的语法理论对这两个例子都无法给出合理的解释，尤其无法给出其背后的认知机制。就配价语法而言，它认为句子的合格性在于动词的配价情况。这种研究思路的基本假设是，整个句子的合格性是由其各组成成分（动词和相关的名词等）决定的，动词是核心成分，句子的合格性在很大程度上依赖于动词的语义。随着研究的深入，语言学界普遍认为，句子的形式和意义明显地存在着一种内在的规律性，句子整体意义是无法完全从组成成分中推导出来的。一个句子是一个“完形”(gestalt)，整体大于部分之和。根据构式语法（Fillmore、Kay and O'Connor, 1988；Goldberg, 1995)，影响语言意义的因素不仅有词汇，而且有更大的语言单位构式。语用学领域对间接言语行为的研究停留在含义的研究中，没能深入到对其认知理据的揭示。对“Be ready”这样的语法问题，认知语言学家的解释更为深入。对例（31），Panther & Thornburg（1999a）认为“Be ready”由于置身于祈使构式中，构式把它的行为意义加给了非行为谓词，致使“Be ready”具有行为意义，这样产生的整体意义为“实施一系列行为以至得到准备就绪的状态”，“实施的一系列行为”是整体认知域，“Be ready”作为结果是其中的一个次域，次域可以转喻地指代导致这个结果的“实施的一系列行为”。此例中，“结果代行为”转喻的存在特许语法与词汇之间的不和谐，而又能使句子合格。

我们赞成意义构式语法观（Fillmore、Kay & O'Connor, 1988；Goldberg, 1995)，认为语言意义不仅是词汇的也是构式的。我们认为意义获得是自上而下和自下而上结合进行的。句子组成成分的意义固然对构式整体意义的形成有很大影响，但构式的整体意义也制约着组成成分的意义。我们赞同 Pather & Thorburg（1999a）的观点，句子的整体意义产生于构式意义和词汇意义的互动。这里词汇意义与构式意义是兼容的，因而彼此是可以互补的，有时也可能互相冲突。如果一个句子或词汇概念意义优先于另一个的意义，这种意义冲突 Pather & Thorburg（1999a）称其为“压制”。按照构式语法，如果构式义占主导地位，决定着整体构式意义，则对进入构式的词汇有限制，反之亦然。

2.3.2.10 构式义限制词汇义

构式限制是由于构式意义与词汇意义之间不一致而引起的。Panther & Thornburg（1999a）和 Ruiz de Mendoza & Díez（2001）曾做过研究，我们回顾一下他们讨论的例子：

（32）a. How to do things with words?（怎样用话语来做事？）

b. How to become a successful lawyer?（怎样成为一个成功的律师？）

（33）a. Why not paint your house purple?（为何不把房子漆成紫色？）

b. Why not have a purple-colored house?（为何不弄个紫色的房子？）

我们看到例（32）和例（33）行为构式的每一例的第一句例（32a）和（33a）都包含一个行为谓词；而且构式意义和词汇意义之间没有冲突。可是，每个行为构式类型的第二个句子都包含非行为谓词，例（32）和例（33）的第二个句子包含静态谓词“become”和“have”，但是在行为构式“How to do something”和“Why not do something”中，“do”可解释为“做些……事才能有成为一个成功律师的结果”和“为什么不采取一些行动以致使房子是紫色的结果”。也就是说这两个句子应该是一系列行为的结果。但在例（32b）和例（33b）中，他们句子本身的动词没有体现如同“do”的行为，从而发生冲突。解决冲突靠的是行为构式把它的意义压制给非行为谓词使它们具有行为意义，整体语义是“Something is done to the effect so that predicate meaning results（采取一些有效措施，以至获得谓词所表达的结果）”。概念转喻“结果代行为”特许这种压制意义。“结果代行为”指一个结果可以转喻地代表一个导致这个结果的先前行为。构式意义压制给谓词一个行为解释：第一，非行为的词汇意义上添加了行为的构式意义；第二，构式使得转喻成为可能。如果没有转喻概念，异常就会发生，这说明转喻的产生基于构式义。

2.3.2.11　词汇义限制构式义

词汇意义也会对构式意义产生影响。Panther & Thornburg（1999a）和Barcelona（2003）共同讨论的一个例子，说明词汇意义对构式意义的作用，并使构式具有了转喻意义：

（34）What's that bird?（那鸟是什么鸟？）

a. It's a titmouse.（是山鸟。）

b. ? A fledgling.（是幼鸟。）

c. ? It's an animal.（是动物。）

（Panther & Thornburg, 1999a）

Panther & Thornburg（1999a）将该构式释义为信息咨询“名词的某一区别性属性是什么”。区别性属性是什么取决于名词的概念域及该构式的使用场合。他们认为这些区别性属性是转喻地表达的。从分类意义来说，它的回答可以是例（34a），例（34b）也有可能，但不是例（34c）。这个回答是从转喻所引起的“分类”意义进行的，句中详细询问所看到鸟的种类信息即下级子类的信息，对例（34）类问题的回答必须包含一个所问名词的下义词，因而具有了该词的分类意义。句子例（34c）是不合适的，因为它提到一个上义词，没有针对问题而回答。他们认为“What't that N”构式的这个解释基于“种类代属性”转喻，词义对构式义起到限制作用。

通过梳理语法转喻目前研究的领域与主要观点，我们可以看到语法转喻确实比较抽象，加上目前的研究还欠深入，所以我们甚至感到所给的解释有些牵强。对于这些模糊的研究地带，更需要我们探究其本来面目。汉语是独立的语言系统，高层转喻肯定会有其特殊之处，这正是我们可以发展理论的地方。目前国内语法转喻研究也渐渐热起来，研究转喻与构式方面的主要有：许艾明（2006）的“中动构式的转喻阐释”；严辰松（2007）的“‘给予’双及物结构中的转喻”；张韧（2007）的“转喻的构式化表征”；陈香兰、申丹的“构式与语境：‘What's X doing Y’构式的转喻限制性因素探讨”。在研究语法转喻方面，陆俭明（2007）在《构式语法》序中谈了他的构式观；沈家煊（2006）研究了汉语中“的”字结构的转喻思维；王寅、严辰松（2005）在“语法化的特征、动因和机制”中探讨了语法化的转喻动机；许艾明（2006）研究动构式的转喻阐释；张辉、承华（2002）在“试论汉英语语法形式的转喻理据与制约”中研究了一些汉语现象中的转喻；陈香兰（2010）论述了“的”字结构的构式观与转喻思维属性特点；陈香兰、徐珺（2011）在“‘的’字结构的语块构式观与转喻源域类型”中，谈论了“的”字结构语法中的转喻思维问题。在后面章节中，我们将从构式与转喻相互作用的角度揭示一些构式的转喻操作机制。

2.4 高层篇章转喻

按照Radden（2005）的转喻观点和目前的构式观点，转喻存在于语言的各个层面，如果是这样，我们认为高层转喻也应该随着概念意义延伸，存在于语言的各个层面，当然也存在于篇章层面。目前，揭示篇章层面的转喻思维很少（Al-Sharafi，2004；魏在江，2007；孙志农，2007；杨学民，2007；卢卫中、路云，2006；陈香兰、周流溪，2007），我们认为高层转喻的研究范围应该比目前学者们涉及的要再广一点儿。也就是说只要满足转喻思维的特征，高层转喻可以包括音位系统、词汇语法、词素、句法、篇章等不同层次。出于这样的假设，我们相信高层转喻在语言表达中，还有很多未开发之处，这也是我们提出并揭示高层篇章转喻的初衷，希望我们能在语料中找到篇章转喻。本研究我们以文学作品中的伏应为语料，探讨伏应中的高层转喻思维，开辟篇章转喻伏应研究这块处女地。

到目前为止，语篇层面的转喻研究还不多，国外以Abdul Gabbar Mohammed Al-Sharafi（2004）为代表，认为转喻不仅对词汇层面的概念关系可以做出解释，而且更多的是一种超过词汇层进入语篇层的意义表征延伸，转喻的指称之力已经被看成语篇衔接与连贯的一个主要因素。他认为转喻由两种主要关系来实现，即邻近原则（contiguity）和因果原则（causality），邻近原则实现部分—整体、整体—部分关系，这种关系被认为是转喻语篇模式中最相关的邻近关系。因果原则体现为以因代果和以果代因的关系。这四种抽象关系能够解释形式、认知和语境之间的互动关系（魏在江，2007:30）。

Gibbs（1994:321）指出："对于许多说话者，会话含义的推理都需要转喻推理。在许多情况下，转喻在语篇和话语理解中起到重要的衔接作用。"实际上，人类在使用语言表达客观现实或其主观感受时，无论采用口头形式还是书面形式，都不可能也没有必要把所要讲的信息全部表达出来，这样，在表达过程中就会留下许多潜隐联结（missing links）。在*The Poetics of Mind*一书中，Gibbs认为我们对诗歌的理解依赖于我们的转喻思维能力，即能够通过某一事件部分的提及推理出整个事件的情景。Gibbs（1994:330）指出："转喻式地提及那些连串的、普通的一系列事件的突显部分就可以唤起人们大脑中相关一系列事件的长久记忆。由此可见，转喻式地提及事件的某个部分可代表整个事件。"

国内的转喻语篇研究也开始得到广大学者的关注，魏在江（2007:30）赞同Gibbs（1994）的篇章转喻模式，该模式分成两个部分：一是形式的世界关系；二是概念的世界关系。第一种涉及语篇形式意义层，包含四种转喻关系，这些关系是：概念代形式、形式代形式、形式代概念和事物代形式。第二种关系涉及认知层，概念和事物之间是互动的，这个层面的关系有：概念代概念、概念代事物、事物代事物和事物代概念。魏在江（2007:30）认为这个模式比较好地说明了语篇层面转喻的功能，他认为转喻可以在语言的各个层面体现出来，那么它也必然渗透于语篇系统中，转喻也一定是语篇组织的一种重要方式。我们如果把转喻过程当作语篇衔接机制，我们就能够把认知原则和语境因素看作是整个语篇性很有效的机制。

孙志农（2007）以功能语言学的理论为框架，从语言的三大元功能出发，结合英汉实例对语篇转喻的概念功能、人际功能和语篇功能进行初步探讨。杨学民（2007）从现代叙事学的角度，提出序列、情节和故事属于不同的叙述层次，三者的关系可简述为序列连接情节，情节连接成故事，它们都以语句为基础，处在叙述语式层面上。汪曾祺小说的转喻不但存在于序列层面和情节层面，也存在于故事层面。故事转喻、推理转喻和序列转喻等小说转喻形式都需在语境中进行解释，都要读者的主动参与才能达到某种完整的理解，在参与过程中体味和创造作品的意旨。

除此之外，篇章研究还有卢卫中、路云（2006）的“语篇衔接与连贯的认知机制”，陈香兰（2007a）的“仿拟理解的转喻机制研究”等。总之，篇章转喻已经引起学界的重视，但更为深入的研究还有待于学者们去探讨。我们在前期对伏应研究的基础上，在本书中继续深入分析伏应中的转喻与篇章意义获得的关系。

综上所述，考察前人的相关研究，我们可以看出前人对高层转喻研究已经在间接言语行为、语法和篇章层面铺开，但还处于一个初始的研究阶段，没有形成系统，需要我们进一步发展和深入。比如，目前的语法结构研究范围在词类再范畴化、谓词、配价扩展与压缩、个体指称与类指称、情态动词和回指；高层情景转喻在What疑问构式、间接言语行为中展开，是否还能从其他的语法结构中找到对句法实现有影响的转喻现象，不同语言中肯定会有很多特殊之处，这正是我们需要努力发掘的地方。再如，间接言语行为也可以进一步考虑具体言语行为中的转喻操作状况，这方面也可深入下去。此外，这些研究都是从认知角度去考虑，对语境等因素有时在转喻操作中起到的决定性作用，前人并没有给予深入分析。总之，研究的空间确实很大。出于这样的想法，我们将研究目标定在高层转喻，前人有待发展和未细化的地方将是我们下一步需要继续研究的领域。

第三章　高层转喻思维模式与基本观点

本章将提出高层转喻思维基本模式，并陈述其转喻观点。在 Panther & Thornburg（1998）和 Ruiz de Mendoza & Otal（2002）的转喻观基础上，我们将提出有别于前人的高层转喻模式。首先，我们相信在人类的认知层面，转喻是一种认知方式，而这种认知方式不是简单地停留在指称转喻所谈及的思维上，必然有更抽象更高一层的思维存在，才能使人类的思维如此快捷，以至于对不直接指称的东西能够准确领会。因此，有必要专门对高层转喻思维操作进行探讨，以揭示其更为深层的思维状况。第二，语境因素对转喻的存在以及转喻操作确实有影响，这点在前人的研究中很少有系统分析，也没有在转喻操作模式中体现，对此我们将在后面的分析中深入讨论。再者，高层语法转喻、高层情景转喻和高层篇章转喻，到目前还未见有人提出过统一的转喻模式来解释这种语言现象。基于这些考虑，我们将语境等影响转喻思维的因素考虑进去，努力从分析中归纳提升，为高层转喻思维提出一个总体基本操作模式。

该模式最核心的思路是话语意义的获得离不开语境，转喻作为一种思维方式，必然会受到语境的影响。我们认为情景语境和认知背景有时都可能成为限制转喻操作的因素，这一分析模式突出了语境因素对转喻操作的影响和限制作用。在转喻操作上也与前人观点有所不同，我们认为高层转喻多域操作更为普遍，两域操作是其特例，转喻多域操作在不同语言现象中形式会有所变化，即出现其变体形式。同时，我们也认为影响转喻思维的各因素，在各种高层转喻中作用的大小是不相同的，这一模式体现出我们与前人转喻观的区别。就语境来说，我们认为一般在高层情景转喻中，语境的作用更为明显。

（1）What's the child doing in the garden?（小孩儿在公园干什么？）

例(1)是否是转喻，单就这句话本身很难回答，因为它与语境有很大的依赖关系。如果该句用在不知而问的情景中，该句就表示询问信息，不存在转喻思维；如果用在明知故问的语境下，比如看到小孩儿正要摘带刺的玫瑰，那么，该话语表示担心，既而可能暗示身边的爱人或学生去阻止小孩儿的行为。在这种情况下，按照场境理论，该句作为间接言语行为，间接请求身边的人去阻止小孩儿的行为，话语就存在转喻思维。在该例句中，是否是转喻由语境来决定，这说明语境有时对转喻有非常重要的影响和限制作用。不仅如此，我们认为语境对该例转喻操作为两域操作还是多域操作也起重要的作用。如果听者是适合去处理事情的人，如下级、学生、丈夫、孩子等，那么，该例存在对身边的人去处理该行为的暗示，可以理解为多域转喻操作，存在一个转喻链，即从看到小孩儿走向带刺的玫瑰转喻激活“小孩儿存在危险”这一信息，再激活“请求别人去处理”。转喻为“事件”，即小孩儿做危险的事情，指代“对小孩儿不利的结果”，再从“结果”转指“请求制止小孩儿”。如下图：

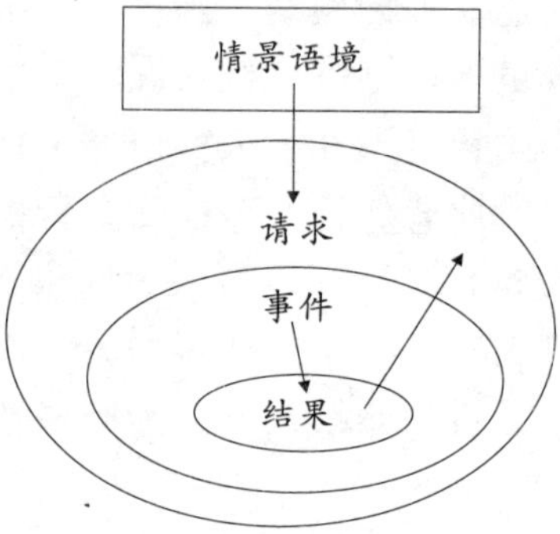

图 3.1　转喻与语境影响

如果说话者出于吃惊并提醒听者，没有请求别人去制止的意思，也就不存在第二步转喻，因此，语境在整个过程中对于转喻的确定和转喻的操作都起着关键作用。然而，认知领域对转喻的研究，目前重在揭示某些语言表达中是否存在转喻这一步，对例(1)提到的语境因素对转喻的限制作用并没有给予深入研究。在本研究中我们将关注语境问题，在我们提出的转喻操作模式中，将语境因素考虑其中，如图（3.2）。至于是两域操作还是多域操作，还需要考虑具体语境和语言现象本身，只有在具体语言现象和语境中才能确定转喻操作过程，我们认为多域操作与两域操作这两者并不矛盾，两域操作是多域操作的特例。

除语境之外，我们认为还有一些因素在有些具体情景中，有时也能起到相当关键的作用，如认知背景（我们将在本章后面讨论）。因此，我们将这些影响转喻操作的重要因素一起考虑在内，在吸收Ruiz de Mendoza（2000）转喻扩展与转喻缩减的两种操作观和Panther & Thornburg（1998）场境理论的基础上，我们提出转喻总体操作模式。模式中提到的情景语境、认知背景在具体语言结构中，并不是在每个转喻操作中都会同时起相同重要的作用。在具体转喻中，可能某个因素起决定性作用，而其他因素并没有起很明显的作用，所以，在后续分析中只出现影响转喻操作最明显的因素。

3.1　高层转喻思维模式

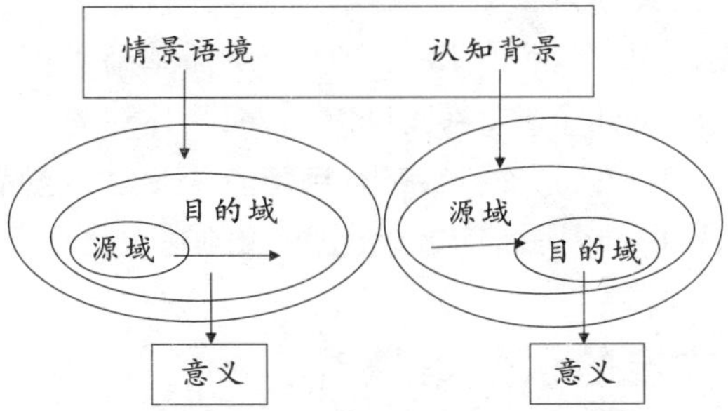

图3.2　高层转喻思维基本操作模式

从上图可以看出，我们的转喻模式突出展示了情景语境、认知背景对转喻操作的影响和控制作用。方框图形下面的左右两大部分分别展示转喻操作的两大类型：转喻扩展操作和转喻缩减操作。左边为转喻扩展，即在转喻映射中，从源域到目的域的映射是从部分到整体。如“手”转喻地代替“人”，箭头从小的源域（部分）“手”指向大的目的认知域（整体）“人”，这种情况称为转喻扩展；右边为转喻缩减，操作方向正好相反，映射从整体映射到目的域部分，箭头指向小的目的域。在具体语言现象中，转喻操作只能是这两种类型中的一种，在此，我们将这两种转喻方式一起提出来，作为高层转喻的基本操作模式，实际的高层转喻操作将是两者中的一者。

在转喻操作域的问题上，我们认为虽然转喻操作最终的映射发生在源域和目的域之间，但在映射过程中，有时可能一次难以完成，需要多次映射；涉及的认知域可能不止两个，而是多个，Ruiz de Mendoza & Díez（2001）谈到的多域就属于这种情况。我们认为多域操作有两种可能：（1）一个源域多个目的域；（2）两个或多个源域共同指向一个目的域的情况。转喻多域操作的情况在很多语言现象中都可以观察到，两域操作的转喻可以看作是转喻多域操作的特例。有些学者提到多域，但对多域的解释及范围与我们的不同。Croft（1993）从概念突显的角度，用多域表示概念凸显的复杂性，对不同类型的转喻操作没有作深入分析。Ruiz de Mendoza & Díez（2001）用多域解释一次映射难以完成的双转喻情况。我们所理解的多域与他的也有不同，最突出的地方表现为：我们将情景语境在操作中有时起到的决定作用考虑进来，这不仅能解释前人提到的转喻现象，而且能解释别人难以解释的复杂现象，最重要的是我们是从动态语境中观察和解释语言现象，这一点与前人不同。还有一点不同，即我们的多域观不仅包括前人所讨论的多域转喻操作现象，而且提出多域操作的变体现象，转喻操作的变体现象属本研究首次提出并深入探讨。在转喻模式中，我们仅用三个认知域简单地象征性地表示了多域操作，具体语言现象涉及几个域，我们将在后面具体讨论语言现象时展示。从上面转喻模式图（3.2）中，除了能够看到情景语境、认知背景和多域操作等特征外，下面我们将详细说明该转喻操作模式的基本观点。

3.2 高层转喻的认知语境观

我们认为高层转喻是在认知语境中操作的。转喻作为人类的思维方式之一普遍存在，而且其映射激活过程也应该具有人类一般思维推理的共性。Sperber & Wilson（1995、1986）突破了传统语用学中只关注社会文化因素在推理中的作用的研究方法，将认知因素融入对意义获得的研究中来，提出认知语境的概念。著名的关联理论认为，在语言交际中，听话者对世界的假设以概念表征的形式储存在大脑中，构成用来处理新信息的认知环境（cognitive environment）。在交际过程中，对话语理解起作用的是构成听话者认知环境的一系列假设。为了提供描述交际时的认知状态，Sperber & Wilson（1986）提出了“互为显映”（mutual manifestness）的概念。由于人们所处的外部环境的不同和认知能力的差异，各自所建立的“心理表征”就会呈现出一定的差异，人们所处的认知环境也就有所不同。他们认为交际双方在交际过程中所运用的只是认知环境中互为显映的部分，当两个人认知环境中显映的事实或假设相同时，便产生认知环境的重叠，这种交叉或重叠的交集部分便构成了双方共同的认知环境。

我们认可 Sperber & Wilson（1986）的观点，认为存在双方互相重叠的认知语境，并且重叠的部分是我们沟通和认可的基础。我们将Sperber & Wilson（1986）上述的观点融入我们的观点，将成功交际及相关因素用下图表示。

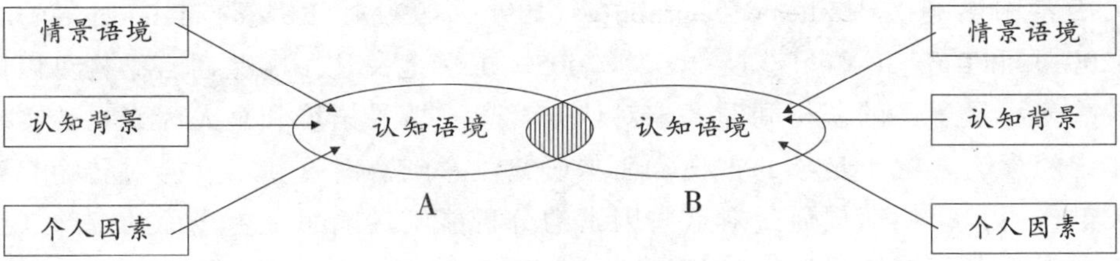

图3.3　意义获得的认知语境观

图中的认知语境包括情景语境、认知背景、个人因素三部分，A和B两人交流时，只有在两个认知语境互相交集的部分发挥作用。在Sperber & Wilson（1986）的研究中，认知语境是个很大而宽泛的概念，将认知操作过程和影响认知操作的因素都包含在一起，结果各成分在意义获得中的作用没有了界限。比如认知背景在思维中起的作用多还是语境因素起的作用多，在他们的解释中很难观察深入，也就是说，不利于我们观察到它们各自的功能。关联理论虽然注意到认知在意义获得中的作用，但还没有把认知这个黑箱打开，这也就是为什么学者们把关联理论归入语用学而非认知语义学范畴的主要原因。本研究为了能够使我们更加深刻地了解认知因素与语用因素如何在操作过程发挥作用，我们将认知语境分为认知背景、情景语境和个人因素三大部分。认知背景指存储在短期记忆和长期记忆中已概念化的知识结构；情景语境指引起人注意并对话语理解产生影响的客观情景，是正在认知化的内容；个人因素指人的心理、个性和意图等方面的因素。认知语境有动态性、个体性和社会性的特点（熊学亮，1999）。动态性指认知语境在不断变化，认知语境是话语理解过程中不断选择的结果，它会随着情景语境的认知化而改变，情景语境的认知化使得认知语境有了动态性。认知语境还有集体性或社会性的特点，认知语境也有为一个集体或社团所共有的一面，这种共有的集体意识，是在个人知识结构里以“社会表征”（social representation）的方式储存下来的结果，用以协调人际间的行为和语言使用，使之适合社会、文化和政治环境（Sperber & Wilson, 1986）。我们认为认知语境影响语言的使用过程和理解过程，由于不同的意识形态和不同的经历所形成的认知语境有社团性，同时又因人而异，最终导致推理结果的不同。尽管这些因素一起发挥作用难以分开，但在我们的研究中，还是将认知语境分为三个部分讨论更好一些，这样能够更细致更深入地探讨认知因素与语用因素的作用。

转喻作为一种普遍的认知机制，在认知语境中操作，必然会受到一些相关因素的影响。Panther & Thornburg（1998、1999）、Ruiz de Mendoza & Díez（2001）和Ruiz de Mendoza（2002、2005）更多地关注了哪些语言结构可以用转喻来解释意义的获得问题，未对认知背景、情景语境和个人因素在转喻操作中的影响力给予足够的重视。而本研究注意到有时这些因素会对转喻起到关键作用，我们期望通过对这些因素的分析能给转喻思维更全面的解释。由于个人因素是在情景语境和认知背景的基础上，内化成意志的东西，处在更加抽象的层次，本研究暂时对此不作讨论，后面的分析将主要集中在对情景语境的讨论上。

3.3 高层转喻的情景语境限制观

这个观点的核心是指情景语境有时对转喻操作起限制作用。情景语境指与话语交际相关的具体客观环境，包括交际时间、位置、方式、角色、交际者身份等。当然，不是所有的情景语境对推理都有影响，只有那些引起人注意、并能进入认知领域的语境才对推理产生作用。比如，大街上，车水马龙，但对一位只关心去买二斤鸡蛋的老大娘来说，街上的这些人与物对她没有任何感觉，因为车和人流没有进入老人的注意范围。但对一位寻找丢失小孩儿的母亲来说，那就完全不一样，车和人流是她关注的中心。进入人的关注范围的语境因素才能变成情景语境，从而进入认知语境，对理解产生影响。在此，我们更为关注情景语境在高层转喻思维中的作用。在后面的分析章节中，在清楚具体的情景语境下，我们经常可用简称语境来替代情景语境。在语用学领域，关于情景语境是理解话语的决定因素已有不少研究，但在转喻思维中还没有专门探讨情景语境因素对转喻操作的影响。实际思维中认知背景与情景语境两种因素同时发挥作用，很难分开，所以我们要想考察情景语境的作用，必须假定话语双方的其他因素不变，也就是说将认知背景和个人因素限定为相对不变的范围，从而考察情景语境变化给转喻思维带来的变化，以“X有钱吗”构式为例。

（2）你有钱吗？

a. 对不起，我也没带。

b. 谢谢！我带的够用。

c. 穷就低人一等？

d. 你想抢劫？！

例(2)可以用来表示询问，这样的情况下不是间接言语行为，没有转喻思维。但我们可以看出上面的四种回答都不表示询问，都有间接含义，属于间接言语行为。按照场境理论，四种回答都可以有转喻思维，而这四种情况的转喻思维都依赖语境。例（2a）中，如果说话人想买东西，手头没钱，而身边是他的好朋友，在这样的语境下，构式义为“能否借给我点儿钱”，“你有钱吗”是借钱的前提条件，用借钱场境的前提条件来激活整体借钱事件，“你有钱吗”为源域，“能否借给我点儿钱”为目的域。在（2b）中，朋友看到小张在新上市的数码相机前舍不得离去，犹豫难决的样子，他担心小张钱不够，故说出此话，以此间接地来表示可以借钱给小张。在此也存在转喻思维，“你有钱吗”为源域，激活目的域“我可以借钱给你”，成为因果转喻。例（2c）中，说话者用意在提醒或讽刺对方没钱的境遇，话语也是间接的，“你有钱吗”为源域，“办事需要钱”为目的域。例（2d）中，面对陌生人，话语很容易让人想到是在抢劫。这里也存在转喻思维，“你有钱吗”为源域，“抢劫（你不给钱就把你……）”为目的域。可见，汉语“X有钱吗”构式是否有转喻依赖于语境。以前两个回答为例，转喻操作图如下：

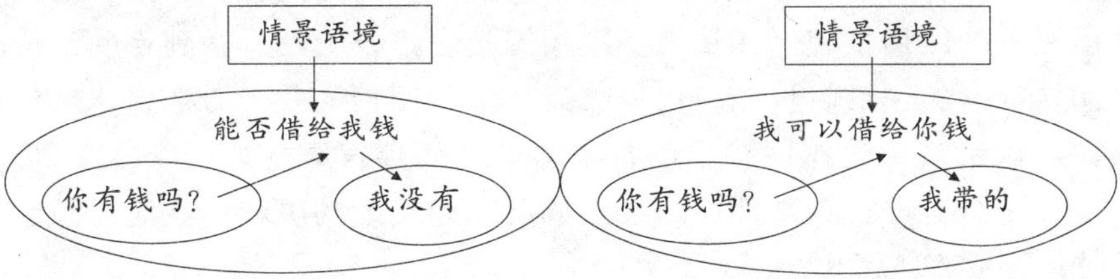

图3.4　“有钱吗”转喻操作图

3.4　高层转喻的多域操作观

观察众多转喻现象，我们认为转喻有时涉及多个认知域，转喻两域操作可以看成是多域操作的特例。认知语言学二十多年的转喻研究，对转喻操作几乎形成一个定论：转喻是一种概念现象，一种认知机制，转喻映射发生在源域和目的域两域之间（Barcelona, 2002；Dirven & Pörings, 2002；Lakoff, 1987；Langacker, 2000；Panther & Radden, 1999；Panther & Thornburg, 1998、

1999a、1999b、2003、2004；Radden & Kövecses, 1999；Ruiz de Mendoza, 2002、2005)。隐喻映射发生在两认知域之外，而转喻映射发生在两认知域之内。然而，许多现象告诉我们，有时转喻映射并不是一次就能完成。Ruiz de Mendoza & Díez（2001）曾用双转喻解释前面提到的例子“What's X doing Y”构式，他们认为转喻难以一步完成，需要两次进行，这就涉及到转喻的多域操作。我们认为多域操作不止他提到的这一种，在不同语言现象中，多域操作的形式是多样的，我们称其为多域操作的变体形式。但多域操作的类型主要有三大类：第一，多个源域激活相同的一个目的域；第二，一个源域同时指向多个目的域；第三，多步转喻，也就是一步转喻完不成需要两步或多步来完成，在这样的转喻中，第二个认知域既是第一个的目的域，同时又是第三个认知域的源域。

3.4.1　多个源域与一个目的域

按照场境理论，在一定的语境下间接言语行为可以作为部分转喻地指代场境整体。我们认为不同间接言语行为与核心语义存在不同间接程度的问题，间接言语行为和场境中心的距离是不相同的，离中心越远，转喻地激活整体越弱，理解付出的努力也就越多。说话人在交际过程中，为了能让听话人做出正确的语用推理，如果第一次用间接言语行为没有达到目的，可能会改变间接程度，说话者可能使用更靠近核心的间接方式来激活整体事件。也就是说，说话者会选用间接程度越来越低的间接言语行为，以便达到目的。这样，在整个言语行为事件中，会形成不同间接度的次域，激活相同的目的域，整体形成多域操作。

例如曹禺《雷雨》中周萍与丫鬟四凤决定离家出走，准备一起生活，遭到四凤母亲强烈反对，因为周萍也是四凤母亲所生，但周萍和四凤并不知道两人是兄妹关系这一实情，而四凤此时已经怀孕，开始她不想对她母亲说实情。四凤在请求她母亲同意他们离家一起生活的决定时，为了达到这一目的，采用了不同的间接言语行为。

（3）四凤：（低头，不得已紧握着鲁妈的手）妈，<u>我只好先离开您了</u>。
鲁妈：（忍不住）你们不能在一块儿！（站起）不，不成！
四凤：（死命地退缩）妈，<u>您不能这样做</u>。
鲁妈：不，不成！（呆滞地，单调地）走，走。

四凤：（哀求）妈，您愿您的女儿急得要死在你的面前么？

鲁妈：（不得已，严厉地）走！（向四凤）凤儿，你听着，我情愿没有你，我不能叫你跟他在一块儿。——走吧（立刻拉住四凤，向门口走）

四凤：啊，妈妈！（晕倒在母亲怀里）

鲁妈：（抱着四凤）我苦命的孩子，你——

周萍：（急）她晕过去了。

鲁妈：（拿凉水灌四凤）凤儿，好孩子，你回来，你回来。——我的苦命的孩子。

四凤：（口渐张，眼睁开，喘出一口气）啊，妈！

鲁妈：（安慰她）孩子，你不要怪妈心狠，妈的苦说不出。

四凤：（叹出一口气）妈！

鲁妈：什么？凤儿。

四凤：（向周萍）我，我不能不告诉你，萍！

周萍：凤，你好点儿了没有？

四凤：萍，我，总是瞒着你，（乞怜地望着鲁妈）也不肯告诉您。妈，您——

鲁妈：什么，孩子，快说。

四凤：（抽咽）我，我——（放胆）我跟他现在已经有……（大哭）

鲁妈：（切迫地）怎么，你说你有——（过受打击，不动）

周萍：（拉动四凤的手）四凤！怎么，真的，你——

四凤：（哭）嗯。

周萍：（悲喜交集）什么时候？什么时候？

四凤：（低头）大概已经三个月。

周萍：（快慰地）哦，四凤，你为什么不告诉我，我，我的——

鲁妈：（低声）天哪。

周萍：（走向鲁）鲁奶奶，你无论如何不要再固执哪，都是我错了，我求您！（跪下）我求您放了她吧。我敢保证我以后对得起她，对得起您。

四凤：（立起，走到鲁妈面前跪下）妈，你可怜可怜我们，答应我们，让我们走吧。

鲁妈：（不做声，坐着，发痴）我是在做梦。我的儿女，我自己生的儿女，三十年功夫——哦，天哪，（掩面哭，挥手）你们走吧，我不认得你们！（转过头去）。

周萍：谢谢您！（立起）我们走吧。凤！

（四凤起，走了两步。）

鲁妈：（回头，不自主地）不，不能够！

（四凤又跪下。）

四凤：（哀求）妈，您，您是怎么？我的心定了。不管他是富，是穷，不管他是谁，我是他的了。我心里第一个许了他，我看得见的只有他。妈，我现在到了这一步。他到哪儿，我也到哪儿。他是什么，我也跟他是什么。妈，你难道不明白，我——

（曹禺《雷雨》）

四凤几乎一直在用间接表达。按场境理论，四凤的每一个间接请求都可通过转喻激活整体请求认知域，所有这些请求组成一个请求的多域操作，次域与多域操作核心思想的距离关系因间接程度的不同而不同。在转喻事件的多域操作中，核心即目的域为"请您一定让我们离家一起生活"，多个次域依次如下：

（1）妈，我只好先离开您了。

（2）（死命地退缩）妈，您不能这样做。

（3）（哀求）妈，您愿您的女儿急得要死在你的面前么？

（4）啊，妈妈！（晕倒在母亲怀里）

（5）（口渐张，眼睁开，喘出一口气）啊，妈！

（6）（叹出一口气）妈！

（7）（抽咽）我，我——（放胆）我跟他现在已经有……（大哭）

（曹禺《雷雨》）

从该例可以看出，四凤由于难以向她母亲说出她和周萍的私情，采用间接表达，开始使用概念上离多域核心较远的语句，但由于听话人无法理解说话人选择的转喻连接力度较弱的指向语句，从而迫使说话人改用概念上距核心较近的语句，使听话人能正确推出交际意图。多域操作中次域离多域核心越近，理解越省力，这些次域之间虽无直接的转喻关系，但他们都分别可以激活多域核心，形成转喻操作，次域之间在整个事件推理中存在递进关系，在整个事件场境中形成一个递进转喻推理链，这个转喻链与Ruiz de Mendoza & Díez（2001）的双转喻有所不同。后者提出的双转喻链的结构特点是，一个转喻目的域为另一个转喻的源域。在此例中，我们观察到的多域操作与之不同，其特点是，在同一事件中用不同的间接言语行为次域激活相同的目的域，按照场境理论整个事件为一个整体事件域的话，我们讨论的转喻操作应该是多域操作链。在该请求言语行为多域中，次域（1）、（2）、（3）、（4）、（5）、（6）、（7）都属于整体多域操作的前部分。这些次域与核心的距离是不一样的，随着话语的展开，次域和核心的距离越来越近。如下图所示：

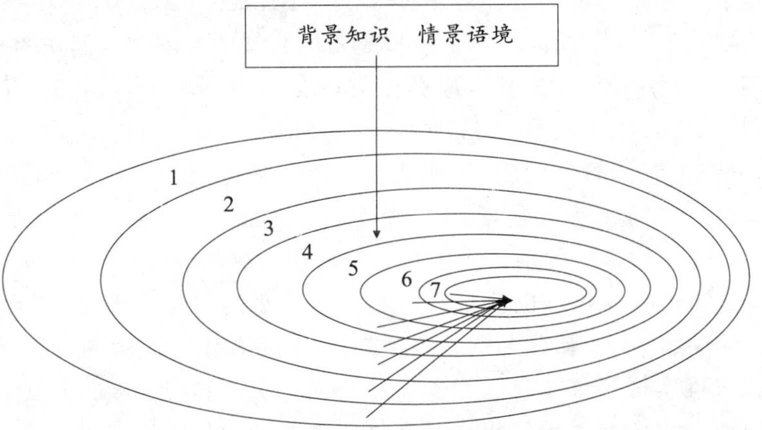

图3.5　多个源域一个目的域的间接言语行为操作

在此请求言语行为多域操作中，每个次域与话语核心域之间体现着部分代整体的转喻关系。为何选择间接表达以及为何选择间接言语行为的前部分？这是由认知背景、情景语境和个人因素决定的。四凤是丫鬟身份，居然和少爷发生关系而怀孕，这在当时的社会背景下无法接受，即使对自己的母亲，她也难说得出口，这种观点早已内化，成为话语选择的认知背景。这样的认知背景决定了四凤选用间接表达方式。同时情景语境也在起作用。此对话的情景语境为四凤已怀孕，她想离家出去和周萍一起生活，而母亲死活不从。另外，个人因素表现为四凤决意要和周萍一起出走。在这些因素的相互作用下，四凤采用一个比一个请求程度高的间接言语行为，最后，在无法达到交际目的情况下，只好把怀孕的事实说出。认知背景、情景语境和个人因素的共同作用决定了次域选择的间接度，采用了从间接到直接一步步逼近的方式。

3.4.2 一个源域与多个目的域

还有一种可能的多域操作，为同一个源域可以同时指向多个目的域。

（4）Let's go to bed now.（我们现在睡觉吧。）

Radden（2005）认为通常“go to bed”被转喻地理解为“go to sleep”。同时，我们可以由同一个指称参照点即源域与不只一个转喻目的域建立心理接触。据此，“go to bed”也同时是“sex ICM”的一部分，在特定语境下，例（4）也可以被转喻地理解为“（go）have sex”。Radden（2005）在这里指的是同一个“go to bed”，在不同语境下，可以是不同ICM的次域。我们认为这种情况可以同时发生在一个语境中，这样，可能会出现同一个源域多个目的域的情况，即同时出现上述两个目的域“go to sleep”和“have sex”。试想如果把Radden（2005）的这个例子放在夫妻对话的语境中，尤其是年龄大一点儿的中年夫妻，双方对夫妻生活已不再有多少激情，两人相处更像是兄妹关系，丈夫不冷不热说这样的话，妻子听起来可能会有两种猜测，即“go to sleep”和“have sex”同时存在。也就是说，在没有太多的其他语境信息的情况下，当妻子听到这句话而未看丈夫的表情时，该话语会导致两种可能的解读：第一，丈夫确实提议该休息了，要么是丈夫在关心自己，要么是他自己已经累了；第二，丈夫有做爱的想法，在试探妻子的意思。当然，随着其他信息的补充，目的域会更加明确，明白实际话语是指前者还是后者。两种解读的情况同时存在是有可能的，在这样的情况下，该转喻的源域为一个认知域，而目的域由两个认知域组成，整体为多域操作。

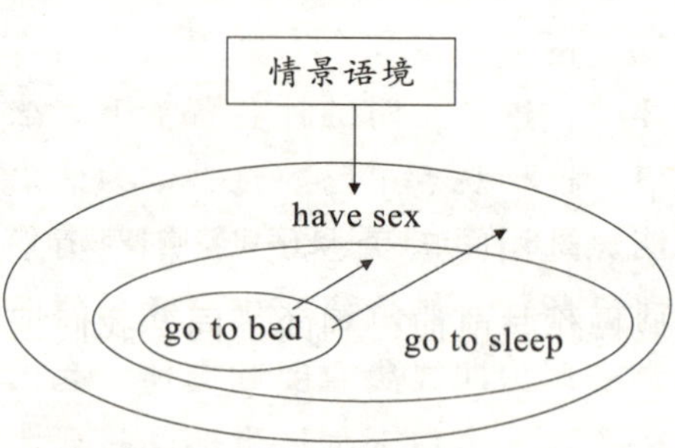

图3.6 “go to bed”多域操作

3.4.3　多域操作变体观

转喻的多域操作指转喻思维过程中，涉及不止源域和目的域两个，域而是多个认知域。我们认为在不同的语言现象中，不仅可能出现多域操作，而且多域操作方式也可能不相同，可能会有多种变体形式，上面例（3）和例（4）的多域操作就不相同，这一点在后面各章的分析中还会讨论更多。这里再举一例，其转喻操作又和例（3）、例（4）不同。

（5）妈妈：12点了，写什么呀？

孩子：明早要交作文，马上就好。

妈妈的问话有疑问的意思，但更多的是建议停止工作，从小孩儿的回答也可以看出这点，他把妈妈的话既当作疑问，更当作建议来理解。所以，先回答“明早要交作文”，后回答“马上就好”。在这里“写什么呀”的出现会激活与之相关的认知域即“写的整体事件”，在已经12点的情景下，也就是说在通常该休息的情景作用下，会进一步转喻地指代“停写”。我们认为这里存在转喻思维，这一转喻思维与语境有很大的关系。转喻思维操作如下：

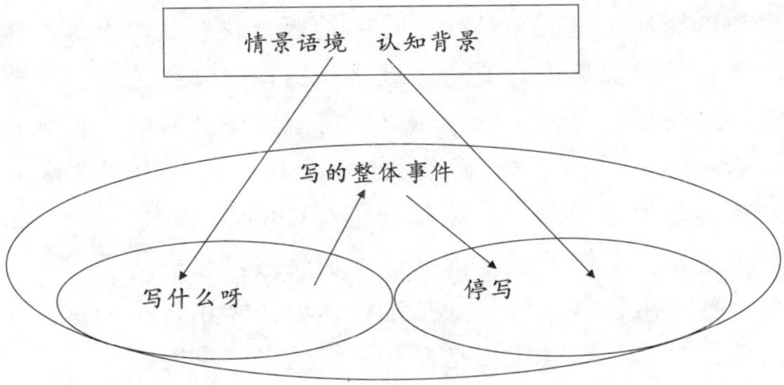

图3.7　建议—疑问句转喻多域操作

该例的转喻多域操作与前面提到的不同，我们把它看作多域操作的一种变体形式。这一转喻思维虽然也是多域操作，但转喻之间不是层层递进的关系，“写什么呀”首先激活“写的整体事件”，让人推测到这个事件发生在该睡觉的时候是不合适的，应该停止。之所以是这样的思维过程，是因为情景语境和认知背景告诉我们时间已经12点，不能再加班了，否则影响他人，第二天自己的精神状态也会受影响等。可见，情景语境和认知背景规定着转喻的路线和方向，在此形成了转喻多域操作的变体形式。

3.5 高层转喻推理观

意义推导是语用学和认知语言学共同关心的核心，在语用学领域从Grice（1967）到Sperber & Wilson（1986）的推理研究，意义深远，但都没对认知操作步骤做出深入的解释。Grice（1967）的研究使推理模式代替了代码模式，话语理解从此不再停留于考究真值和解码，而是关注对说话者意图的推导。Grice认为语用推理离不开人的因素、社会因素和文化因素，他将推导隐含归于违背合作原则，有其局限性，没有揭开认知的黑箱。关联理论强调听者和读者在语言交际中的主观认知努力，认为整个语言交际过程应该以认知假设为前提，并由此推导出结论。关联理论（Sperber & Wilson, 1986）使交际理解的解释上升到一个更为复杂的认知层面，比语用学中任何派别更重视认知的作用，但仍然未能揭示怎样关联以及为何推理能如此迅速、准确。

认知语言学家认为意义来源于认知，意义形成的过程就是概念映射和整合的过程。没有概念系统内的映射，产生快速推理是不可能的，而正常人推理突发性和迅捷性正是源于认知域之间的概念映射。无论是隐喻、转喻还是空间概念整合理论都集中研究认知域之间的概念映射关系。尽管它们各有侧重，但对概念映射在推理中的作用是无可置疑的。转喻是概念意义延伸的重要手段，这一过程非常迅捷，人对此毫无意识。不少学者认为在许多情况下，意义获得是通过转喻连接来加速的。Gibbs（1994）研究了转喻的理解，他指出转喻是概念系统的基本部分，人们理解转喻表达是因为人可以从提到的部分事件推理出整体事件，并指出说话者经常用转喻表达，而听者通过话语来激活转喻模式，转喻模式是概念系统的一个重要组成部分。同时，他将转喻看作衔接链，并同意Lakoff（1987）的观点，即原型效果的源泉就是转喻，他承认转喻存在推理。我们赞同Gibbs（1994）的观点，语言理解需要推理，推理离不开认知。隐喻、转喻是人的认知、思维方式，因此对隐喻、转喻的研究是语用推理的深入，是理解思维不可分割的一部分。我们赞同明示也需要推理的观点（Bach & Harnish, 1979; Leech, 1983; Sperber & Wilson , 1986）。Sperber & Wilson（1986）认为字面义也需要依赖一些特殊的推理，转喻为意义延伸方式，是一种推理。当然，不同的转喻需要推理的多少不同，规约化程度高的转喻，需要的推理少或者说推理不明显，而情景转喻相对而言，需要的推理多而且明显。

Gibbs（1994）指出理解篇章意思的许多推理，基本上是转喻的，理解赘述也需要转喻推理。他通过自然语言例子来研究转喻是怎样被理解的，许多规约含义的例子是通过转喻推理获得的。

（6）A: Smith doesn't seem to have a girlfriend these days.
（Smith好像最近没有女朋友。）
B: He has been paying a lot of visits to New York lately.
（他最近常去纽约。）

（Gibbs（1999）from Grice（1975））

按照Grice的观点，B的话语只表达了部分意思，对B话语成功的理解需要听者A进行推理。Grice认为这种推理具有规约隐含性。在此，虽然B简单地陈述Smith常去New York的事实，但B可能有意让A去推理Smith可能在New York有女友。我们同意Grice的观点，B有隐含命题，我们进一步认为话语表达只是所谈论事件的一部分，而这一部分在说话双方共同的背景知识及情景语境这些因素的共同作用下，激活“他可能在纽约有女朋友”的整体事件。此例中，话语意义的获得可以理解为部分—整体的转喻思维推理过程。

（7）A: How was your Thanksgiving?（感恩节过得怎样？）
B: Well the weather in Boston was too cold for me.
（Boston的天气对我来说太冷了。）

该例为情景转喻，显然答话者不是直接回答问题，但听者的回答清楚显示出绝对与问题相关，听者会寻找问题和回答之间的关系，因为“天气太冷”从而导致没有玩儿好，或没达到理想效果，存在因果转喻。在间接言语行为中，回答的间接度不同，推理的多少也不同。Panther & Thornburg（2004）持转喻推理观，他把间接言语行为中的因果转喻称为人类的自然推理图式。我们赞同转喻确实是一种推理方式的观点。

3.6　高层转喻认知背景限制观

作为认知语境一部分的认知背景，对高层转喻的操作起着作用，有时甚至会起决定作用。我们赞同Sperber & Wilson（1991）和熊学亮（1999）的认知语境观，并认为转喻思维如同一般推理也在认知语境中运作，背景知识作为认知语境的主要部分，对转喻思维有时能起决定性作用。认知背景指存储在长期记忆中已概念化的知识结构，认知背景是认知语境的基础部分，认知背景是静态的，而认知语境由于随时有情景语境的加入，因而是动态的。但认知背景也不是一成不变的，因为认知背景虽然已概念化，但它随着情景语境的认知化而改变，情景语境如果和认知背景相一致，那么已概念化的认知背景得到加强；但也有相反或部分不相一致的情况，这时，认知背景与情景语境构成的认知语境会随之发生变化。认知背景具有个体性，一方面由于个人先天大脑认知能力的差异，在情景语境认知化的过程中产生人与人的差异；另一方面，由于文化不同、语言不同或生活环境不同，也会造成个体认知背景的差异。作为认知语境的重要组成部分，认知背景在推理中发挥着重要的作用。本小节，我们将观察在情景语境和个人因素相对不变的情况下认知背景对转喻意义获得所起的作用。

（8）What are you doing?（你们俩在做什么？）

此例的语境为，小明上五年级了，妈妈很重视小明的学习，和小明商量约定只有周末可以玩儿一小时电脑，平时不能。但有一天，小明放学后在院里遇到一个比自己小两岁的小亮，两人一直是好伙伴，但因为上学，两人在一起玩儿的时间越来越少。见到好伙伴，小明高兴地把小亮领回家，而后开了电脑，小明的妈妈听到声音，从卧室出来，说出上面的话语，但由于有小客人在场，妈妈说话的口气是温和的。

对这个例句，小明和小亮可能有两种不同的理解。小明会理解为妈妈对他的行为不满或抱怨“你怎么又开电脑”，因为妈妈平时不让他上网，只能周末玩儿一小时，作为家里的规定，这一点话语双方都明白。

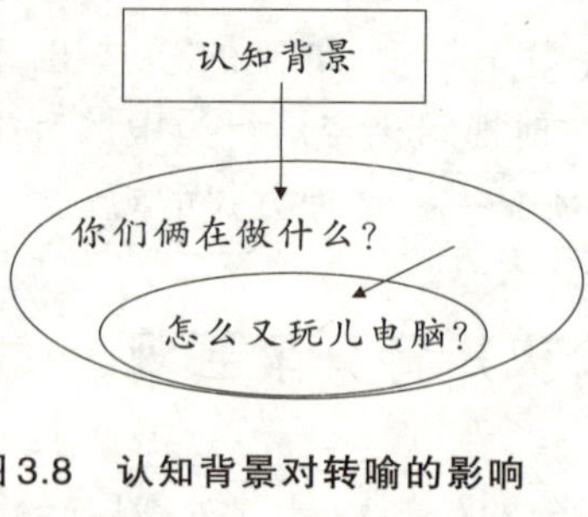

图3.8 认知背景对转喻的影响

与小明不同，小亮可能没把这个问话当回事，也有可能理解为询问信息“你们俩干什么”。因为小亮家的经济条件相对差一点儿，上个月他家刚买了一台电脑，父母没有对他作任何规定，所以他对控制玩儿电脑还没有任何概念。同一语境同一口气下，这两种理解都是有可能的。在这种情况下，小明对话语是转喻理解，而在场的同学听了，不存在转喻理解。这是因为同学不知道他家的规定，而自己家里又没有这个规定，他没有这样的背景知识。这个例子可以在某种程度上说明，在转喻思维中，有时背景知识也会对转喻思维起关键作用。

本章提出总体转喻模式，对转喻思维的基本观点给予了阐释，重点在于阐明我们与前人的转喻思维观的不同之处。传统语用学领域将影响意义推导的因素基本都归于语境，然而，在语用学中讨论语境不能客观地反映语言使用时交际双方的认知操作，也不能反映语用推理中的认知机制。而认知领域的研究又没有将语境等因素考虑进来，只关注概念的相互作用。关联理论考虑了认知的作用，但停留在宏观的层面，没有涉及认知操作。本项研究与前人最大的区别在于，将语境因素考虑到转喻认知操作中，并揭示语境对转喻思维操作的影响。后几章我们将在不同语言现象中，对转喻操作和语境因素的影响展开分析，深入探讨转喻在不同语言结构中和间接言语行为中的操作情况及语境因素的制约状况。

第四章 高层转喻与语境：“What's X doing Y”构式限制性因素探讨

本章从认知语用的角度，集中讨论“What's X doing Y”构式中语境是如何对其高层转喻操作起作用的，探讨高层转喻思维的语境条件。在认知语言学领域，有不少学者从构式观点研究意义获得，认知语言学中的构式观主要指Langacker（1987、1990）的认知语法观、Goldberg（1995）的构式语法观、Croft（2001）和Croft & Cruse（2004）的激进构式语法观，这三种认知构式观又统称为构式语法。整体上说，研究构式语法的学者持这样的假设：（1）句法不是语言的一个自足部分；（2）语义不仅仅是由客观的真值条件所决定，还跟人的主观认识密切相关。“What's X doing Y”表达式既可看作间接言语行为，又可看作构式，对它的研究经历了从语义到语用到认知的几个过程，对于该表达的意义获得存在不同的解释。语用学领域中的一些学者遵循Searle（1975）的传统，认为确定说话人的交际意图需要在字面义的基础上进行推理（Morgan, 1978）；而一些学者则认为，即使字面义也需要依赖一些特殊的推理（Bach & Harnish, 1979; Leech, 1983; Sperber & Wilson, 1986）。在认知语言学中，学者们认为通过揭示概念的相互作用，能够回答间接言语行为的意义根源与意义形成，而对间接言语行为意义获得中概念如何相互作用，认知语言学家们提出不同的解释。对“What's X doing Y”构式，学者们曾经从两个不同的角度做过研究。比如Kay & Fillmore（1999）从配价入手，提出该构式的意义源于整体构式。与之不同，Ruiz de Mendoza & Díez（2003）从转喻角度对该构式的语义做出解释，指出该构式意义获得基于“行为代结果再代请求”的双转喻操作。学者们分析“What's X doing Y”构式所提出的典型例子：

（1）Madam：What's this fly doing in my soup?
（直译：苍蝇在我的汤里干什么？）
Waiter：I believe that's backstroke.（我想它在仰泳。）

发话者是用餐者，受话者是服务员。客人采用这一构式意在向服务员表达这样两层意思:(1)这汤不能喝了;(2)请给我换汤。Ruiz de Mendoza & Díez(2003:15)认为该构式的意义获得是通过转喻多域操作完成的,其中转喻映射分两步进行。第一步,从行为域到结果域(汤里有了苍蝇——因此汤不能喝)。其中,“doing”是构式中必不可少的成分,指代行为域,其功能为激活理想化认知模式(ICM)的结果域。第二步,“结果”作为“请求”的一个理由,激活请求目的域(请给我换汤)。由此,他们得出结论认为该构式规约地表示抱怨,存在转喻思维。然而,我们认为在特定语境中,该构式可以只用来询问信息,并不涉及转喻思维。比如丈夫向刚从厨房里走出来的妻子询问年幼的女儿在做什么,这样的情况的确说明该构式并非在任何情况下都规约地表示抱怨,我们认为不能把该结构意义完全看作规约化结构意义。虽然语用学家较为关注语言结构在具体语境中的意义,虽然Pérez & Mendoza提出过情景语境,但对于“What's X doing Y”构式目前则倾向于脱离语境,将其意义视为固定的规约化结构意义研究。而事实上,该构式有时也可仅仅表示出于惊讶或担心的自言自语,这时就只有Ruiz de Mendoza & Díez(2003)提及的第一步,而没有第二步。考虑到各种语境情况,该构式的意义获得还是比较复杂的,所以有必要深入研究。

本文从探讨语境对该构式转喻思维的影响入手,将讨论下面几个问题:(1)“What's X doing Y”构式的转喻思维还存在另一种类型;(2)该构式转喻两域操作与多域操作的条件;(3)“What's X doing”构式与“What's X doing Y”构式有无区别;(4)“doing”在不同语境中的功能;(5)具体话语语境与背景知识的不同作用。从认知和语用相结合的角度,我们反复观察该构式在不同情景中的转喻思维情况,并提出研究假设:(1)说话者知道不知道发生的事情是“What's X doing Y”有无转喻思维的先决条件。(2)间接言语行为“What's X doing Y”的转喻思维是有条件限制的,如果说话者不知而问,则不存在转喻思维;当说话者的话语意图不是询问信息,而是表示对所发生的不合适事情表示不满或担心的时候,“What's X doing”与“What's X doing Y”都有转喻思维。(3)“What's X doing”和“What's X doing Y”是不同的构式,两者在一定的限制条件下,才能规约地表达不满,存在转喻思维。为了解决这些问题并验证我们的假设,本章用我们提出的转喻思维模式对不同现象给予深入分析。下面我们先看学者们从多种角度对该构式给出的解释。

4.1 “What's X doing Y”构式的多样解释

4.1.1 Kay & Fillmore的观点

Kay & Fillmore（1999:19）认为“What's X doing Y”构式与最小的词汇构式相似，尤其表现在鉴定词首（lexical head）、语义和配价特征等方面，然而该构式不是词汇构式，词汇构式中的词首先有它自己的特征，在从词首到短语凸显的过程中起到“首”的作用，有[lex+]标记，而在“What's X doing Y”构式中没有此标记。下图反映了他们的观点，Kay & Fillmore认为在构式语法中，短语承担配价的这一事实只是一个形式特征，这一特征加速了这类抽象构式的表征，意义主要源于整体构式，即他们持整体意义构式观，但在意义获得方面，从他们的图和分析可以看出，他们还是从词汇项配价出发的。

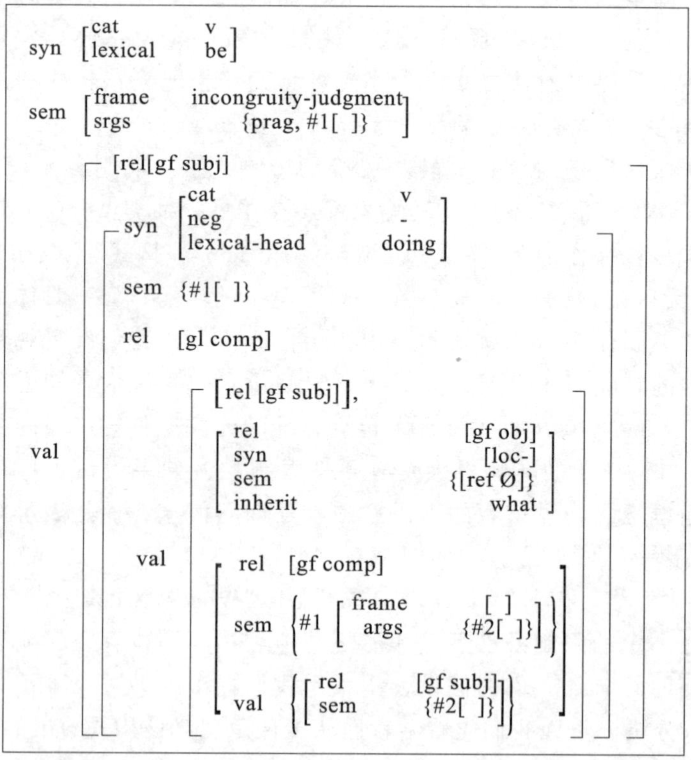

图4.1 “What's X doing Y”构式（Kay & Fillmore, 1999）

4.1.2　Panther & Thornburg的观点

Panther & Thornburg（1998）没有对“What's X doing Y”构式做过专门的解释，因该构式能表示间接言语行为，那么，该构式如同其他间接言语行为，可以用Panther & Thornburg（1998）的场境理论进行解释。

Thornburg & Panther（1997）和Panther & Thornburg（1998、1999b）认为转喻的传统研究主要局限于人们如何在真实世界中指称事物和事件。他们认为转喻是一个更为宽泛的认知原则，尤其可以假设转喻是一种工具，间接地完成言语行为如许诺、提议、请求、建议等等。正像说话者能通过提及一个人的某部分而实际指称一个人，通过提及言语行为的一部分来实施整个言语行为，言语行为转喻是更普通的转喻原则的特例。Panther & Thornburg（1998: 756）指出传统理论无法系统地解释有关的推理模式和认知基础（Pérez & Ruiz de Mendoza, 2002），他们进一步认为，如果我们假设言外之意可以用言外场境（illocationary scenary）的形式表现，这些不足可以被克服。言外场境由每类言语行为的合适条件构成，而且间接言语行为可以从转喻运作的角度来解释，其中一种合适条件可以转喻地代表整个言外场境。这样，Panther & Thornburg（1998）就能够为间接请求等提供一种认知解释，听话人的能力、意愿及其对某物的拥有可以看作是执行请求的所有前提适合条件，并且它们能够转喻地代表整个言语行为范畴。

（2）The dishes aren't done.（盘子还没洗。）

这句话可以理解为说话者间接请求听者实施“洗碗”这一言语行为。在这种情况下，说话者实施一个言语行为陈述来完成不同的言语行为请求。话语陈述了一个事实，但谁都不会认为该话语意在陈述事实，一定有意愿隐含在其中。许多间接言语行为已规约化到对本族人来说，都难以辨别其中的间接语力的程度。

4.1.3　Ruiz de Mendoza的观点

Ruiz de Mendoza & Díez（2001）不赞同Kay & Fillmore（1999）对例（1）“What's X doing Y”构式的语义分析，他们认为用转喻对该构式的语义能够做出更好的解释。Ruiz de Mendoza & Díez（2001）认为例（1）意义的获得基于行动代结果再代请求转喻。转喻映射分两步进行：

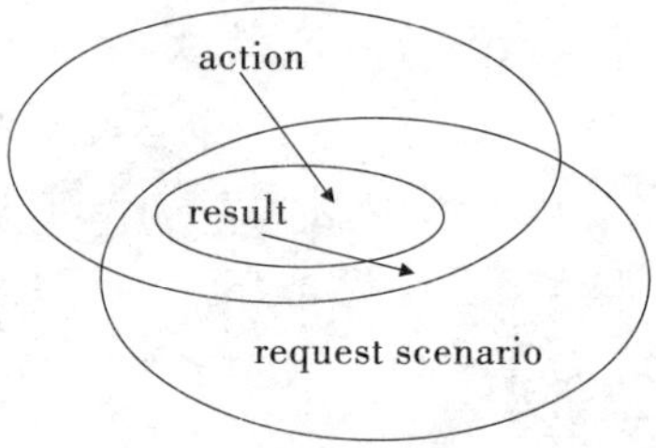

图4.2 “What's X doing Y”转喻构式（Ruiz de Mendoza & Díez, 2001）

此例的转喻操作分为两步：第一步，“汤里有了苍蝇”是行为域，“汤不能喝”是结果域，转喻映射从行为域到结果域，按照Ruiz de Mendoza & Díez（2002）的转喻类型的划分，该转喻属于目的域在源域中的转喻类型。同时，Ruiz de Mendoza & Díez（2001）认为“doing”是这个构式中必不可少的成分指代行为域，其功能是激活行为ICM的结果。第二步，“结果”作为“请求”的一个理由，激活请求目的域即“请给我换汤”，形成“结果—请求”转喻。

Thornburg & Panther（1997）、Panther & Thornburg（1998、1999b）和Ruiz de Mendoza & Díez（2001）从场境理论的角度对间接言语行为做出解释，他们的观点说明了间接请求的言外之意基于转喻思维，转喻在言外场境的不同成分基础上运作，间接言语行为的言外之意能通过转喻轻易地被听话人推断出来。然而，我们认为“What's X doing Y”构式不只是一个转喻地激活相关言外场境的问题，语境对其意义获得的转喻操作的影响还是很值得注意的地方。

将构式与语境结合起来考虑，“What's X doing Y”构式的意义获得问题要比Ruiz de Mendoza & Díez（2001）所分析的情况复杂得多，因为该构式有时候存在转喻，有时候不存在转喻，其转喻操作也因语境而变化。

（3）What's the child doing with the knife in the kitchen?

该例中，如果是纯粹询问信息，那就不存在转喻；如果是孩子的母亲和朋友一起聊天儿，突然看到儿子拿起菜刀，出于担心儿子的安全和惊讶说出此话，同时她跑过去拿走了菜刀。在此情境下，该构式是间接言语行为，但并没有请求听者去做，而是自己去做，这样看来，该构式表达间接请求是有条件的。

关于“doing”是否为该构式转喻动机的问题，我们与Ruiz de Mendoza & Díez（2001）也存在分歧。Ruiz de Mendoza & Díez（2001）认为“doing”是这个构式中必不可少的成分，其功能是激活行为类属场境ICM，导致指代事件结果状态，这就是说，"doing"充当了两次转喻的源。Ruiz de Mendoza & Díez（2001）的这种看法不能说完全没道理，因为Key & Fillmore（1999）的确把"What's X doing Y"构式中说话人的惊诧、不解归结为行为不当所致。但是从构式意义获得上看，这一构式义不只来源于"doing"，即"doing"的意义很难和整体构式意义分开。尤其将语境考虑其中时，有些情况下"doing"对转喻的形成并不起什么作用，我们认为该构式有无转喻与"doing"的关系需要在具体语境确定在例（1）中，"doing"不是说话的重点，说话者关心的不是"苍蝇在我的汤里干什么"，而是抱怨"我的汤里怎么会有苍蝇"。在这样的构式义下，如果把构式的转喻思维"doing"只用语法功能，无实际词汇意义。Key & Fillmore（1999）的论文中给出的例句（如例（4）和例（5））中都有"doing"，但Key & Fillmore（1999）认为它们可以作为"正常"问句(innocent question)，没有转喻思维。

（4）a. What did he keep doing in the tool shed?（他在工具棚一直干什么呀?）
　　b. What was he still doing in the tool shed?（他仍在工具棚干什么?）
（5）a. What wasn't I doing right?（我做得不对吗?）
　　b. What was I not doing the right way?（我做的方法不对吗?）

从例（4）和例（5）可以看到，说话者也可用该构式询问信息，在这两例中也有"doing"，但并没有激活转喻思维。我们认为该构式有无转喻思维取决于语境，而不是构式中的"doing"激发所致。即使有"doing"（如例（4）和例（5）），也可以无转喻，"doing"无法激活转喻链思维。

该构式也可以用来询问信息，此时构式无转喻；也可用来半询问半责备，其中转喻与全责备的转喻在操作上又有所区别，所以不能一概而论地说该构式规约地表示抱怨并存在转喻，应该说他们的转喻是有条件限制的，语境对构式意义获得有限制作用。因此我们将语境因素考虑进来，改进前人的分析模式，对该构式的以下几个方面给予解释：

（1）探讨"What's X doing Y"构式是否存在另一种转喻类型；
（2）探讨"What's X doing Y"构式转喻两域操作与多域操作的语境情况；
（3）构式内部成分变化对构式义和转喻操作的影响。

鉴于对以上问题的思考，我们把语境因素考虑进来，对该构式在不同情况下的操作进行分析，首先完善前人对该构式的转喻模式，其他问题的探讨将在后面逐渐展开。

4.2 转喻操作模式的修正

对经典例（1）“What’s this fly doing in my soup”的双转喻操作，Kay & Fillmore（1999）和Ruiz de Mendoza & Díez（2001）的分析都有一定道理，我们赞同Kay & Fillmore（1999）的意义整体观，即意义更多来源于整体构式，而不是构式中的某成分。我们也赞同Ruiz de Mendoza & Díez（2001）转喻两步操作观。例（1）的转喻操作的推理过程及其间接性表现为：由一个询问信息的构式表达转为质问“这里怎么会有苍蝇”的表达，或者说成了一个表示不满、批评的表达；更深一层讲，由不满、批评从而进一步要求改变现状“请换汤”。这样，事件结果“汤不能喝”又成了后面请求言语行为的一部分，从而构成第二个转喻，形成转喻链。这一思维过程已经超过了指称转喻层面，超出了词语范围。按照Ruiz de Mendoza& Díez（2001）的转喻分类，该构式属于抽象的转喻操作，也就是属于高层转喻思维范畴（陈香兰，2008a）。

将语境考虑其中，在Ruiz de Mendoza & Díez（2001）转喻操作模式的基础上，我们进行了一些修改，首先将语境因素的作用体现在转喻操作中（见下图4.3），并认为该构式在不同语境下，有多种转喻操作方式，下图只是该构式的基本转喻操作图或者说总体的转喻操作图，该构式的具体转喻操作图将在不同语境中有所变化。

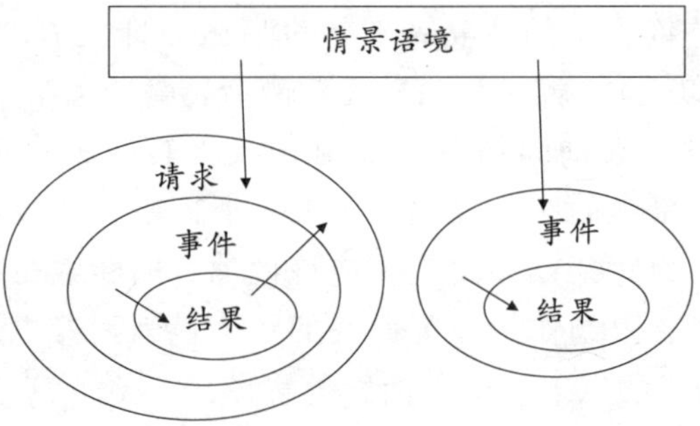

图4.3 “What’s X doing Y”构式基本转喻操作图

这一模式体现了我们的语境观：语境对该构式的转喻操作起关键作用，不仅对该构式是否涉及转喻思维起决定作用，而且对其转喻操作方式也起决定作用，不同语境中该构式的转喻操作是有变化的或者说有其变体形式。这一点我们将在后面具体例子分析中进行展示。有些语境下转喻为两域操作（右图），有些语境下为多域操作（左图）。

4.3 "What's X doing"和"What's X doing Y"的异同与规约性

"What's X doing"构式与"What's X doing Y"构式只有一个项"Y"不同，在此"Y"通常为介词词组部分或分词短语（Rey & Fillmore, 1999）。那么，这两个构式的语义在不同语境中相同吗？它们在不同语境中的转喻思维是怎样的一个状况？在询问信息时是什么情况？在表示担心或抱怨时又是一个什么情况？我们考察这两个构式的替换条件将采用如下标准：

a. 在具体语境下，两构式是否都存在间接请求对方改变现状的情况；

b. 在具体语境下，两构式是否都表示担心或抱怨，是否都存在转喻思维；

c. 在具体语境下，两构式能否互换。

下面我们把例句置于不同的语境中，考虑其变化情况。

（6）What's the child doing?（那个小孩儿在干什么？）

（7）What's the child doing in the garden?（那个小孩儿在花园里干什么？）

语境1：孩子在屋后花园里玩儿，孩子的父亲看到孩子走向带刺的玫瑰树，担心孩子被刺划着，因此对妻子说出此话，期望妻子过去把孩子抱开。

在此情况下，说话双方都知道行为发生的地点，对孩子的担心是最突出的，该话语的重点在于表示孩子有危险，接着间接请求妻子去处理问题，所以即便省略"Y"，也可产生转喻思维。这样，"What's X doing"构式可看成是"What's X doing Y"构式的省略。两构式语义基本相同，都可转喻表示"孩子有危险"，而且都可以间接请求受话者制止孩子的行为。此时，两构式都存在多域操作的转喻思维，可以替换，如下图所示。

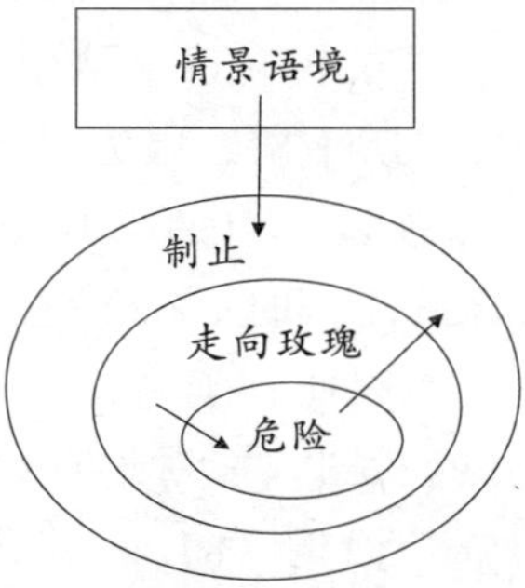

图4.4　"What's X doing Y"构式的转喻多域操作

语境2：不知而问的情况。比如由于视力不好，而且距离较远，看不清孩子在玩儿什么，例（6）和例（7）纯粹用来询问信息。

在说话者和听者都知道孩子所在地点的情况下，例（6）和例（7）的意思相同，说话的重点在于询问信息，而两构式都可以表示询问信息，“What's X doing”构式仍然可以看作构式“What's X doing Y”的省略形式，在此情况下，与上面语境1不同的是，两构式都没有转喻思维。

我们把“What's X doing”构式称为A，把“What's X doing Y”构式称为B。那么，例（6）和例（7）在上面两种情景即语境（1）和语境（2）下，是否存在转喻和是否可以替换的分析情况列表如下：

<table>
<tr><th></th><th>有转喻</th><th>无转喻</th><th>替换</th><th>语义</th></tr>
<tr><td rowspan="2">担心</td><td>A</td><td></td><td rowspan="2">能</td><td rowspan="2">有别</td></tr>
<tr><td>B</td><td></td></tr>
<tr><td rowspan="2">询问</td><td></td><td>A</td><td rowspan="2">能</td><td rowspan="2">相同</td></tr>
<tr><td></td><td>B</td></tr>
</table>

表4.1　两构式有无转喻和能否替换分析1

分析表明，两构式在语境（1）表示担心的情况下都可有转喻思维，在语境（2）询问的情况下都无转喻，并且两种情况可以互换。

（8）What is John doing?（John在干什么？）

（9）What is John doing in my room?（John在我屋里干什么？）

语境1：小孩子John私自在邻居的房间玩儿，即在他不该在的地方，房主看到后很不高兴，说出以上话语。若说话的目的是让受话者去把John叫出来，以改变令人不满的状况，那么，就有间接请求在里面，这样的话，如同例（1），该例涉及行为域、结果域和请求域的两步转域映射。如果是这样，例（8）在语义上与例（9）有所不同，因为说话者对John的行为不合理非常反感，话语的语用目的在于强调地点的不合适性，即在主人不知道的情况下，John到自己房间的不合适性，而不在于他究竟做什么。说话者一定会选择能达到该意图的话语形式，因此，子构式“in my room”保留的机会更大。例（9）显然更符合说话者的意图，能对地点的不合理性表示强烈不满与谴责，更符合常人的说话习惯。而例（8）话语重点在John整体行为的不合适性，而且此间接语义需要更多的语调和表情做支撑。在此语境中，例（9）有转喻思维，而例（8）的表达方式出现的几率少，因此，此语境下两构式有一定的区别。该例说明"What's X doing"构式与"What's X doing Y"构式在强调地点不合理的语境下语义有所区别；同时说明"What's X doing"构式与"What's X doing Y"构式在此语境下不能完全等同。

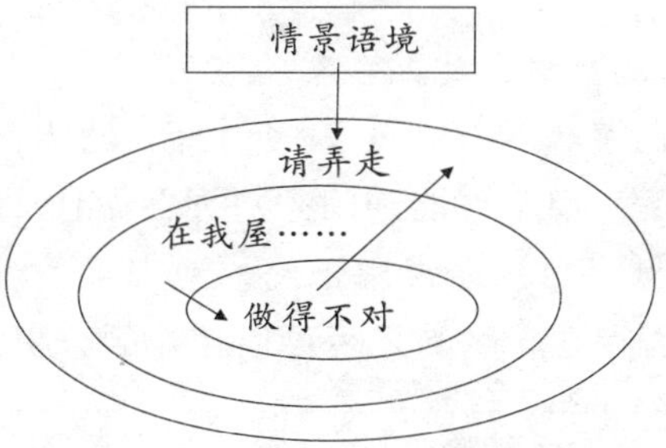

图4.5　"What's X doing Y"构式的多域操作2

语境2：如果John是说话者的孩子，说话者不知而问，纯粹询问信息，这时情况又不同了。

在这样的情况下如果对妻子说此话，例（9）可以用来表达询问信息。而例（8）由于双方都在现场，话语义可以与例（9）相同，例（8）和例（9）两者基本等同，可以替换。该例中是否存在转喻和是否可以替换的分析情况列表如下：

	有转喻	无转喻	语义	特定语境下
抱怨	A		有别	能
	B		有别	
询问		A	相同	能
		B		

表4.2　两构式有无转喻和能否替换分析2

（10）? What's the fly doing?（直译：苍蝇在干什么？）

（11）What's the fly doing in my soup?（直译：苍蝇在我的汤里干什么？）

语境1：在饭店吃饭的情景，说话者为顾客，听者为饭店服务员。

例（11）中子构式"in my soup"的出现，规约地表示不满和责备，进而有换汤之类的要求。一般情况下，在说出例（11）时强调事件不该发生的地点即"in my soup"，而且例（11）表示的语用目的很明显，要求改变现状，正如Ruiz de Mendoza & Díez（2001）的分析，此构式存在两步转喻。而例

(10) 使用几率不多，因为在谴责地点不合理时，不出现表地点的子构式可能性不大。这也说明“What's X doing”构式与“What's X doing Y”构式在此语义有别，例（10）在此特殊语境下，加之表情、语调的配合，也可以有间接语义和转喻思维。

语境2：询问信息的情景，比如在实验室。

这两个构式一般语境下很少用于询问信息。因为例（10）询问信息无意义，任何人通常情况下，都不可能询问“苍蝇在做什么”，除非是在研究苍蝇这样的特殊语境。而例（11）通常用于规约地表示不满，用在询问信息中可能性更小。该例中是否存在转喻和是否可以替换的分析情况列表如下：

	有转喻	无转喻	语义	替换
抱怨	A		相同	可以 （有表情、语调支持下）
	B		相同	
询问		X	有别	不能
		X	相同	

表4.3 两构式有无转喻和能否替换分析3

归纳以上的分析：(1)“What's X doing”构式与“What's X doing Y”构式是否有转喻思维不是取决于构式本身，而是取决于语境，因为两构式有时可以表示询问信息，如例（6）和例（7）在语境2中的情况，此时，两构式都不存在转喻思维。(2)“What's X doing Y”构式也可以用来询问，如例（7）在语境2中的情况。这些情况说明，“What's X doing Y”构式存在高层转喻思维是有条件的，即说话者明明知道发生的事情，他的目的不是询问，而是明知故问，有言外之意。从几个表的对比可以看出，“What's X doing”构式不能规约地表达说话者的不满，该构式是否存在转喻思维取决于语境因素。(3)构式存在转喻思维的情况下，当说话者明白某人做的事情不合适时，能用“What's X doing Y”构式表达不满，而构式“What's X doing”只有在特定语境的补充下，才可能有此语义，如例（8）“What's X doing”在语境1的情况；而且也只有在语境如表情、语调的补充下，才有转喻思维，两构式才能替换。这说明两构式在表达不满或抱怨时，进行替换是有条件的。“What's X doing Y”构式在语境下的诸多变化前人没有涉及，尤其是转喻的另一种操作模式。我们赞同Bolinger（1968:127）曾就别的问题得出的结论：“句法形式的不同总是意味着意义的不同”，我们认为这个观点在这里也适用，即“What's X doing”构式不能简单地等同于“What's X doing Y”构式。

4.4　成分变化与“What's X doing Y”构式

本小节我们着重讨论“What's X doing Y”构式的成分变化与构式义的关系，主要集中在该构式表达不满或抱怨时，内部成分因语境不同而引起的构式语义变化，以及在这些变化下该构式出现转喻两域操作和多域操作的具体情况。

4.4.1　“doing”在不同语境下的功能

前面提到Ruiz de Mendoza & Díez（2001）把“doing”看作整个转喻多域操作最原始的域。我们的观点有所不同，因为“doing”究竟是否具有实际词汇意义在很大程度上由语境决定，有的语境下，“doing”并没有什么实际词汇意义，有的语境下有实际词汇意义。下面我们观察这些变化对构式义和转喻的影响。

（12）What's the fly doing in my soup?（直译：苍蝇在我的汤里干什么？）

在Ruiz de Mendoza & Díez（2001）讨论的这个经典例子中，说话者重点在“我的汤里怎么会有苍蝇”，而不是“苍蝇在做什么”。因此，在该例中，“doing”没有任何实际词汇意义，而只有语法功能意义，即充当一个句子的成分。同时，我们认为在有的语境下，“doing”会有实际词汇意义或部分词汇意义。

（13）What are you doing in my room?（你在我的房间干什么？）
（14）What's the child doing in the garden?（那个小孩儿在花园里干什么？）

这两个句子除了表示责备（例13）或担心（例14）的语义之外，根据说话者的口气，例（13）有时也会带有部分疑问。比如父母等孩子下楼吃饭，等了半天孩子却没有下来，父母便会说出例（13）的话语。在此情况下，构式义为部分询问，“doing”有部分词汇意义。例（14）可以表达担心，比如父母看到孩子走向带刺的玫瑰，便说出此话语表示担心，“doing”无实际意义。如果例（14）纯粹用来询问信息，“doing”则体现全部的词汇意义。可见“doing”在构式中的作用同样与语境有关，不完全取决于构式。

（15）A: What are you doing in my office?

B: I've come to get my glasses that I left here.

如果B不应该擅自进入A的办公室，但为了拿桌子上落下的眼镜，而且当时门开着，B在A不在的情况下进入了A的办公室，而在走到门口时遇到A并遭到质问，那么，A的问话可能是两种意思。一种可能是完全抱怨B，另一种可能是为了搞清楚B为何闯入自己的办公室，就会带有部分询问的功能，即部分责备部分询问，“doing”呈现出部分词汇意义。如果例（15）纯粹用来询问信息，就只有询问的功能，而没有责备的功能。在此语境下，“doing”呈现全部词汇意义。

由此可见，当“doing”只有语法功能时，构式有转喻；有部分语法功能时，部分有转喻；“doing”在只有词汇意义时无转喻。这说明，“doing”在构式中的作用并不完全取决于构式，而是与语境有关，其作为转喻源域的功能也随着语境而变化。

4.4.2 说话对象不同与构式义变化

说话对象与构式义看起来没有任何关系，但实际上，构式的语义因说话对象的不同而会有所区别，其转喻操作也因此而变化。

（16）What's the child doing in the kitchen?（小孩儿在厨房里干什么？）

语境1：小孩儿走进厨房里玩儿，菜刀就在不远处，看到此情景出于担心小孩儿有危险，说出上面的话。

听者为说话人的配偶或下属，该话语的含义为“间接地请求对方去制止小孩儿”，尤其听者是配偶或下属，也适合去制止小孩儿，此话语请求功能成立，存在双转喻思维。如同例（1），整个构式为多域操作，如下图所示。

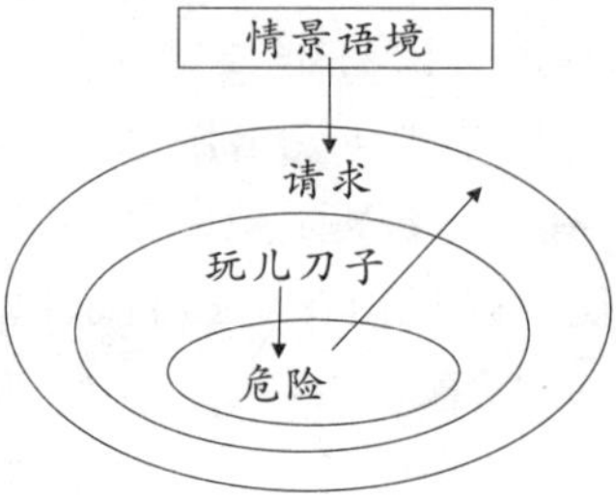

图4.6　多域操作

第一步转喻的源域为"小孩儿走向菜刀"，目的域为"非常危险"；第二步转喻的源喻为"小孩儿非常危险"，目的域为"请你把刀子拿走"。

语境2：看到有危险的情景或不合适的事情，听者是上级或长者，不合适去处理或者自己的话语只是想提醒对方注意，没有让对方去处理的意思。

请看下面的例子：

(17) What's the child doing on the tree?

(18) What's the child doing with the knife?

这两例中，说话人可能仅为过路人，说话者只是自言自语地表示担忧，并且准备自己上前制止其行为，那么，只有从"看到的行为"到"担心的结果"这一转喻，不会有从"结果域到请求域"的第二步转喻映射。

还有一种情况，说话者是孩子的父亲或母亲，而听者是朋友或长辈，在此语境下，也不便请求长辈去采取措施制止孩子的行为，而是打算自己去做。在此语境下，话语重点在于担心结果，或者让听者也给予注意，不存在表示请求对方去阻止孩子的行为，其转喻操作只有第一步。如下图所示。

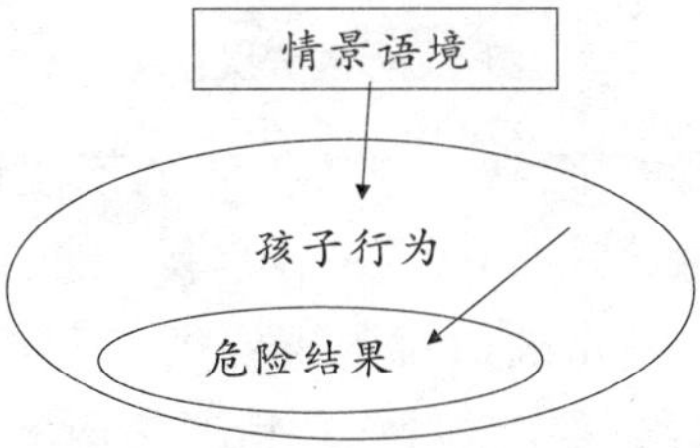

图4.7　两域操作

对我们再熟悉不过的经典例子也是一样的，构式义与说话对象有关。

(19) What's the fly doing in my soup?（我的汤里怎么有苍蝇呢？）

如果发生在饭店，说话对象是服务员，那么，话语含义为"请换一碗汤"，如前所述，是典型的双转喻操作。如果说话对象是一起吃饭的丈夫或孩子，那么含义为"这碗汤不能喝了"，可能没有改变现状的请求，这时也是一次转喻思维。可见，该构式由于说话对象不同，构式义也会不同，同时转喻操作也会不同。

(20) What are you doing in my room?（你在我的房间干什么？）

如果说话对象为自己的孩子、丈夫，那么可以有一半询问一半不满；如果说话对象为饭店的服务员，那么应该是谴责，而且说话的口气和表情也不同。可见，说话对象即情景语境对该构式义的影响是非常重要的，同时在很大程度上决定着转喻。

结合前面的分析，我们将“What's X doing Y”构式随着听者不同产生的语义变化总结如下：如果听者是下级、晚辈、学生或丈夫，该话语就会理解为以“间接的方式让对方去处理、去制止”。当说话人明明知道X在做不合适的事情时，便巧妙地采用“What's X doing Y”构式以引起听者的注意，既而请求对方采取措施改变现状。此情况下，该例如同例（1），间接地请求身边的人去制止，存在转喻思维，并且是双转喻操作。

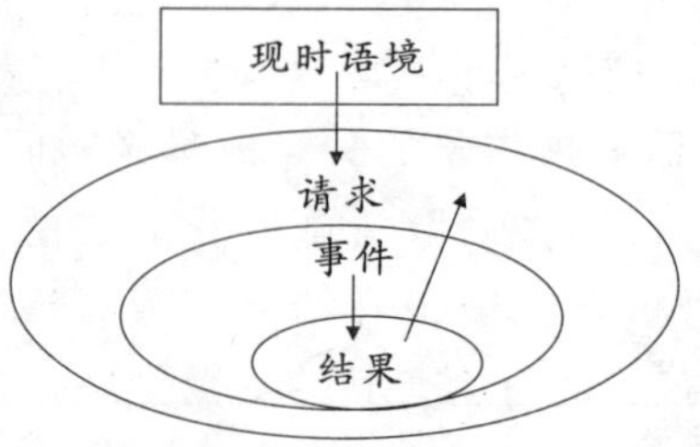

图4.8　多域操作

如果说话对象是领导、长辈或老师，那就不便请求或暗示对方去处理，而很可能是提醒对方注意，这样的话，转喻操作与上面的不同，只有一次转喻思维，如下图（4.9）。因此说话对象不同，引起的构式义不同，转喻操作也不同。前一种情况为多域操作，后一种情况为两域操作。

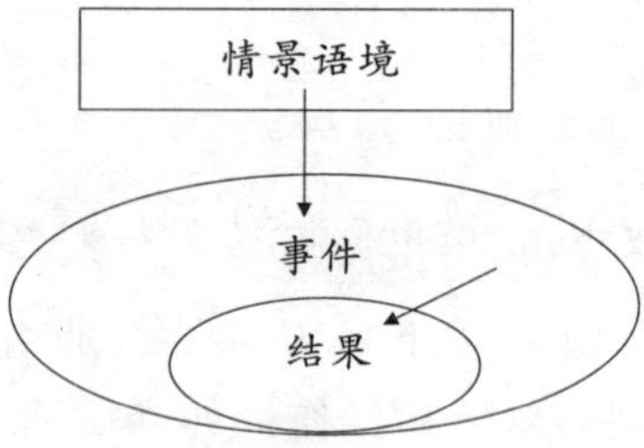

图4.9　两域操作

4.4.3　子构式不同与构式义变化

前面提到“What's X doing Y”构式在表达不满、谴责等非询问信息的语境中，常常是因为行为地点子构式的不合理性，比如前面提到的私自闯进别人房间的子构式"in my room"，其不合理就是行为被谴责的原因所在。那么，子构式的变化对构式义的变化究竟有多大的影响？

(21) What's the cat doing on my computer?（猫在我的电脑上干什么？）

例（21）常常用在表达对现状不满的情景中，因为"猫的活动"的地点为子构式"电脑上"，这在人们的认知思维中是不合理的，猫可以在地下玩儿，可以在桌子下边玩儿，但在电脑上就让人比较讨厌。所以，该例通过提及地点的不合适强调事情的不合适。子构式概念与主谓概念之间的搭配确实影响着构式义。

(22) What's the child doing on the tree?（小孩儿在树上干什么？）
(23) What's the child doing on the table?（小孩儿在桌子上干什么？）
(24) What's the child doing with the knife?（小孩儿拿着刀子干什么？）

例（22）、（23）和（24）子构式的使用明显体现了孩子行为的不合适性，构式内部的主谓概念块"What's the child doing"与子构式概念块"on the tree"、"on the table"和"with the knife"在形式与意义上的搭配，由于认知背景和语境因素的作用，产生出令人担心的构式义。因为在人们的认知背景中，孩子玩儿刀子是危险的，小孩儿爬到桌子上或树上也是危险的，这种行为与子构式意义的搭配使人们产生了担心，存在转喻思维。

(25) What's the child doing in front of the house?（小孩儿在房前干什么？）
(26) What's the child doing behind the door?（小孩儿在门后干什么？）
(27) What's the child doing under the tree?（小孩儿在树下干什么？）

而例（25）、（26）和（27）中，这两大概念块的搭配就不同，主谓概念块"What's the child doing"与子构式概念块"in front of the house"、"behind the door"和"under the tree"搭配只产生疑问的构式义。因为人们的认知背景知识告诉我们，孩子在树下、在房前、在门后玩儿都是正常的、安全的，所以整体构式义便以疑问义为主，无转喻思维。这几个例子说明认知背景对构式义也起作用，能够推理通常的构式义。下面将讨论情景语境会使这几个句子语义完全改变的情况。

4.5 情景语境与认知背景不同功能

情景语境与认知背景对构式义都有影响，那么，它们各自的功能是什么？本节我们将对此问题进行深入分析。

（28）What's the child doing on the table?

（29）What's the child doing with the knife?

（30）What's the child doing in front of the house?

（31）What's the child doing under the tree?

持构式观的学者们认为，构式义由内部成分组成的整体与其意义相关的规约性经验背景知识之共同作用组成，即形式与意义的匹配完形（Goldberg, 1995）。这四个例子构式相同，但例（28）、（29）一般用来表示说话者的担心，例（30）、（31）一般只用于询问信息。从认知体验观的角度来说，例（28）、（29）的介词子构式“on the table”、“with the knife”与该构式内部的主谓构式“What's the child doing”结合时，激活了相关的背景知识，得出令人担心的整体构式义，即“孩子玩儿刀子是危险的”，“小孩儿爬到桌子上也是危险的”。而例（30）、例（31）中，子构式“in front of the house”、“under the tree”与主谓构式“What's the child doing”结合激活的规约性背景知识，使这些构式在大多数情况下只产生疑问的构式义。因为经验告诉我们，孩子在树下、在房前玩儿是正常的、安全的。从转喻的角度来说，例（28）、例（29）一般存在转喻思维，例（30）、例（31）则一般不存在转喻思维。

然而，情景语境可以完全改变上面各例中通常有无转喻思维的状况。就例（30）而言，如果一个孩子在桌子上玩儿，手里拿着一个新鲜玩具，孩子旁边有大人保护，说话人只是出于好奇和搞不清楚孩子在玩儿什么，于是询问“What's the child doing on the table”，此时说话者的意图在于询问。在此语境下，例（28）变成纯粹询问信息，不存在转喻思维。同样，例（29）也有可能会在类似的语境中使用：低年级小学生与老师一起看漫画，图画中有一个小孩儿手举大刀，动作怪异，学生看不懂它的象征意思，问身边的老师：“What's the child doing with the knife ?”这样的语境下，没有转喻思维。这两个例子的情况就与前面提到的思维不一样，没有转喻。也就是说这个构式有二种情况，一种有转喻思维，一种没有，而且这个变化是因为语境的原因。就例（30）而言，如果是孩子母亲的朋友看到孩子在房前水池边玩儿水，而水池比较深，孩子不安全，于是他对母亲说的“What's the child doing in front of the house"就带有转喻思维，表达他的担心，并间接请求孩子的母亲去制止孩子的行为。同样，例（31）在特定语境下也可涉及转喻思维。譬如，孩子母亲的朋友看到孩子在树下玩儿火，说出例（31）的话语，表示忧虑，并有间接让孩子的母亲制止孩子的意思，这种情况下就有转喻思维而且是多域操作。在以上几种情况中，具体情景语境都带来了整体构式是否涉及转喻思维的改变。可以说，情景语境对于该构式是否涉及转喻思维有时具有决定作用。

4.6 "What's X doing Y"构式的转喻操作域

该构式在间接表达不满或担心时，属于间接言语行为，存在转喻。Mendoza & Diez（2001）提出一种转喻情况，即多域操作。我们认为该构式受语境的影响还有另外一种转喻情况，即两域操作。

（32）What's the child doing on the tree?（小孩儿在树上干什么？）

（33）What's the child doing on the table?（小孩儿在桌子上干什么？）

（34）What's the child doing with the knife?（小孩儿拿着刀子干什么？）

例（32）、（33）和例（34）在特定的语境下，都可以是间接言语行为，存在转喻思维。如前所述的那几种情况（孩子在桌子上、拿着刀子不安全等），因有间接请求，存在"事件—结果—请求"的双转喻即多域操作，多域操作在能激活间接含义（即请求别人去处理事情）的情况下成立，且身边的听者适合请求阻止该行为的人，说话者看到小孩儿在做一些不安全的事，并且该行为会对小孩儿本人造成伤害，在这样的情况下，该构式则存在两次转喻映射。从"看到的事件"映射到"带来的危险结果"构成第一次转喻，转喻的第二步为"间接请求对方去照料或制止这种行为"。在第二次转喻中，第一次转喻的目的域作为请求事件的部分即第二次转喻的源域，转喻地激活请求事件整体，构成"从结果到请求"的第二次转喻。整个构式如Mendoza & Diez（2001）所谈，为多域操作，如下图：

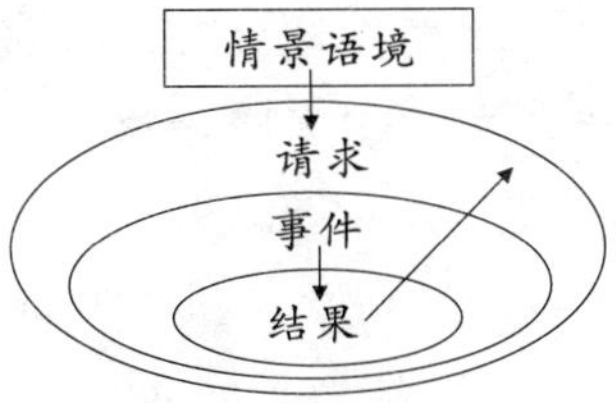

图4.10　多域操作

如果例（32）、（33）和（34）用在没有请求对象或听者不适合去处理事情的语境中，如听者是长辈或老师，这种情况有两种可能：第一，说话者在自己独处的情况下，出于吃惊，不存在请求听者去改变现状。第二，听者是领导、老师或长辈，在此语境下，也不便请求对方去采取措施制止该行为，只是提醒对方注意。当看到小孩儿有危险或做不该做的事时，此话语只表示自己吃惊，下意识地说出而已。但在此语境下，其转喻操作与上例不同，话语只从构式表达的事件映射到危险的结果，而不存在"请求听者去采取措施改变现状"，转喻操作只有第一步。其两域操作如下图：

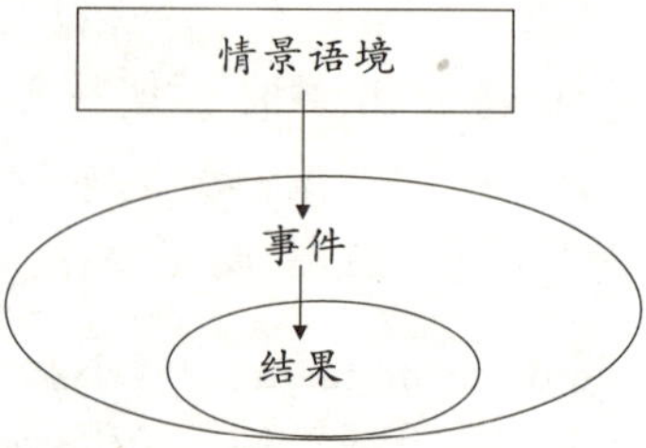

图 4.11　两域操作

从上面转喻操作情况分析可以看出，该构式的转喻操作存在两域和多域操作的情况，究竟是两域操作还是多域操作取决于语境。说话者身边有适合去处理事情的对象，那么为多域操作，否则为两域操作。这样，该构式在有的语境下没有转喻思维，如询问信息；有的语境下有一次映射；有的情况下有两次转喻映射。前人的研究只揭示了一种情况，而对其不同语境下使用的这些复杂情况并没有给予深入考虑，更没有去追寻在不同语境下的转喻操作的变化情况即变体形式。

4.7 " What's X doing Y "构式转喻思维的限制规则

在认知语言学领域，从 Lakoff & Johnson（1980）提出转喻操作两域观以来，可以说在认知领域对转喻操作域已基本形成定论，即隐喻、转喻都是两域操作，转喻为域内操作，而隐喻为跨域操作。有不少学者通过转喻模式来揭示间接言语行为意义获得（Lakoff, 1987; Gibbs, 1994; Thornburg & Panther, 1997、1998; Ruiz de Mendoza & Díez, 2001; Barcelona, 2003；陈香兰，2006；张辉、周平, 2002）。影响最大的是 Thornburg & Panther（1997）和 Panther & Thornburg（1998、1999b）。他们把最常见的转喻关系（如"部分—整体、原因—结果、能力—行为、原因—行为"）称作"自然推理图式"，认为这些思维模式是易观察的、普通的转喻推理图式，能够加速推理。Thornburg & Panther（1997）和 Panther & Thornburg（1998、1999b）的研究集中在规约化程度高的间接言语行为类型，没有谈论不同语境因素下多域操作的问题。总之，按照他们的分析，这些"自然推理图式"转喻属于两域操作。Ruiz de Mendoza & Díez（2001）提出该构式存在双转喻操作，但没有深入分析。目前为止，还没有研究明确指出同一构式的转喻操作域在什么情况下为两域操作，什么情况下为多域操作。Ruiz de Mendoza & Díez（2001）把"What's X doing Y"构式看作规约地表达间接请求，我们认为"What's X doing Y"构式不能简单地说规约地表达间接请求。在说话者明知发生的事有危险或者不利且语用目的不在于询问信息时，构式"What's X doing Y"才可能表达间接请求。根据前面对该构式在不同语境下变化情况的分析，我们把两构式在什么条件下存在转喻思维以及什么条件下存在两域操作或三域操作的限制条件归纳如下。

"What's X doing"构式存在转喻的限制条件：

（1）行为本身不合适；

（2）发生的行为对行为者或说话者本人产生不利的结果；

（3）听者知道行为发生的地点或在现场，没必要再提地点；

（4）说话者知道"X"在做什么，话语不是询问信息，而是表达不满或担心；

（5）说话者间接请求听话者去阻止"X"的行为，而在当时情景下，听话者更适合去阻止"X"的行为。

该构式不仅可以间接地表达对现状的不满与担心，而且可以进一步间接地请求对方控制事态的发展。如果五个条件都满足，转喻为多域操作，存在两次转喻映射；如果满足前四个条件，即不存在间接请求他人去实施请求行为，该构式存在一次转喻映射，只有两域操作。

"What's X doing Y"构式存在转喻的限制条件：

（1）行为本身不合适；

（2）发生的行为对说话者或行为者本人产生不好的结果；

（3）说话者知道"X"在做什么，话语不是询问信息，而是表达不满或担心；

（4）说话者间接请求听话者去阻止"X"的行为，而在当时情景下，听者更适合去阻止"X"的行为。

如果四个条件都满足，该构式间接地表达请求他人去制止不合适的行为，形成双转喻即多域操作，如例（33）、（34）和例（35）；如果满足前三个条件，不存在请求他人制止不合适的行为，那么，存在的转喻为两域操作的转喻。因此，究竟这种构式是否具有转喻思维、构式的转喻为两步还是一步，都取决于语境。

前面分析可以看出，该构式在间接表达话语意义时，存在转喻思维，并存在两域和多域操作两种转喻，之所以出现这样的情况，是因为语境因素影响所致。因此，我们坚持用认知语用相结合的观点来观察分析该构式，并且在模式中体现我们的语用观和多域操作观，这些观点在第三章已有说明。（1）我们的转喻多域操作模式突出展示了转喻映射操作过程受情景语境影响的观点，这点与 Ruiz de Mendoza & Díez（2001）的研究有所不同。他们的模式重点在于揭示构式有转喻思维，而我们的模式更注重不同语境中构式转喻操作的多样性和语境限制条件，将语境因素考虑其中，突出认知语用思维一体的观点，探讨什么语境将产生什么转喻思维。（2）我们的模式对转喻的两域操作和多域操作的情况给予非常明确的说明，对“What's X doing Y”构式在什么条件下有转喻操作给予深入分析和归纳，侧面证明我们的模式适用于该构式整体转喻操作，在具体语境下又有其变体形式，即具体例句可能有其具体转喻操作模式。（3）我们对前人未关注的两构式的差异问题，即“What's X doing”构式与“What's X doing Y”构式在不同语境下的使用情况和转喻操作情况进行了分析比较，探讨了两构式的异同和转喻使用限制规则。（4）我们对子构式影响构式义的问题、限制词影响构式义问题、构式中转喻操作的类型等问题都给予了探讨，我们将语境因素的作用考虑在模式中，努力使解释更能符合该构式复杂多样的思维现状。

通过对“What's X doing Y”构式的观察，可以看到该构式义的获得虽然与构式本身以及其内部成分有关，但构式义及其转喻思维的获得在很多情况下又都与具体说话语境有密切的关系。该构式有无转喻操作、有转喻时为一次转喻操作还是两次转喻操作以及成分“doing”的功能等都在很大程度上由语境决定。通过以上分析，我们可以看到在话语理解中，认知因素和语境因素的共同作用虽然已经被语言学家所接受，但两者如何相互作用，在转喻研究方面做深入的分析是非常必要的，提出该构式有无转喻和转喻不同操作的具体条件，避免了只从认知角度或只从语用角度进行思考的片面做法。同时，也说明在构式义的探讨中，可以对其认知和语用因素的作用做到较细致深入的分析，为其他语言现象的分析提供一种可操作的思路。

第五章　现代汉语间接拒绝言语行为与高层转喻

本章将从认知语用角度，探讨现代汉语间接拒绝言语行为的高层转喻思维状况。语言学界对拒绝的研究已有20多年的历史，自从言语行为理论（Austin, 1962；Searle, 1975）诞生以来，拒绝研究已引起广泛的重视，国外主要学者有Blum-Kulka House & Kasper（1989）、Blunr-Kulka & Olshtain（1984）、Beebe & Takahashi（1990）、Brown & Levinson（1987）、Turnbull & Saxton（1997）、Kazuya Hara & Min-Sun Kim（2004）、Liao Chao-chin & Mary I. Bresnahan（1996）、Zhang Xinhong（2004）等，他们的研究重点侧重于拒绝文化对比和拒绝策略。国内的拒绝言语行为研究也基本集中在拒绝言语行为的语用策略（董晓燕，2004；李家玉，2004；马丹妮，2006；唐玲，2004a、2004b；王文琴，1998），英汉对比研究（王爱华，2001、2005；王爱华、吴贵凉，2005；马月兰，1999；东平，1999；李玮，2005；徐晓燕、夏伟蓉，2003；谢元才，2005；吴建设，2003；姚俊，2003；傅福英、张成文，2008；田小凤，2012；潘枫，2011；谷路平，2010；蔡少莲，2011），礼貌研究（高艳菊，2009；栾义敏，2011）。近几年也有学者从社会学角度进行间接拒绝的原因（王燕，2007）和原型范畴（田秋月，2009）以及性别差异在间接拒绝中的体现研究（李正娜，2012；言志峰，2007a；杨杰，2011），此外，还有在对外汉语中的间接拒绝语的教学和习得情况研究（马琰，2011；言志峰，2007b）、在具体情境下拒绝言语行为特点研究（陈乾峰，2006；洪岗、陈乾峰，2011；马青雅，2008；王胜利，2010；张京鱼、刘加宁，2010），以及间接拒绝的心理顺应性研究（李燕娟、邱天，2010；廖定玲，2010）。但对拒绝言语行为的分类和认知思维机制研究很少。20世纪90年代以来，许多认知语言学家认为间接言语行为存在转喻思维（Thornburg & Panther, 1997; Panther & Thornburg, 1998; Ruiz de Mendoza, 2002）。通过Barcelona（2002）对十几年来转喻研究所做的综述，进一步验证了Dirven（1999）提出的假说——转喻可以在语言的任何层面操作。随后Radden（2005）揭示了转喻的概念本质和其普遍性。近几年，转喻研究已经超越指称层面，上升到用转喻思维来解释间接言语行为的阶段。转喻在言语行为层面的研究主要有Thornburg & Panther（1997）、Panther & Thornburg（1998）、Ruiz de Mendoza（2002）。目前，他们的研究主要回答了以下几个问题：（1）间接言语行为是否存在部分代整体或整体代部分的转喻思维；（2）间接言语行为中的转喻思维是否应被看作更为抽象的高层转喻思维（Ruiz de Mendoza, 2002）。按照Searl（1975）对言语行为的分类（阐述类、指令类、承诺类、表达类和宣告类），Thornburg & Panther（1997）和Panther & Thornburg（1998）初步揭示了指令类、承诺类和表达类中存在转喻思维，他们的研究主要讨论了指令类中的请求行为的转喻情况，对其他言语行为并没有做深入的分析。整体上来说，转喻在言语行为层面的研究刚刚起步，转喻思维在其他言语行为中的具体情况怎么样？如何操作？有什么规律？这些问题远没有回答，我们有必要进行更深入的研究。本章将范围限定在现代汉语间接拒绝言语行为，以话剧为语料，探讨其中的高层转喻思维情况，从而尝试回答上面的问题。在开始讨论拒绝言语行为转喻思维研究之前，我们首先需要考察目前拒绝言语行为的类型有哪些，以便探讨其高层转喻思维情况。

5.1 拒绝言语行为重新分类

拒绝是对对方的建议、邀请等的回绝，所传递的是一个对方不希望接受的信息，所以说话者考虑到对方的心理和面子，常常采用一些间接拒绝策略来缓和人际关系。一个回答是否是拒绝，其判断与鉴定依赖于前句。因此，拒绝言语行为在具体语境中产生，在言语交际策略下的拒绝往往表现为丰富多彩的间接言语行为。就目前对拒绝的研究来看，拒绝的分类还很模糊，有些学者认为间接言语行为情况过于复杂，难以给予分类（何兆熊，1984、1988）。到目前为止，得到学界公认的拒绝类型是直接拒绝和间接拒绝。

我们认为拒绝的形式是多样的，可以是语言的，也可以是行为的（比如摇头），也可以是零形式（即不作回答）。用语言表达的拒绝又可分为：有否定词的直接拒绝、没有否定词说出原因的间接拒绝和顾左右而言它的间接拒绝，后两者则为常见的间接拒绝。所以我们根据有言无言这一标准将拒绝分为以下几种：

- 拒绝形式
  - 语言的拒绝
    - 直接的拒绝
    - 间接的拒绝
      - 说出原因
      - 答非所问
  - 行为的拒绝
  - 零形式

图 5.1　拒绝类型

以上这个划分是从直接、间接、有言、无言等角度来考虑的，但我们认为对拒绝行为的分类来说还远远不够，因为这些划分方法基本上属于对拒绝的静态观察，是从语言形式和功能角度出发的。本研究指出语境对间接拒绝言语行为的判断以及思维操作都十分重要，对拒绝的分类必须考虑语境，在动态语境中才能把握是否是间接拒绝言语行为，这一点与前人研究不同。同一句话“吃饭了吗”，在一些语境下属于纯粹疑问，而在另一语境下，则属于对吃饭的间接邀请，这个道理我们都懂。可见，应该把语境考虑进去，来解决间接拒绝的分类问题，这样，划分和讨论间接拒绝才会更有意义，其思维才会更加真实。

若要把语境考虑进来，则必然要考虑上文的建议、请求以及其直接性与间接性。观察现代汉语的众多语料，我们发现有这样两种情况：（1）前文的邀请、建议、请求、提议本身是直接的，而回答采用的是间接拒绝，这种间接拒绝我们称其为狭义间接拒绝；（2）前文的邀请、建议、请求、提议本身就是间接的，而回答也是采用间接拒绝，这种间接拒绝我们称其为广义间接拒绝。这样，我们可以从前文的直接与否对间接拒绝进行分类。其分类如下：

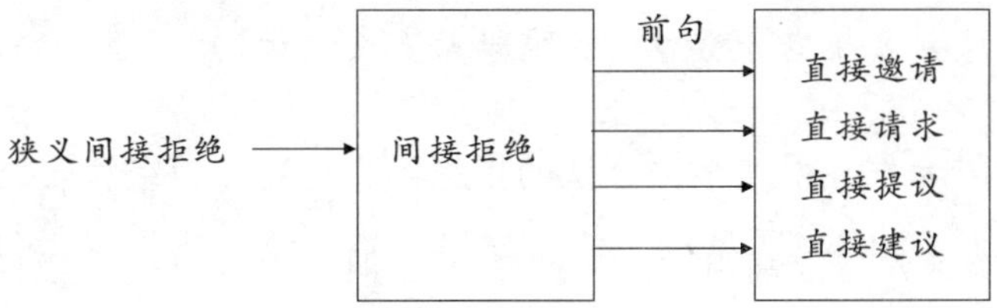

图 5.2　狭义间接拒绝

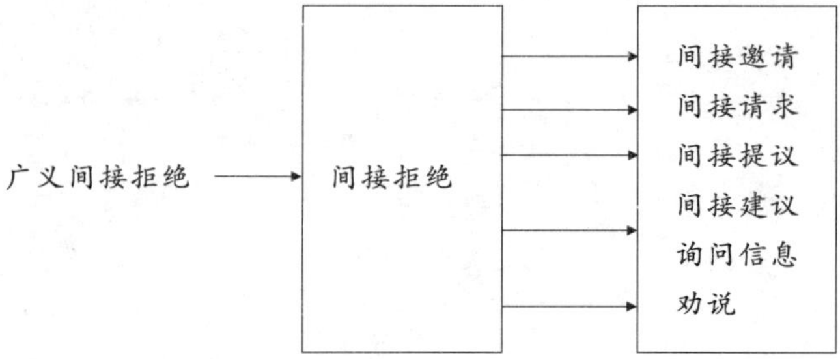

图 5.3 广义间接拒绝

由于被拒绝的建议、邀请、请求和提议可能是直接的，也可能是间接的或者劝说性的，而拒绝方式又可能是直接的与间接的，这样，拒绝言语行为的类型只有在语境中才可以基本给予确定。

5.1.1 直接拒绝与间接拒绝

直接拒绝和间接拒绝的分类问题，我们从以下实际事例来讨论：

（1）白　萍：（声）阿洪！

歪嘴洪：（抬头一望，只见白萍在楼上窗口）下来！有话跟你说！

白　萍：不行，客人还没走呢！

歪嘴洪：少废话！你要我拿大红帖子来请么？

白　萍：有话，你跟矮脚炳说不是一样？

歪嘴洪：不是我要跟你说话，是霸王添！

白　萍：得了，我一会儿就来。

（她离开窗口，歪嘴洪转身向左方。）

（姚克《陋巷》）

例（1）中，"不行，客人还没走呢"是直接拒绝，直接拒绝是说话者直截了当地回绝对方，常常用"不"来表示。但更多的时候，说话者不会这么直接，而是间接拒绝对方，婉转地表达不能接受的态度，间接拒绝通常不用"不"来拒绝。

（2）记者甲：姚小姐还是单身贵族？

小　蝶：哇，这么私人的问题呀！

众　人：哈哈……哈……！

记者甲：为什么不结婚呀？

小　蝶：我想我们那一代比较含蓄一些……不是那么容易找到对象啦，真爱难求啦，哈……

（杜国威《我和春天有个约会》）

此例中，画线处“哇，这么私人的问题呀”避开了对方的问题，没有给予正面回答，但也表示不想回答，此例为拒绝言语行为，而且是间接拒绝。选用直接拒绝还是间接拒绝，要由说话者的意图、说话双方的关系和语境而定。如果说话双方关系亲近，则较多会选用直接的方式。直接拒绝和间接拒绝前人已有研究，在此不再赘述。我们觉得还有一种拒绝的分类，未见多少人研究，但相对来说也是普遍可以认同的，即有言拒绝和无言拒绝。

5.1.2　有言拒绝与无言拒绝

我们知道现实中拒绝的方式是多样的，除了用语言拒绝之外，还可以用非语言方式来拒绝，比如手势、表情、沉默等。

（3）愫　方：（哀缓地）霆儿，你别走。

曾　霆：愫姨。

愫　方：你——（欲说又止）

曾　霆：什么？

愫　方：（终于）你为什么不跟瑞贞好呢？

曾　霆：（不语）

愫　方：（沉重）你们是夫妻呀。

曾　霆：（痛苦地）您别提这句话吧。

愫　方：譬，譬如她是你的妹妹，你忍心成天——

曾　霆：（哀恳地）愫姨！

（他们觉得有人来，回头看见曾瑞贞低着头仿佛忍着极端的痛苦，匆匆由书小门走进。）

（曹禺《北京人》）

此例中，“不语”是无言的拒绝，为什么把它看成是无言的拒绝？因为从整体会话来看，尤其是从后面的拒绝言语行为“您别提这句话吧”、“愫姨”进一步证明前面的无语更倾向于不想说，是拒绝行为，而非一时的语塞或没有听见问话。

5.1.3 狭义拒绝与广义拒绝

我们之所以说直接、间接、有言、无言对拒绝的划分远远不够，是因为这些划分方法基本上属于对拒绝的静态观察。我们认为拒绝言语行为从对它的判断开始，就必须考虑上下文语境（语境问题后面会再谈），根据上下文的动态语境，才能断定是否是拒绝言语行为。下面我们将考察从语境角度对间接拒绝的分类。对拒绝进行分类，除了需要将语境考虑进来，还要考虑其前句话语。那么，拒绝的范围应该怎么界定？可见，言语行为在具体划分中由于语境和隐含的参与，确实比较复杂。在此，我们将语用因素考虑其中，将前句话语的类型考虑进去，也就是说，在话语意义层面，把拒绝前句的直接和间接表达方式考虑进去，从而将拒绝分为狭义拒绝和广义拒绝。狭义拒绝指听话人针对说话人提出的直接请求、直接邀请、直接要求、直接提议和直接建议所做出的拒绝言语行为。在这种情况下，所建议的事往往对听者也有好处。广义拒绝指听话人针对说话人做出的间接请求、间接邀请、间接提议等所给予的间接拒绝。

（4）陈　兰：李权！

李　权：（冷冷地）什么事？

陈　兰：开饭了！

李　权：我不饿！

陈　兰：（向他端详）你怎么了？

李　权：（避开她的眼光）没什么。（讪讪地起身，走到屋角）

陈　兰：（跟在他后边）告诉我，你到底见着阿才没有？

李　权：（烦躁地）你让我一个人静一会儿，好不好？

（他瞋目瞪着她，可是她并不畏避，他们相持了一霎时，他的眼睛慢慢儿顺下去，语气也变得缓和了）你给妈吃过了没有？

（姚克《陋巷》）

“开饭了”在没有语境的情况下，可以看成是宣告类言语行为，告诉大家“吃饭了”。但在此语境中，应该看成间接提议或建议，即“咱们吃饭吧”。那么，由此而来的答语“我不饿”应该归为对提议（考虑语境）的间接拒绝，而不是对宣告类言语行为（不考虑语境）的间接拒绝。这里“开饭了”“我不饿”说话双方都用了间接表达，这个问题的出现，说明我们判断间接拒绝言语行为时处处涉及语境问题。我们认为只有将语境考虑进来，才能反映语言的真实情况。另外该例属于广义拒绝。

（5）A：我和你一起做饭吧。

B：你是客人，怎么能好意思让你做呢？

说话者直接提议“我和你一起做饭吧”，该提议对听者是有益的事情。若听者接受的话，自己可以省时省力，但听者并未接受，而是间接拒绝了对方，即“你是客人，怎么能好意思让你做呢”。这是典型的对提议的间接拒绝，前句属于直接建议，所以该拒绝为狭义拒绝。

（6）曾文清：哦，天哪，请你老实说了吧。你的真意是怎么回事，我不是外人，我跟你相处了二十年，你何苦这样？

曾思懿：（拿出方才愫方给曾文清的信，带着嘲蔑）哼，她当我这么好欺负。在我眼前就敢信啊诗啊地给你递起来。（突然狠恶地）还是那句话，我要你自己当着我的面把她的信原样退给她。

曾文清：（闪避地）我，我明天就会走了。（间接原因来拒绝）

（曹禺《北京人》）

例（6）中，妻子面对丈夫曾文清和表妹的暧昧关系，用命令的口气对其丈夫提出直接要求。曾文清的拒绝“（闪避地）我，我明天就会走了”，表示不可能按对方的要求走，是间接拒绝，而前句是直接的命令句，所以，该拒绝回答属于狭义的间接拒绝言语行为。

（7）鲁四凤：（焦急地）不，不，你不要进来。

外面的声音：（低声）四凤，我求你，你开开！

鲁四凤：已经到了半夜，我的衣服都脱了。

（曹禺《雷雨》）

周萍晚上去四凤家，请求四凤让他进去，尽管四凤与周萍已以身相许，但那天晚上由于周萍打了四凤哥哥，从此四凤一家不再在周家干活儿。由于种种纠葛，两家人都非常痛苦，在这样的情况下，四凤拒绝接受周萍的请求甚至乞求。此对话中，周萍作出的是直接乞求“（低声）四凤，我求你，你开开”。在直接请求、直接建议、直接提议和直接邀请等诸如此类的语境中所得到的间接拒绝，我们把它称为狭义间接拒绝。

（8）金不换：咿！小妹，又是杨七郎给你带回来的瓜子？
石小妹：（并不看金不换）谁带回来的，要你管！
金不换：我当然不管。可是我敢说总不是赛观音跟独眼龙给你的吧？
（柯灵、师陀《夜店》）

例（8）的前句“咿！小妹，又是杨七郎给你带回来的瓜子”是询问或提出问题，比较直接；而后句“（并不看金不换）谁带回来的，要你管”为狭义拒绝。

（9）娄国栋：老林，你是死心眼儿的人，我知道。可是，I tell you，我跟你说，一个人不论怎么，做官也好，做生意也好，哪怕弄到教书也好，一个经济基础总是要有的……
林　桐：这不是我要说的话。
娄国栋：（自顾说）说开了吧，老林，一个人能活几年哟，干吗跟自己那么过不去呢？
林　桐：（忍不住大喊）我不是跟你谈这个！（直接）
娄国栋：哦？那你要跟我谈什么？
林　桐：我，我——（决心）咳，不谈了！
（张骏祥《万世师表》）

例（9）中，前句为“老林，你是死心眼儿的人，我知道。可是，I tell you，我跟你说，一个人不论怎么，做官也好，做生意也好，哪怕弄到教书也好，经济基础总是要有的……”，娄国栋的目的在于劝说并建议林桐接受他的观点。从娄国栋的话语表达的字面意义看，属于陈述；从话语意义来说，属于间接建议劝告。此例中的拒绝“这不是我要说的话”既包括拒绝接受对方的观点，也包括拒绝谈论对方的话题，这是广义拒绝。

（10）彩　玉：对啦，《水门汀》，你现在觉得黛莎那样的女人怎么样？
匡　复：（不语）
彩　玉：你跟我讲的许多故事里面，不知怎么的，我老也忘不了黛莎，也许……
匡　复：（拦住她）彩玉，您别说啦，我懂得您的意思，可是……

彩　玉：我当然不能比黛莎，可是你不是说，永远永远地要使我幸福吗？只要你活着。

匡　复：……

彩　玉：（进一步地）你说，我不能学黛莎吗？像那小说里面一样，当她丈夫回来的时候，……

匡　复：（惨然）可是，你可以做黛莎，而我早已不是格莱普啦，黛莎再遇见她丈夫的时候，她丈夫是一个战胜归来的勇士，可是我（很低地）已经只是一个人生战场的残兵败卒啦。

（夏衍《上海屋檐下》）

在这个例子中，彩玉与她丈夫匡复分离了十多年之后相见，彩玉想与匡复重新一起生活，但由于现在彩玉与别人已经同居，所以用间接的方式试探匡复的态度，而匡复也不忍心拒绝她，所以用间接的方式回答。“对啦，《水门汀》，你现在觉得黛莎那样的女人怎么样”、“你跟我讲的许多故事里面，不知怎么的，我老也忘不了黛莎，也许……”、“我当然不能比黛莎，可是你不是说，永远永远地要使我幸福吗？只要你活着”和“（进一步地）你说，我不能学黛莎吗？像那小说里面一样，当她丈夫回来的时候，……”都是间接的，匡复对彩玉的每一个间接请求的回答都是间接拒绝（详见画线部分），属于广义间接拒绝。

这个分类从侧面揭示了拒绝分类难的事实。由于被拒绝的建议、邀请、请求和提议可能是直接的，也可能是间接的或者劝说性的，而拒绝方式又可能是直接或间接，加上语境因素，使之更加复杂。在特定的语境中可能是一个间接请求，但如果换了另外一个语境，则可能只是一个一般的陈述或者旨在得到回答的问题，因此拒绝需要在具体语境中确定。我们认为高层转喻思维不仅存在于狭义间接拒绝中，也存在于广义间接拒绝中，所以我们首先把拒绝的范围扩大到广义拒绝，在此范围内讨论间接拒绝的转喻思维机制。

5.2　间接拒绝的特点

拒绝总是有伤对方面子的事，所以在拒绝对方的时候，人们总是根据具体情况，比如根据和对方的关系、说话场合，选择直接拒绝或者间接拒绝以及拒绝方式。在许多场合中，人们不是坦率、直接地说出自己的想法，而是采用间接方式表达自己的拒绝。尽管间接拒绝形式多样，但我们改为间接拒绝在其表达形式和意义确定上也有其特点：(1) 间接表达形式多样，语义成分复杂，一般不出现否定词“不”；(2) 话语意义偏离字面意义；(3) 言语行为类型和功能常常不一致。

5.2.1 间接拒绝形式多样

我们认为间接拒绝具有多样性，表现在两个方面：间接拒绝表达策略的多样性和间接拒绝由多个语义成分组成。

5.2.1.1 多种间接拒绝策略

间接拒绝表达形式的不同与说话者的话语意图紧密相关。国内外不少学者对间接拒绝的策略都进行过研究，如姚俊（2003）提出8种间接拒绝策略：(1) 给出理由；(2) 道歉；(3) 提供别的办法；(4) 让对方放弃请求；(5) 接受的言语表达拒绝的含义；(6) 回避；(7) 原则；(8) 哲理。Liao（1994、1996）归纳总结了24种拒绝策略：(1) 沉默、犹豫、缺乏热情；(2) 提供别的办法；(3) 推迟时间；(4) 把责任推到他人身上；(5) 回避；(6) 笼统答应但不提供任何细节；(7) 转移和分散对方注意力；(8) 笼统答应同时表示为难；(9) 指出对方的请求不合适；(10) 表面答应，实际拒绝；(11) 陈述哲理；(12) 直接说“不”；(13) 借口或解释；(14) 抱怨或博取对方同情；(15) 根本原因；(16) 开玩笑；(17) 批评；(18) 有条件地答应；(19) 对请求的合理性质疑；(20) 威胁；(21) 表面拒绝，实际答应；(22) 陈述原则；(23) 表示歉意；(24) 语码转换。拒绝策略的多样性决定了拒绝表达的多样性。从我们对间接拒绝狭义与广义的区分，可以看出间接拒绝的形式很难详尽。在此，我们不对拒绝策略多样性和形式的多样性进行深入讨论，而只针对前面提到的几种分类作出观察。因为我们所关心的是所有这些分类和未分类的间接拒绝现象背后的转喻思维状况。我们初步发现由于类型的多样性导致了转喻思维操作的多样性，这点我们将在后面讨论。

5.2.1.2 多种间接拒绝成分

Blum-Kulka、House & Kasper（1989）、Blum-Kulka & Olshtain（1984）、

Wood & Kroger（1994）认为拒绝言语行为一般由多个语义成分构成，并形成一个序列，他们把拒绝言语行为序列分为中心言语行为、辅助言语行为和修饰语，而且每个语义成分在实现拒绝言语行为时并非同等重要。其中，中心言语行为是实现拒绝言语行为的中心，辅助言语行为用以辅助实现拒绝言语行为，修饰语则用以修饰中心言语行为和辅助言语行为。例如：

（11）No, Nancy, I'm very busy right now.

"No"为中心言语行为，"I'm very busy right now"为辅助言语行为，"Nancy"、"very"、"right now"为修饰语，据此国内学者认为汉语拒绝也存在这三种语义成分（王爱华，2001）。本文讨论间接拒绝中的转喻思维，所以，用于直接拒绝的"No"不在考虑范围，我们讨论的只涉及后两种表达成分即辅助言语行为和修饰语。我们认为在间接拒绝言语行为中，由于没有"No"这种中心言语行为，所以对间接拒绝的成分的划分可以调整为间接言语行为和修饰语等多种语义成分。因为在没有"不"的语境下，它们可以变成中心言语行为，起拒绝作用。例如：

（12）（老师要求下课后留下来帮助接待新生，有一同学向老师请假。）
学生：老师，<u>不好意思，我有件急事要办，等我一办完事就立即回来帮忙。</u>

（姚俊，2003）

例（12）中，按照王爱华（2001）的划分，"老师"为修饰语即称呼语，"不好意思，我有急事要办"为辅助言语行为。但在这里，"不好意思"间接拒绝了老师，而后"我有件急事要办，等我一办完事就立即回来帮忙"说明了拒绝的原因，"等我一办完事就立即回来帮您"是缓和关系的辅助语。而我们认为"不好意思，我有急事要办"在这里是间接拒绝的中心言语行为。从是否存在转喻的角度来观察，"不好意思，我有急事要办"整体是间接拒绝并存在转喻思维，这一点后面的分析中会详谈。

（13）方义逵：你在想什么？
方尔嫊：（走到窗口）没有。
方义逵：真的没有？（方尔嫊不语）尔嫊！
方尔嫊：（顿脚）<u>爸爸</u>！
方义逵：好，不谈不谈。

方尔婇：（静了一会儿）我，我想的太多，都想糊涂了。

（张骏祥《万世师表》）

在例（13）中，父亲关心女儿的对象问题，但女儿和男朋友还远未定型，不想说什么。“爸爸”不再是修饰语，在此语境下，成为间接拒绝的中心言语行为，起到间接拒绝的作用。所以我们认为中心语、辅助语及称呼语的功能只有在具体语境中才能决定。本研究重点不在于从众多的拒绝表达形式中辩识其语义成分，而在于揭示间接拒绝背后的认知思维机制。

5.2.2 间接拒绝的意义偏离

语言的间接性表现在话语意义偏离字面意义，间接拒绝也是如此。间接拒绝的话语意义与字面意义既相互偏离却又偏离不会太远，使对方仍然能够理解其拒绝之意。

（14）家豪：唔？

小蝶：究竟——

家豪：——？

小蝶：（鼓起勇气）我们——是隔重山还是——隔张纸呀？

家豪：——？

小蝶：你讲啦！

家豪：不明白。

小蝶：你骗人！你这么聪明哪会不明白呀！

家豪：真的不明白哦。

小蝶：婉碧你就明白我就不明白。

家豪：又关婉碧的事！

小蝶：我觉得你呀。（越说越细声）有时对人家那么好，有时又对人家那么坏，我想问呀，究竟你对我怎么样嘛？！

家豪：我很关心你，是希望你好！

小蝶：只是关心而已吗？！应该还有的！是不是！

家豪：我——没想过其他甚么，你没听他们讲过吗，打band仔没一个好人，我和Donny是同一个师父教出来的，你不怕我学Donny那样呀？

（杜国威《我和春天有个约会》）

此例中，小蝶和家豪相爱着，又一直没有明说，关系一直确定不下来，这让小蝶实在难以忍受，之后小蝶终于鼓起勇气想问个明白。家豪故意说"不明白"、"真的不明白哦"，这些回答形式上是一个陈述，在语境中实际上间接表达了拒绝。而在小蝶的追问之下，只好给出解释，"我——没想过其他甚么，你没听他们讲过吗，打band仔没一个好人，我和Donny是同一个师父教出来的，你不怕我学Donny那样呀"，这些间接拒绝表达的共同特点是话语意义偏离了字面意义。

5.2.3　言语行为类型与功能不一致

间接拒绝的言语行为经常表现为，用一种言语行为类型表达与之不同的言语行为功能，使其达到间接拒绝的目的。这样，常常出现语言表达的言语行为功能和话语意图的言语行为功能不一致，同一个表达，其言语行为类型和功能之间不一致。

（15）彩　玉：那么我问你，很简单，假定，这八年半里面，你没有志成这么一个朋友，我跟他也没有现在已经沦落在街头，也许，两个里面已经死了一个，假定，在那样的情形之下，你找到了我，我要求你帮助，那时候，你也能跟方才一样地说："我已经没有使你们幸福的自信，我只能让你们饿死在街头"吗？

匡　复：（一句话被问住了，混乱）那……那……

彩　玉：那么我只能说，要不是你太残酷，那就是你在嫉妒！

匡　复：（茫然自失）彩玉！

彩　玉：要是在别的情形之下，你一定会对我说，彩玉，我回来啦，别怕，我们重新再来过的，可是现在——你，你已经厌弃我了！——为着我要生活……

匡　复：<u>彩玉，别这么说，我，我应该怎么办呢？我简直不能再想啦！</u>

（焦躁苦痛）

（弄内有人急切地叫喊着的《大晚夜报》的呼声，赵振宇急忙地买报。）

彩　玉：（央求地）复生！你不能再离开我，不能再离开那被人看作没有父亲的葆珍，为着葆珍，为着我们唯一的……

匡　复：（沉吟了一下）这，这不使志成……不使志成更痛苦吗？（以考虑别人来拒绝）

彩　玉：（沉默了一下）可是，我早就跟你说，这只是为着生活……

匡　复：（垂头，无力地）彩玉！……

彩　玉：（捏着他的手）打起勇气来……从前你跟我讲的话，现在轮着我对你讲啦。（笑，扶起他的头）你还年青哪，（摸着他的下巴）好啦，把胡子剃一剃！……（一边说，一边从抽斗里找出志成的安全剃刀等等）复生！别多想啦，今天是应该快活的，对吗？

匡　复：（充满了蕴积着的爱情，爆发般的）彩玉！（将头埋在她的胸口）

彩　玉：（抚着他的头发）复生！你，你……（感极而泣）

（夏衍《上海屋檐下》）

此例中，“我，我应该怎么办呢”字面上是询问或征询对方的意见，但其话语义仍然是内心的矛盾与拒绝。“这，这不使志成……不使志成更痛苦吗”字面上是为别人考虑，属于反问，但话语意义并不与它表达的言语类型的字面意义一致，而是在犹豫中表达间接拒绝“我不能再回到你身边和你一起生活”。由此可以看出，话语表达形式的言语类型与话语所要发挥的作用和语用功能并不一致，这种现象在间接言语行为中经常出现，在间接拒绝中同样也普遍存在。

5.3　间接拒绝的高层转喻思维

转喻是一种极为普遍的认知机制，是人们一般的思维方式，我们的行为和思维所依赖的概念系统从根本上来说就具有转喻的特性（Lakoff & Johnson, 1980）。目前学者们主要观察了英语请求言语行为的转喻思维情况，我们认为在汉语间接拒绝中，同样有高层转喻思维，而且形式多样，具有其独特之处。间接拒绝中的转喻不同于指称转喻，并不是直观地用“新手”来指代“人”，而是一种更为抽象、不容易直观发现的思维方式。我们把间接拒绝中的这种抽象的转喻看作高层转喻思维。下面我们将从语料出发，考察其转喻思维类型。

5.3.1　间接拒绝的部分代整体转喻

人们常常用事物的某一属性来指代事物本身，即用部分代整体，这是一种极为普遍的转喻思维方式。语言学家（Lakoff, 1987；Gibbs, 1994）认为人们在以言行事时往往会不知不觉地利用这一规律，用言语行为的某一属性来实现整个言语行为。我们认为汉语的间接拒绝也存在这样的高层转喻思维。

（16）郑楚雄：Miss方，我们在一起很久，我们的性情，彼此都很互相了解，我很知道你，我很钦佩你，我很，我很……我很爱你！
（尔婇不说话。）

郑楚雄：怎么样，尔，尔婇？只要你答应我，我马上写信给我父亲，要他送我们两个一起出国去。我家里有的是钱，他一定会答应的。
（尔婇转过身来，把那封信还给郑楚雄。）（以行为表拒绝）

郑楚雄：怎么？

方尔婇：信还给你。

郑楚雄：可是……？

方尔婇：不，Mr.郑，我们并不互相了解，你也并不知道我。（以原因来拒绝）

郑楚雄：Miss方！

方尔婇：谢谢你的好意，Mr.郑，可是我不想去美国，我明天打算去参加游行——我父亲一定要这样做的。

郑楚雄：可是！Miss方……

（张骏祥《万世师表》）

例（16）为郑楚雄向方尔婇求爱的一个片段，我们认为在方尔婇间接拒绝郑楚雄求爱的言语行为中，存在高层转喻思维。方尔婇的拒绝言语行为“信还给你”激活拒绝求爱的认知域，在我们的认知背景中，“求爱信”与“求婚”相连，“求爱信”通常是“求婚”的一个部分。“信还给你”与“求婚不成”相连，“信还给你”为其次域，两者之间是部分激活整体的转喻思维关系。凭我们的经验背景知识可以看出，把求爱信退回去，意味着求爱失败，因此，两者之间存在部分激活整体的转喻思维关系。如下图：

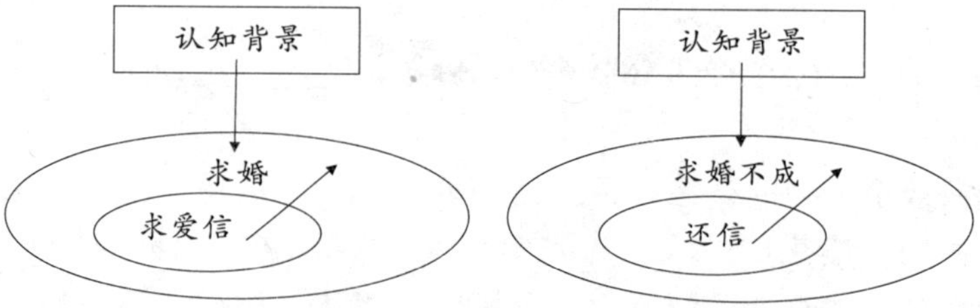

图5.4　部分代整体转喻

（17）周朴园：蘩漪！

（蘩漪抬头，鲁妈站起，忙躲在一旁，神色大变，观察他。）

周朴园：你怎么还不去？

周蘩漪：（故意地）上哪儿？

周朴园：克大夫在等着你，你不知道么？

周蘩漪：克大夫？谁是克大夫？

周朴园：给你从前看病的克大夫。

周蘩漪：我的药喝够了，我不预备再喝了。

周朴园：那么你的病……

周蘩漪：我没有病。

周朴园：（忍耐）克大夫是我在德国的好朋友，对于妇科很有研究。你的神经有点失常，他一定治得好。

周蘩漪：谁说我的神经失常？你们为什么这样咒我，我没有病，我没有病，我告诉你，我没有病！

（曹禺《雷雨》）

在例（17）中，周蘩漪与丈夫周朴园之间毫无感情，对周朴园假惺惺的关心非常厌烦，她知道自己是心病，所以，不想见大夫。画线部分“我的药喝够了，我不预备再喝了”、“我没有病”、“谁说我的神经失常”都与看医生相连，成为拒绝看医生认知域的次域。认知背景告诉我们“喝药”、“有病”都是去看医生的原因，没病就意味着不需要看医生。“没病”为“不看医生”的次域，此例通过否定次域而实现其拒绝目的。在“有病”与“看医生”之间存在部分—整体转喻，“喝药”与“看医生”之间，“没病”与“不看医生”之间也存在转喻关系，同样，“神经失常”与“看医生”认知域之间也有转喻关系。如下图：

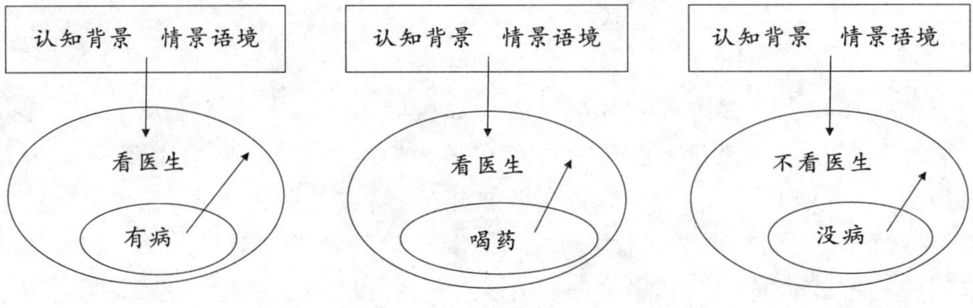

图 5.5　整体代部分转喻 1

我们认为高层转喻应该符合的两条规则为：(1) 所涉及的两个概念认知域之间有部分—整体或整体—部分的关系；(2) 所涉及的两个认知域在意义上存在可替换的关系。该例可以说符合这两条规则，而且这种思维是在更抽象的概念层面进行的，我们把它归到高层转喻。

5.3.2　间接拒绝的整体代部分转喻

在现代汉语间接拒绝言语行为中，不仅存在部分转指整体的转喻思维，而且存在整体转指部分的高层转喻思维。

(18) 方尔嫊：(看见林桐露不悦之色，故意岔开) 娄先生的太太现在什么地方呀？

(娄国栋忽然像浇了一盆冷水，豪气顿敛。)

娄国栋：<u>唔？什么？</u>

方尔嫊：我说娄太太现在……

娄国栋：<u>(叹口长气) 唉！</u>

林　桐：真的，我倒忘了问你，你大概结婚多年了吧？

娄国栋：<u>唉，一言难尽</u>！(以概述来拒绝)

林　桐：怎么？呦？

娄国栋：(王顾左右而言他) <u>喝酒！喝酒！老林，你喝一杯</u>！

林　桐：不，我不喝。

娄国栋：(看看尔嫊，不禁感慨系之) 唉，二十年了！二十年了吧，有？

林　桐：什么？

娄国栋：我们在北京教书的时候。

林　桐：嗯，可不是。

（张骏祥《万世师表》）

例（18）中，娄国栋和林桐过去是高校同事，两人的人生观不同，多少年后相见还是话不投机，交流之中存在多种拒绝语句。“唔？什么”，以疑问来拒绝；“（叹口长气）唉”，以唉叹来拒绝；“唉，一言难尽”，以概述来拒绝；“喝酒！喝酒！老林，你喝一杯”，以转移话题来拒绝。这几个拒绝都是以间接的方式进行的。其中“唔？什么”之所以表示拒绝，是因为听者分明已经听清对方的意思，他的反映“忽然像浇了一盆冷水，豪气顿敛”说明他不是没听懂。我们认为此言语行为“唔？什么”为认知次域，与整体询问事件“娄太太现在……”认知域的距离较远，所以方尔婇怀疑娄国栋没有听清，因此又补充了一句，进一步说明询问的内容“我说娄太太现在……”。而娄国栋的第二次拒绝“（叹口长气）唉”，选择了离话语中心较近的间接拒绝方式，比第一次拒绝要明确得多，叹气和言语“唉”都表明该话题是令人不愉快的，娄国栋不想展开此话题。第三次拒绝“唉，一言难尽”更加明确不想讨论此事的态度，以笼统概述的方式间接回答了方尔婇和林桐的问题。最后在老同事的追问下，改用转移话题的方式“喝酒！喝酒！老林，你喝一杯”间接回答对方，最终达到拒绝成功的目的。在这些问答中，存在整体代部分的转喻思维，以第三个拒绝“一言难尽”为例，其转喻思维操作如下图所示。

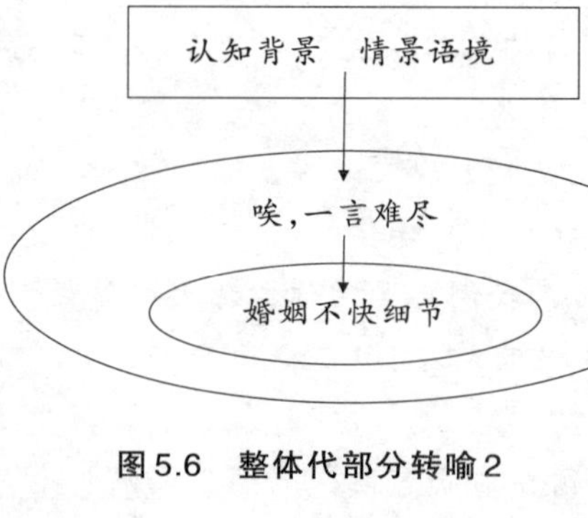

图 5.6　整体代部分转喻 2

认知背景知识告诉我们，“唉”传达给人们的是不愉快的心情，激活了不愉快的婚姻。“一言难尽”通过转喻激活了不愉快的细节，同时也间接地回答了“你大概结婚多年了吧”，其中都存在整体代部分的高层转喻思维。

5.3.3 因果思维与高层转喻

间接拒绝最常见的方式是一边间接拒绝，一边又向对方解释拒绝的原因，以缓和拒绝带给对方面子的伤害。Panther & Thornburg（2004）曾讨论过类似的对话，认为存在因果转喻。而本研究中，我们认为因果思维存在转喻，但不能简单地说因果关系就是转喻关系。

（19）What's that spot on your cheek?

a: <u>A pimple</u>.

b: <u>My allergy</u>.

（Panther & Thornburg, 2004）

Panther & Thornburg（2004）认为在第一个回答（19a）中，疤点的种类被确认，即分类意义有效，也因此存在转喻。正因为如此，回答能够被接受。在第二个回答（19b）中，提到的是产生面颊上疤点的原因，即（19b）为症状代原因的转喻。正如结果代行为的转喻一样，是结果代原因转喻的一个子类型。在此基础上，Panther & Thornburg（2004）认为因果转喻是常见的转喻思维模式，称其为自然推理图式。这种因果关系类型的间接拒绝在汉语中也存在。在此，我们将通过实例来深入讨论其转喻思维情况。

（20）甲：今晚一起去看电影好吗？

乙：<u>明天考试</u>。

此例中，"明天考试"显然是间接拒绝，基于经验而来的背景知识告诉我们，"明天考试"就意味着今晚需要复习，而"今晚需要复习"就表明今晚没有时间出去一起看电影。在这一系列的推理过程中，存在着高层转喻思维。在"看电影"的认知域中，"时间"显然是能"看电影"的一个重要条件部分。同样，"今晚没时间"为"今晚不能看电影"的次域。转喻操作如下：

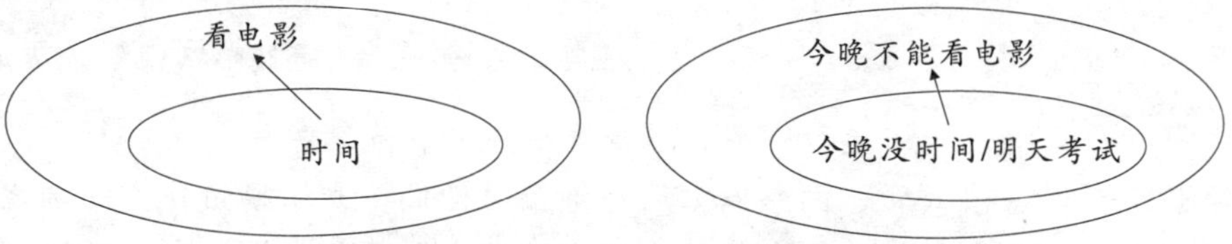

图5.7　"时间"与"看电影"转喻思维

我们认为因果关系存在于“今晚没时间看电影”和“明天考试”之间，“今晚没时间”和“今晚不能看电影”存在转喻思维，而这一转喻思维是随着“今晚没时间看电影”和“明天考试”因果关系同时激活的。可见，话语意义的获得可能需要多种推理同时进行，此例中的思维可以看成因果推理中又包括转喻思维。该例的因果转喻分析与Panther & Thornburg（1998）所讨论的因果转喻不同，他们把因果关系直接看作是转喻关系。而我们认为，该例中转喻思维包含在因果关系之中，因果关系推理情况更为复杂，可能需要多步进行。

（21）慈禧太后：传话出去，让他们都老实点，说老佛爷不见，乖乖儿地给我回克！

光绪皇帝：慢点儿。（跪下来）亲爸爸。

（寇连材停住）

慈禧太后：怎么着？

光绪皇帝：你还是见见他们吧，他们会详细地报告您，一个什么金玉均的在上海被刺，驻朝鲜总督袁世凯怎么解决，日本怎么出兵不退，现在成了什么局势……

慈禧太后：李鸿章不是在跟他们办交涉么？

光绪皇帝：亲爸爸，从鸦片战争起，我们受洋人的气真受够了！咸丰年间英法联军打进京都，害得您跟先皇逃到热河去……

慈禧太后：那时我年轻，还没你呢！

光绪皇帝：亲爸爸，我们总是交涉交涉，结果总是割地赔款，他们不讲理！

慈禧太后：那么你就想让我也主张打？

光绪皇帝：亲爸爸，以前他们都纳贡称臣，现在没有一个不欺侮咱们的！

（杨村彬《清宫外史》）

例（21）中，光绪皇帝主战，慈禧太后主和，光绪皇帝安排一行主战派大臣前来劝说慈禧太后，而慈禧太后拒绝接见他们，光绪皇帝作为一国之主不同意慈禧太后主和的观点，但又不好在慈禧太后面前强硬，所以他以间接的方式拒绝。整个话语过程呈现出光绪皇帝拒绝接受慈禧太后不战的原因，同时，也在试图说服慈禧太后接受他开战的观点。这个例子的特点是“以请求的方式拒绝，以解释的方式说服”。我们认为整个间接拒绝中存在转喻思维，“慢点儿。（跪下来）亲爸爸”是以请求的口气拒绝慈禧太后所做的决定，尽管在字面上不是拒绝，而是请求，但由于皇帝的身份，他的间接请求言语行为在话语意义上只能理解为拒绝，这也是语境因素影响思维的一个例证。“慢点儿”和后面话语中进一步补出的主战原因“你还是见见他们吧，他们会详细地报告您，一个什么金玉均的在上海被刺，驻朝鲜总督袁世凯怎么解决，日本怎么出兵不退，现在成了什么局势……”、“亲爸爸，从鸦片战争起，我们受洋人的气真受够了！咸丰年间英法联军打进京都，害得您跟先皇逃到热河去……”均为间接拒绝。“慢点儿。（跪下来）亲爸爸”这个拒绝可以理解为两层拒绝，表层拒绝慈禧太后当时的传话，即“让大臣们离去”，而深层拒绝的是慈禧太后做出的不战的决定，存在的转喻思维如下图。

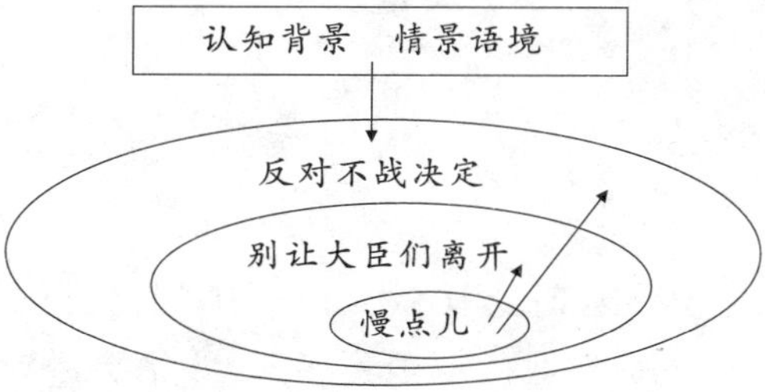

图 5.8　表层、深层转喻

该例中，存在两个高层转喻思维，一个在慈禧太后命令“让大臣们离去”的间接拒绝的认知思维中，“慢点儿”激活“别让大臣们离去”，如图(5.8)；而另一个深层意义是拒绝主和，在一步步的劝说与解释中，体现了皇上主战的原因和拒绝主和的理由。“慢点儿”深层激活的是“别做出不战的决定”，以此间接拒绝主和。在劝说和间接拒绝中，存在着解释和说明拒绝主和的理由，有因果关系在其中。而转喻为具体某些言语的思维方式，如“慢点儿”激活“让大臣们离去”和“别做出不战的决定”。因果关系为更大范围的推理活动，如以上画线部分都可归为因果部分。这个例子再次说明我们对因果思维中的转喻机制观点与 Panther & Thornburg（2004）的不同。

（22）应　放：我是说，暂时这样做，以后咱们自己编一点艺术性高的再排。
　　向世仁：老弟，上级给我的期限不多。
　　应　放：不能宽限一点吗？
　　向世仁：我要能做到，干吗要跟自己过不去！

应　放：事情麻烦了。要是他们不愿演，你不能拿枪带着他们上台。

向世仁：他们也得衡量，胳膊能不能拧过大腿？性命跟名誉放在秤上是哪头重些？我这个人是讲究实际的！

（蓝光《最后一幕》）

此例中，向世仁给出三个理由来向同事作出解释（即图中画线部分），以期间接拒绝对方，认为不能延期编排艺术性高的作品。这三个理由与要求再排艺术高的作品整体上形成因果推理关系。在这三个间接拒绝中，分别有转喻思维，如下图：

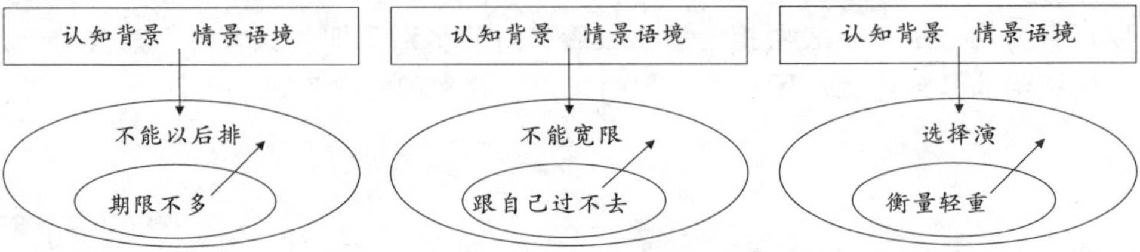

图 5.9　因果思维与高层转喻

针对话语“我是说，暂时这样做，以后咱们自己编一点艺术性高的再排”，答语是“老弟，上级给我的期限不多”。答语会激活话语中隐含的“不能以后再排”，如此则构成一个高层转喻思维。“不能以后排”就自然会推导出“要求现在排”，因此可以说，存在转喻思维是因为符合转喻思维的条件。同理，对进一步的请求“不能宽限一点吗”，答语“我要能做到，干吗要跟自己过不去”与请求又构成一个转喻思维，激活“不能宽限”。而“不能宽限”又和整体的要求“现在排”形成一个因果推理关系。第三个间接拒绝也是采用相同的思维方式，即在因果推理关系中包含着一个转喻思维，其中，“他们也得衡量，胳膊能不能拧过大腿？性命跟名誉放在秤上是哪头重些”转喻指向“决定演出”，而“决定演出”就不需要拿枪带着他们上台。

这些例子说明因果推理和转喻常常搅合在一起，Panther & Thornburg（2004）认为因果关系就是转喻推理，但我们更倾向于将转喻理解为因果推理链上的一个节点或者部分，因果推理是更为广泛的思维活动。当然，也不排除有时候“因”和“果”正好形成转喻。对这些例子的分析说明，我们的因果推理与转喻思维的观点和 Panther & Thornburg（2004）的观点有所区别，我们是在前人的基础上进一步细化。当然，这些观点还需要学者们一起通过大量的例子来验证。

5.4　间接拒绝的高层转喻限制因素

言语行为发生在特定的时空即具体的语境下，交际者对特定的环境、交际者角色以及相关的背景知识进行综合考虑后，做出拒绝回答。说话对象不同，环境不同，所做出的间接拒绝也不一样，影响间接拒绝的因素是多方面的。我们认为，情景语境、认知背景和话语意图是影响间接言语行为很重要的因素。对于这三种因素，我们在第三章中已经谈过，这里主要讨论他们对间接拒绝中转喻操作的限制作用。

5.4.1　语境限制

5.4.1.1　语境决定转喻思维的存在

前面例（4）中我们已经谈到语境对拒绝的影响，“开饭了”在没有语境的情况下，可看成是宣告类言语行为。在例（4）语境中，则看成间接提议“咱们吃饭吧”，语境的重要作用不仅体现在判断间接拒绝言语行为上，还体现在对其转喻思维的制约上。

（23）曾思懿：咦，商量我们说的这件事啊？（认定自己看穿了曾文清的心思，讥刺地）我可不是小孩子见糖，心里想，嘴里说不要。我这个人顶喜欢痛痛快快地，心里想要什么，嘴里就说什么。我可不爱要吃羊肉又怕膻气的男人。

曾文清：（厌烦）天快亮了，你睡去吧。

（曹禺《北京人》）

例（23）中，曾思懿对其丈夫曾文清和其表妹的暧昧关系十分生气，于是对丈夫没完没了的发牢骚，而丈夫曾文清又没有办法让她平静下来，心里非常苦闷，他实在无法忍受妻子的责骂。在例（23）语境中，“天快亮了，你睡去吧”是劝说，也是间接拒绝。如果离开这个语境，就不再是间接拒绝，而是完全的请求或提议。在此对话中，我们认为存在转喻思维。“睡去吧”转指“别说话了”，因为“不说话了”是睡觉的一部分；而“不说话了”又转指“不牢骚了”，“牢骚”是“说话”的一种方式；“不说话了”是整体，“不牢骚了”是部分，存在双转喻操作（具体转喻操作如下图），属于认知域缩减的转喻思维。倘若没有语境限制，这个转喻过程是无法实现的，语境给了转喻目的指向。这个例子说明语境既对判断是否是间接拒绝起作用，又对转喻的具体操作起限制作用。

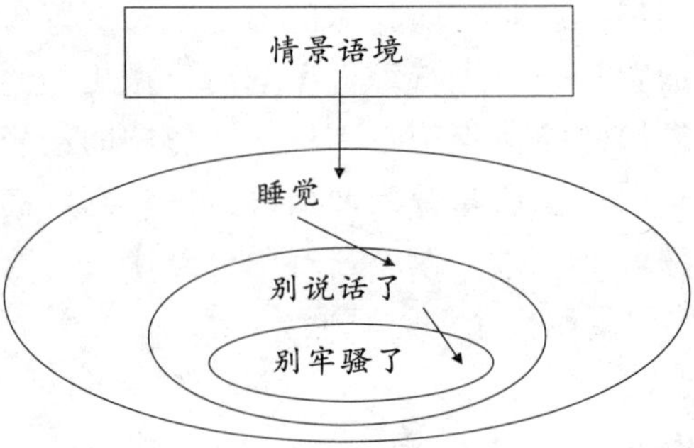

图 5.10　拒绝的双转喻操作

(24) 外面的声音：(转了口气) 好，也好，我就走，(又急切地) 可是你先打开窗门，叫我……

鲁四凤：不，不，你赶快走！

外面的声音：(急切地恳求) 不，四凤，你只叫我……啊……只叫我亲一回吧。

鲁四凤：(苦痛地) 啊，大少爷，这不是你的公馆，你饶了我吧。

外面的声音：(怨恨地) 那么你忘了我了，你不再想……

鲁四凤：(决心地) 对了。(转过身，面向观众，苦痛地) 我忘了你了。你走吧。

(曹禺《雷雨》)

例 (24) 中，当天晚上，四凤所有的家人都心情极坏，四凤的哥哥挨了周萍的打，四凤母亲反对四凤再与周家有任何联系。在这样的语境下，四凤对周萍的乞求“啊，大少爷，这不是你的公馆，你饶了我吧”成为间接拒绝。如果离开语境，该表达就不是间接拒绝，而是乞求。如同上例，该间接拒绝也是在语境中产生的。语境不仅对该言语行为是否是间接拒绝起了决定作用，而且也影响是否存在转喻思维。正因为是间接言语行为，因此存在高层转喻思维。这里的“啊，大少爷，这不是你的公馆，你饶了我吧”激活了“求你这次依着我”，而进一步指向“这次你别进来”。该例的转喻操作为多域操作，“饶了我”激活“依着我”，再激活“别进来”，形成转喻链。这些转喻的实现都在语境中产生，语境限制着其往哪里转，转指什么。如下图：

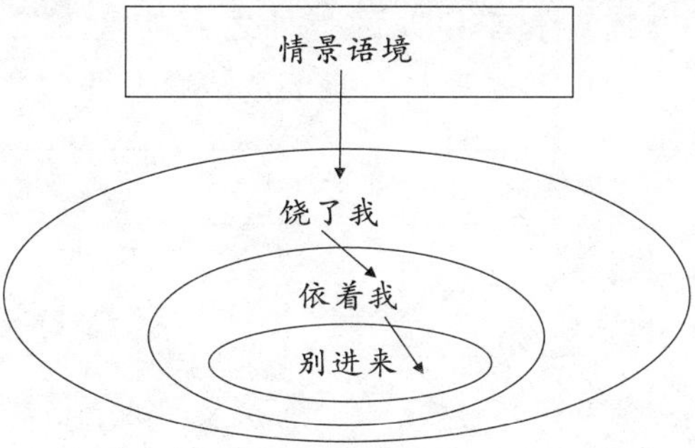

图 5.11　间接拒绝转喻链

（25）寇连材：总管？
李莲英：（板着脸）干吗蹭过来？
寇连材：（试看）小的看，这么着不大合适吧？
李莲英：有你什么相干？
寇连材：嘻嘻，不是那个，小的是看，珍主子也没什么大错儿。
李姐儿：（狠狠地插一句）你知道？
寇连材：（放下笑脸，十分郑重地）总管，这样一来，她就什么都毁了！
李姐儿：什么事儿都少不了你。
寇连材：（再赔笑）李大姐……
李莲英：告诉你，除掉她，为的让皇上少胡闹！
李姐儿：少受她迷惑！
寇连材：（心直口快）总管，我们不能凭空陷害一个好人呐！
（杨村彬《清宫外史》）

此例中，李莲英和李姐儿准备合谋陷害珍妃，寇连材身为皇上和珍妃最贴身的宦官，知道此事内幕后，实在于心不忍，便想作出提议来改变李莲英和李姐儿的想法，但遭到拒绝。“这么着不大合适吧”、“珍主子也没什么大错儿”、“这样一来，她就什么都毁了”都是提议或建议。如果没有语境，“有你什么相干”为反问，“你知道”可能为疑问，“什么事都少不了你”为责备。有了上面的语境，李莲英和李姐儿的这些回答都成为间接拒绝，即“与你无关，你不要管闲事”，所以间接拒绝是在语境中产生的。

此例中的转喻思维也在语境中实现。在人们的认知背景中，人一般只做与自己相关的事，但寇连材关心了与他自己无直接关系的事。我们以“有你什么相干”为例，李莲英和李姐儿的言外之意就是不需要他来关心珍妃的事，“不相关的事”与“你不要管”在此也是转喻思维。具体操作见下图：

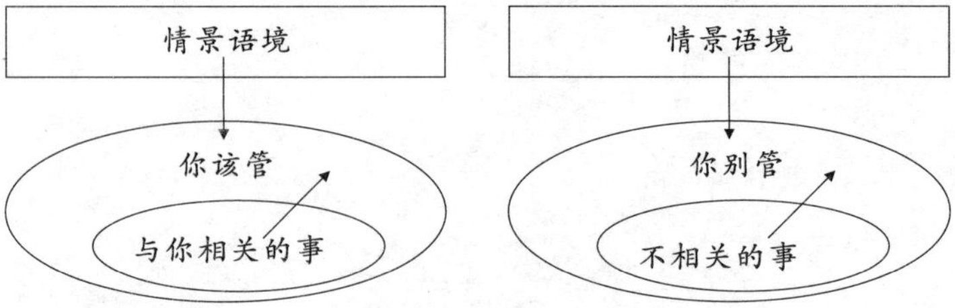

图 5.12 语境限制下的转喻思维

可见，在人的思维推理过程中，转喻可能是思维路径中不时出现的思维方式，而且与语境紧密相连。通过这些例子中的转喻思维可以看出，转喻作为一种思维方式，必然会在“如何转”和“转向哪里”上受到语境的影响，情景转喻尤其如此。

5.4.1.2 语境影响转喻所指

例（21）中，光绪皇帝主战，反对慈禧太后主和，光绪皇帝用“慢点儿”这一表达，对慈禧太后让大臣们退下的传令进行了间接拒绝。如前面分析，该拒绝存在于表层和深层两个层面，表层的“慢点儿”是对慈禧太后“不见大臣，让他们退下去”所做出的间接拒绝行为，但在深层里，反映了光绪皇帝反对慈禧太后一味求和的做法。因此，话语深层拒绝的是慈禧太后的不战行为，紧接着后面的话语提出发动战争的理由，而且这些理由形成更丰富的语境，更能推测出前面“慢点儿”的真实意图是拒绝。如果没有足够的语境，比如没有光绪皇帝反对慈禧太后一味求和的语境，那么肯定没有第二步的深层思维，只能看到表层的“慢点儿”是指慈禧太后不见大臣之事，这说明上下文语境和话语双方的认知背景共同限制话语所指即转喻所指。该语境中，语境使人的理解不会停留在表层的“让大臣们离去”，而是进一步转到“主和不战”的限制作用，言语行为的选择和所指都要受到语境因素的影响。

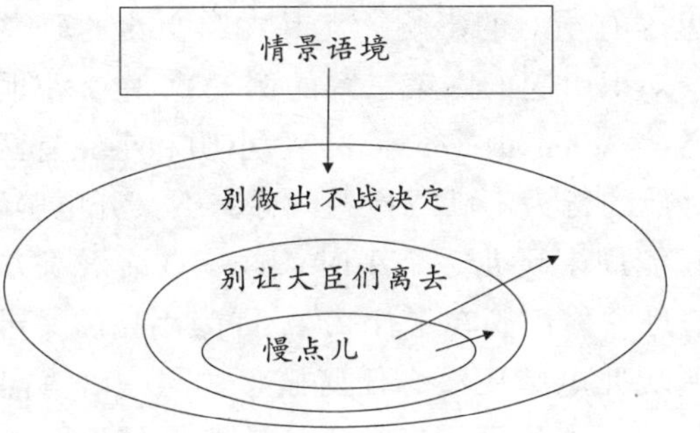

图 5.13　间接拒绝的多域操作 1

前面例（9）中，娄国栋自认为懂得生活道理，在他眼里林桐思想固执，死心眼儿，他想劝说老同事林桐和他一起做生意，结果遭到林桐的强烈拒绝。从娄国栋的话语表达“老林，你是死心眼儿的人，我知道。可是，I tell you，我跟你说，一个人不论怎么，做官也好，做生意也好，哪怕弄到教书也好，一个经济基础总是要有的……”的字面意义看，在没有语境的情况下，属于陈述自己的观点。而在该语境中，则属于间接建议或间接劝告。此例中的拒绝“这不是我要说的话”既包括拒绝谈论对方的话题，也包括拒绝接受对方的观点，其转喻思维存在两个目的域。如果没有语境，也没有认知背景知识，不知道林桐一向不乐意接受娄国栋的投机思想，那么，也就不会有第二步的转喻思维。语境与认知背景限制着转喻的进程或步骤。

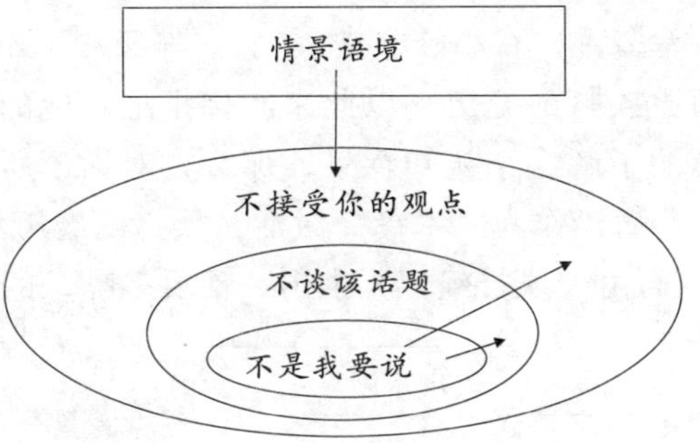

图 5.14　间接拒绝的多域操作 2

5.4.2　认知背景限制

我们认为不仅情景语境对高层转喻思维有影响，而且认知背景在一定条件下也会对转喻思维有绝对的影响，尤其在跨文化的研究中，有些理解的差异是因为文化背景知识引起的。第三章的例（3）中，小明妈妈问自己的孩子和邻居的孩子小亮："What are you doing?" 小明和小亮有两种不同的理解。小明会理解为妈妈对他的行为不满或抱怨"你怎么又开电脑"。因为妈妈平时不让小孩儿上网，只能周末玩儿一个小时，这一点话语双方都明白。而小亮有可能理解为询问信息"你们俩在干什么"，因为小亮的父母没有对他作任何规定，所以他对控制玩儿电脑还没有任何概念。同一语境同一口气下，这两种理解都是有可能的，而这种可能来源于认知背景的不同。小明对话语是转喻理解，而在场的同学听了，不存在转喻理解。这在某种程度上说明，在转喻思维中，有时背景知识也会对转喻思维起关键作用。

（26）金不换：咿！小妹，又是杨七郎给你带回来的瓜子？

石小妹：（并不看金不换）谁带回来的，要你管！

金不换：我当然不管。可是我敢说总不是赛观音跟独眼龙给你的吧？

石小妹：你又痒了不是？

金不换：你今儿个这是怎么啦？就跟蒺藜似的，一动一个刺。

石小妹：你要问么！

金不换：好，不要问就不问：你不喜欢这个，咱们改个题目：刚才你说撒谎有趣，那你也爱撒谎吗？

（柯灵、师陀《夜店》）

面对金不换多嘴多舌，石小妹非常生气，"你又痒了不是"通过提及过去金不换由于多嘴而遭挨打的经历，以此来间接拒绝对他的询问。如果没有话语双方对过去经历的了解这个认知背景，那么，对话语所指将会产生不解或迷惑。间接拒绝的转喻操作为"'痒'激活'挨打的经历'"（该转喻为部分代替整体类型），继而由"挨打经历"推出"不要多嘴"的拒绝之意。

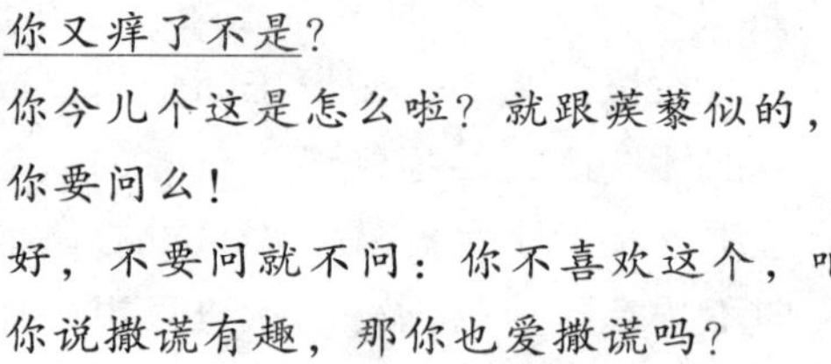

图 5.15　认知背景影响转喻 1

此例中"挨打的经历"来源于认知背景知识，是储存在大脑中的经验知识，在人们的推理中起着重要的作用。但如前 5.4.1 所做的分析，情景语境将推理过程推向最后准确所指，该处的情景语境为“石小妹非常生气”，所以“提及挨打经历”转喻指向了“不要多嘴”。

5.4.3　话语意图限制

影响话语转喻所指的不仅是语境和认知背景，话语意图有时也影响转喻所指。

(27) 韦昌辉：我来一会儿了，听说善祥在你这儿，我怕她知道，不好进来。不是说你们好久就已经断绝往来了吗，她今晚突然跑到这儿来干什么？

洪宣娇：<u>还不是那一套</u>。

韦昌辉：是一套什么呢？

洪宣娇：<u>（不快）你一定要问得那样清楚干吗？</u>

韦昌辉：（看她神色不对）噫，宣娇！你怎么啦？你不舒服吗？

（阳翰笙《天国春秋》）

此例中，洪宣娇有意选用模糊的表达“还不是那一套”，不想告诉韦昌辉她们谈话的具体内容，故用模糊概念转指具体内容。这一策略性目的决定着存在转喻思维，从而形成整体代部分的转喻思维。其中，“还不是那一套”为源域，转指“具体内容”（转喻思维见下图）。而韦昌辉执意要询问具体信息，洪宣娇“你一定要问得那样清楚干吗”以更加明确的方式拒绝回答，话语的明确性受制于话语的意图，即还是不想告诉对方，此话语更进一步明确了不想告诉他，仍然是间接拒绝。

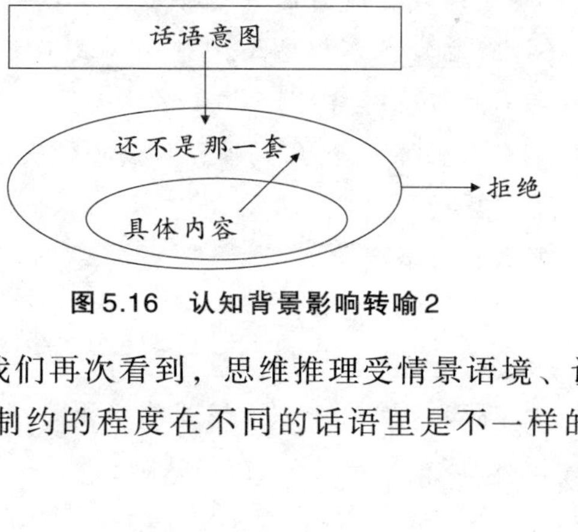

图 5.16　认知背景影响转喻 2

以上的讨论使我们再次看到，思维推理受情景语境、认知背景和话语意图的制约，但三者制约的程度在不同的话语里是不一样的，有时会突出这个，有时会突出那个；惯性的推理多来源于认知背景知识，临时的变化思维更多来源于情景语境，行为的发起更多来源于意图。本研究更多关注情景语境对高层转喻的作用。

5.5 间接拒绝的转喻多域操作

间接拒绝既要达到拒绝的目的，又要维护对方的面子和双方的关系，因此间接拒绝常常具有多样性，而且常常跟随着一些对拒绝的解释。这样，在转喻思维本质不变的条件下，转喻思维操作形式存在多样性，我们称其为转喻的变体形式，首先我们观察间接拒绝的转喻类型。

5.5.1 由间接到直接的多域转喻操作

有时间接拒绝不是一句话就能完成，而是通过多个话轮来完成。拒绝的过程也是多样的，可以分为从直接到间接和从间接到直接两类。从间接到直接的拒绝情况往往是说话者不想伤害对方，先用比较间接的方式拒绝，可对方想追根问底，或者不明白说话者意图，在此情况下，听者的话语常常出现由间接程度大的拒绝转向间接程度小的拒绝，甚至转向直接拒绝。

（28）大鸡陆：（勇敢地吞了一口口水）我爱你！
小　蝶：——（转头望大鸡陆）
大鸡陆：我——我，一直放在心里，一直想说，小蝶，我——
小　蝶：（对大鸡陆）我们是好朋友！
大鸡陆：（失望）我还以为这么多年应该有些进展罢，我想——
小　蝶：（打断他）我不想结婚，我——我不可以放弃我的——
大鸡陆：我不是说你一样可以出来唱歌吗！
小　蝶：没有人会捧一个结了婚生了孩子的女歌星，他们——
大鸡陆：借口！
小　蝶：那么你要我怎么说？
大鸡陆：——？
小　蝶：（良久）我不想伤你的心呀！嗯？
（大鸡陆颓然若失，一杯苦酒饮下，默默无语。）
（杜国威《我和春天有个约会》）

小蝶开始不好意思直接拒绝大鸡陆对她的求爱，先用间接拒绝“我们是好朋友”，但大鸡陆不死心，想继续争取，迫使小蝶转变其间接程度，将拒绝之意表达得更加直白，“我不想结婚，我——我不可以放弃我的——”，并给出多个拒绝原因。如果我们把整体拒绝行为看作一个事件，那么，整体的拒绝事件既包括间接拒绝，又包括给出原因与解释的整个过程。其中“我们是好朋友”的转喻思维如下：

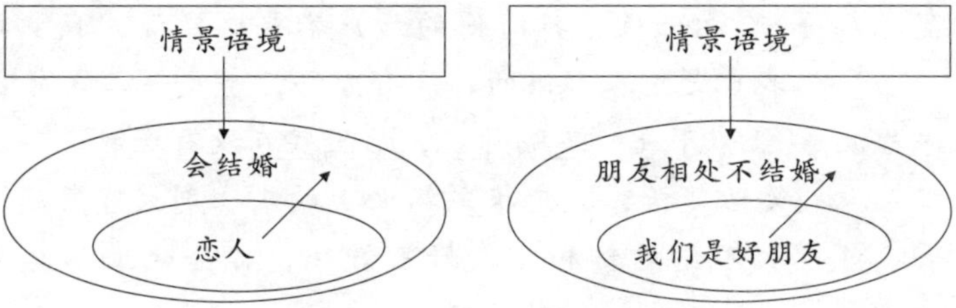

图 5.17 间接拒绝中的转喻

在我们的认知背景中，“恋人”与“结婚”相连，“我们是好朋友”与“不会结婚”相连。“我们是好朋友”作为拒绝来说，比较远地偏离了话语中心“接受对方的爱”，在这里“我们是好朋友”把双方关系限制在朋友范围。但大鸡陆没有因为这个拒绝而灰心，因此小蝶选用直接拒绝。与之相比，“我不想结婚，我——我不可以放弃我的——”为直接拒绝，并给出具体拒绝原因，但又考虑到对方的面子，她又给予不断的解释和间接拒绝。在大鸡陆一再的追问下，解释的原因由间接变成直接，即“没有人会捧一个结了婚生了孩子的女歌星，他们——”和“我不想伤你的心呀”。这些解释从整体上讲，其间接程度逐渐减小，形成层层递进的关系，它们都是整体拒绝事件内的具体的子间接拒绝。

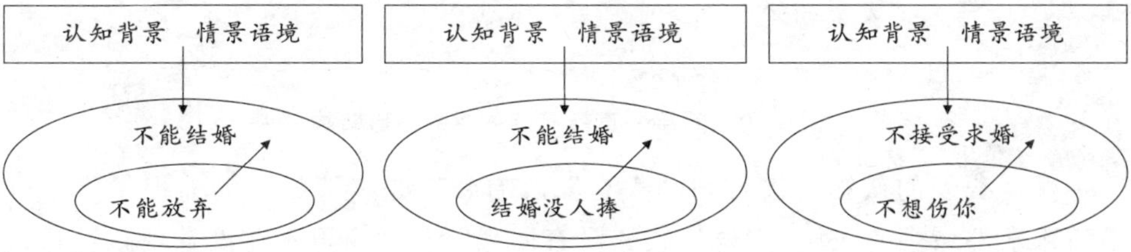

图 5.18 转喻链

在这些解释中，存在上面三个转喻思维，“我不可以放弃我的——”转指“不能结婚”，“没有人会捧一个结了婚生了孩子的女歌星，他们——”转指

“不能结婚”、“我不想伤你的心呀”，也转指“不能接受求婚”。整个事件域中，这三个转喻形成一个转喻链，间接程度一次次缩小，形成递进关系。

（29）客　人：（毫不客气）林老板，请你今天晚上一定把账款付清，我明天一早就走。

林老板：不是我不想清账，实在是……寿生收账没有回来。老兄特别帮忙……

客　人：（脸色一板，打断他的话）不要这样说，我要请你帮忙，我也是吃人家饭的，没有办法，今天一定请你接清了。

林老板：（低声下气）不瞒你说，店里实在没有现款。

客　人：笑话笑话，大老板，场面上的人，别太客气了，林老板，我不愿意伤和气，好来好往，你今晚上不算清这笔款，我只好坐等，对不起。

（老舍《林家铺子》）

此例中，客人来向林老板要钱，而林老板囊中羞涩，所以以请求的方式拒绝对方，如“不是我不想清账，实在是……寿生收账没有回来。老兄特别帮忙……”和“不瞒你说，店里实在没有现款”。我们认为这两个拒绝之间存在递进关系，相对于后面的间接拒绝，前一个更为间接一些，后者明确说出店里没钱，比前者间接程度减小。其转喻思维如下图：

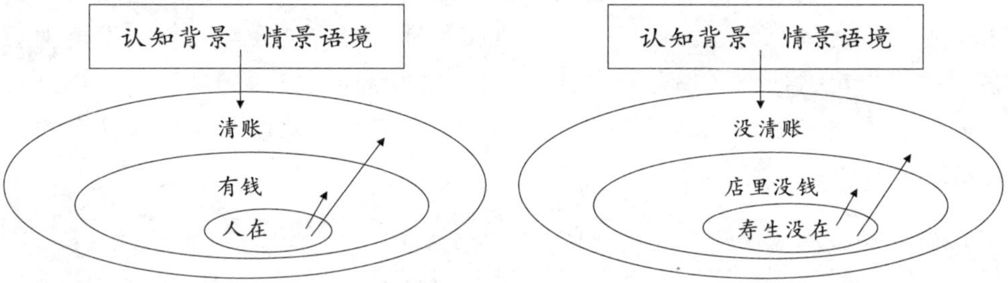

图 5.19　间接—直接递近关系的多域转喻

根据我们的认知背景可知“人在”、“有钱”是“清账”的前提条件，也是清账事件域中的次域，“寿生收账没有回来”和“店里实在没有现款”意味着不具备清账的条件，不能清账。在这两个拒绝中，我们认为存在一个间接程度递进的现象，对于清账来说，在当时的情景中，“不瞒你说，店里实在没有现款”比“寿生收账没有回来”更为关键，这样，在这个还钱的事件域中，也存在一个由间接到直接的转喻链。

5.5.2　由直接到间接的多域转喻操作

与前一种情况相反，在直接到间接的拒绝表达中，说话者一开始就直接或比较直接地表达了拒绝之意，但转而考虑到对方的面子和双方之间的关系，进而对其拒绝行为作出补充说明，并给出原因，以此缓和拒绝带来的尴尬。

(30) 李大爷：（看见医生们）同志们，火烧眉毛了，你们也来给帮帮忙吧。
秦文佩：我们能帮什么忙？
李大爷：抢收嘛，马上要下雨，稻子不赶快割下来，就要烂在地里了。
秦文佩：这……
刘　翔：对不起，我们没有人。
李大爷：没有人？你们不是人啊？
刘　翔：（抱歉地）我们也不能去下田啊！
（罗舜德挑担子上。我们可以看出来，他就是序幕中那个挑担子的青年。十年不见，身材更魁梧了，但还是那么质朴，那么平易近人。他穿着一条已经褪成白色的军裤，一件蓝老布中式上衣，光着头，脚下穿一双草鞋。担子的一头是两只大木箱子，一头是一些行李杂物，箱子上画着酒杯，写着“轻放”和“勿倒置”的字样。）
李大爷：不下田，粮食收不回来，大伙儿都得喝西北风！
秦文佩：哎呀，老大爷，您可不能这么说，我们不是不去，是不会呀！
李大爷：不会，你们吃饭会不会？
罗舜德：哎，李大爷，别急，我去。

（王炼《枯木逢春》）

此例中，“对不起”已经表明了拒绝态度，是直接的拒绝表达，而后又补充“我们没有人”、“我们也不能下田啊”、“我们不是不去，是不会呀”都表示对拒绝行为的解释，他们分别可以和话语中心“下田”形成转喻关系。我们把这三个转喻关系放在一个图中表示整体为多域拒绝事件，其中，三个转喻构成由直接到间接的转喻链。如下图：

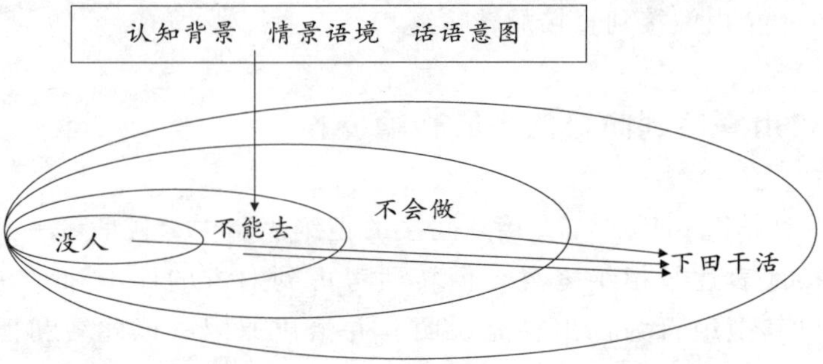

图5.20　直接—间接拒绝转喻链

（31）鲁四凤：我现在不能见你。（脸色灰白，声音打着颤）（直接）
外面的声音：（含糊的笑声）这是你心里的话么？
鲁四凤：（急切地）我妈在家里。
外面的声音：（带着诱意）不用骗我！她睡着了。
鲁四凤：（关心地）你小心，我哥哥恨透了你。
外面的声音：（漠然）他不在家，我知道。
鲁四凤：（转身，背向观众）你走！
外面的声音：我不！（外面向里用力推窗门，四凤用力挡住）

（曹禺《雷雨》）

例（31）中，由于四凤和周萍是恋爱关系，四凤开始就直接拒绝周萍“我现在不能见你”，周萍不相信，四凤既而给出理由，“我妈在家里”、“我哥哥恨透了你”。因为四凤和周萍的特殊关系，四凤便不考虑方式，最开始就直接拒绝对方，但由于周萍的误解，使得四凤不得不给出解释。这几种拒绝发生在同一个事件域中，“我现在不能见你”是直接拒绝，也是话语中心，“我妈在家里”、“你小心，我哥哥恨透了你”为其次域，形成一个由直接到间接的转喻链。转喻操作如下：

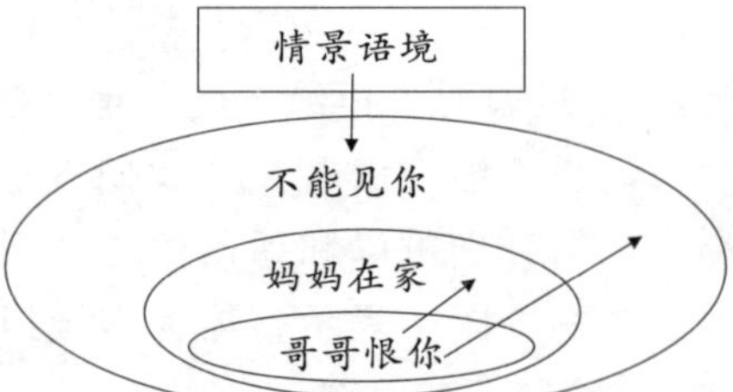

图5.21　直接—间接的多域操作

本章从认知语用的视角出发，探究间接拒绝中的转喻思维机制，我们将前人未能充分考虑的语境因素、认知背景和话语意图考虑进来，对转喻的具体操作进行了动态的分析，探讨了这些因素对间接拒绝的影响。对现代汉语间接拒绝的研究，首先从其分类开始，我们将语境因素和前句一起考虑进来，动态地将间接拒绝分为广义间接拒绝和狭义间接拒绝；其次，又总结出了间接拒绝所具有的形式多样性的特点、言语行为与其功能常常不一致的特点和存在转喻思维的特点；接着，我们从语料中归纳了转喻思维的类型——整体代部分、部分代整体和因果推理中的转喻，提出不同于前人的高层转喻思维观点，即转喻存在于因果关系整体推理链中，但不一定就是“因”和“果”为其转喻的源域和目的域，可能转喻的源域和目的域只是因果推理链的一个小部分；最后，我们探讨了间接拒绝中的转喻操作，提出可能存在转喻链的情况。从上面分析的间接拒绝言语行为的例子中，可以看出间接拒绝言语行为确实灵活多样，但我们分析的情况还是很有限，只是对一些现象进行初步的分类和观察，很多现象还有待进一步研究。但无论什么情况，情景语境、背景知识和话语意图制约着间接拒绝和转喻思维。对拒绝的多样性我们的分析还远远不够，仍需要大量的实例才能对所总结归纳的规律进行更好的验证，这也是以后该领域需要拓展的地方。

第六章　现代汉语疑问句意义偏离与高层转喻

本章将从认知语用角度，研究现代汉语疑问句的意义偏离，主要探讨其语境因素影响下的高层转喻思维机制。现代汉语疑问句的研究从《马氏文通》以来，经历了语法、语用不同的研究阶段，其中语法研究领域涉及很多方面，研究也最为深入。随着研究的发展，我们发现疑问句的意义问题不仅是一个语用问题，而且是一个认知问题。有趣的是，我们常常遇到同一个疑问句，在不同语境中，可以表达不同的话语意义，而话语意义常常不是话语的字面意义，我们称其为意义偏离。对于意义偏离，我们认为将语境因素考虑进去的认知思维能够解释这一现象，正是基于这样的假设，本研究将会用我们提出的认知语用分析模式来探讨现代汉语疑问句的意义偏离情况。不同语境中疑问句话语意义的偏离如何获得？它的认知思维存在什么机制？这些是本章主要探讨的问题。

6.1　现代汉语疑问句研究及疑问句意义的复杂性

6.1.1　现代汉语疑问句研究

到目前为止，国内对疑问句所做的研究有如下几个方面：（1）疑问句的分类研究（黄伯荣,1958；朱德熙,1985；吕叔湘,1942；范继淹,1982)；（2）疑问语气词的研究（陆俭明,1984；王文卿,2004；胡炳忠,1989；熊仲儒,1999；李展宇,2004；张志平,1998；邵敬敏,1996、1989a、1989b、2002；齐沪扬,2002；金立鑫,1996；李大勤,2001；江海燕,2008；杨红,2011)；（3）疑问句与回答的研究（林裕文,1985；吕明臣,1989)；（4）疑问程度的研究（黄国营,1986；郭锐,2002；徐杰、张林林,1985；董宪臣,2007)；（5）疑问句内部类型的研究（王世华,1985；施其生,1990；叶清玲,2007；彭小川,2006；邵敬敏,2012)；（6）特殊疑问句研究（陆俭明,1982；何元建,2003；常玉钟,1992；邢福义,1987、1990)；（7）中外疑问句类型对比研究（牛保义,2001；

刘月华,1988；刘静元,2008；兰巧玲,2007；殷树林,2009；李青,2009)；(8）疑问句信息结构与功能类型研究（郭婷婷,2005；尹洪波,2008；谭铁操,2007)；(9）认知语境与话语意义的研究（徐盛桓,1999；白解红,2000；欧阳苹果、肖武云,2007；于善志,2003)；(10）汉语疑问句习得研究（刘志成,2010；伦茜,2010；杨眉,2009；刘延华,2011；张晓涛、邹学慧,2011)；(11）疑问句类型研究（彭小川,2006；李美妍,2011；黄莉,2010；邓思颖,2011；汤洪丽,2008)；(12）疑问句语音表现与韵律特征（王韫佳,2008；伍艳红、陶建华、路继伦,2006；刘妍李,2009)。以上研究从整体上来说，过去注重形式、结构的研究，现在有些学者从语用认知角度进行研究。这里我们首先梳理传统的疑问句语法研究和研究分支。

汉语界对疑问句公认的基本分类是将疑问句分为特指问、是非问、正反问和选择问，我们认为这是从静态的角度对疑问句进行细致、深入的分析。

然而如果换一个语境，疑问句就会发生本质的变化，如看电影的时间到了，同去的妹妹见你不动身，她很生气地问："你去不去看电影？"那么，该问句的话语意义就可能是责备的意思，而不是纯疑问。也就是说，同一句话，在一个语境中是纯疑问，换一个语境话语意义就会发生变化。可见，疑问句受语境影响，是一个动态的语用认知现象，这是本书的基本观点。

疑问句的语用研究。疑问句意义与语境有关，早就引起了学者们的重视，有时人们使用疑问句不是为了获得某种信息，而是把已知的事实或情况用疑问句的形式说出来，目的是突出强调某一已知信息，所以学者们认为有非疑问的用法，如设问、反问和祈使问。

最近几年从语用角度对意义偏离的研究成果越来越多，如徐盛桓（1999)、刘静元（2008)、陈振宇（2008)、孙帮俊（2008)、张晓涛、邹学慧（2011)、谭铁操（2007)、邵敬敏（2012）等。其中徐盛桓（1999）研究疑问句探询功能的迁移，认为探询功能的减退和迁移都是疑问句语用嬗变链上相互联系又相互区别的现象，从共时来说，嬗变是由疑问句的疑问结构体衰变造成的，嬗变形成一个嬗变链；通过对疑问结构体衰变过程的分析，说明疑问句嬗变的成因、表现形态以及其对言语交际的影响，并对这一现象做出一些规律性的说明。刘静元（2008）根据间接言语行为理论汉、日语中不表达疑问的疑问句进行分类，并分析其表现形式和话语功能。邵敬敏（2012）对是非问句内部结构类型特点进行功能比较，在区分疑惑、询问功能的基础上，又将疑惑类下分为三个小类。

疑问句作为一种普遍的言语行为，其话语意义与语境紧密相连，而且随语境的变化而变化，这一事实已为学者们所接受，由此也引起了我们更深入的思考。我们认为同一疑问句在不同语境下出现意义偏离，这一现象不仅是一个语用问题，而且是一个认知思维问题。我们应该揭示为何同一疑问句有时能够产生多个意义偏离，这一认知思维机制是个怎样的过程。

6.1.2 疑问句意义的复杂性

疑问句不仅有纯粹疑问的情况，也有非疑问的情况，还有随语境变化而变化的情况，这里我们重点举例说明在不同语境下，疑问句话语意义由于语境的不同而引起的与字面意义不一致的情况，即疑问句意义偏离的情况。

（1）几点了？

a：7点整。

b：大约7点。

c：好，好，我马上起床。

d：不好意思，路上塞车。

e：对，我就走。

f：谢领导，我马上去办。

该例在不同语境下的回答各不相同，至少有上述6种，其中最为常见的回答是a和b，这两个回答都是对例（1）纯疑问的回答。然而，由于话语的意义总与语境相连，在不同语境下，该问句还可以有一些不同的回答，如c、d、e和f。这几种回答源于不同语境下对问句不同的理解。其中问句c可以被理解为表示责备，比如妈妈叫孩子起床，孩子可使用答句c，“好，好，我马上起床”显示出孩子把妈妈的话理解为责备，而不是询问信息。同样，在答句d中，问句被理解为抱怨，听者给予解释“不好意思，路上塞车”。该问句还可以被理解为提醒，比如妈妈提醒孩子上学的时间，孩子可使用答句e。如果话语双方为上下级关系，问句则被理解为命令，这时答语为f“谢领导，我马上去办”。上面的例子说明，问句虽然是疑问的形式，但在不同场合、不同口气和不同语调等语境因素的制约下，同一疑问句却呈现出不同的话语意义或意义偏离，显示出多种功能，而这些实际话语意义的确定和获得需要从认知角度来给予解释。我们认为确定疑问句的话语意义必须将语境因素一同考虑进来，其解读才更有说服力。前面第三章曾提到的下面的例子，也是这种情况。

（2）你有钱吗？

a：对不起，我也没带。

b：谢谢！我带的够用。

c：穷就低人一等？

d：你想抢劫?!

该话语在不同语境下的话语意义不同，回答也不同，答句a、b、c、d分别是对问句的回答。答句a可理解为向对方借钱，答句b理解为借给对方钱，答句c理解为讽刺，答句d理解为想抢劫。这些例子让我们看到，疑问句的功能或话语意义与语境相连。那么，我们需要进一步揭示如何获得这些不同意义以及产生不同意义的认知思维过程是什么。我们相信任何意义偏离的获得都离不开语用认知因素，没有语用认知的作用，我们绝不可能把一个疑问句理解为有如此多的偏离意义，所以要想对疑问句有更深入的研究，必须将语境因素和认知因素同时考虑进来，才可能抓住更符合疑问句本质的规律。本章主要讨论疑问句在不同语境下的意义偏离，意义偏离源于概念之间的相互作用，存在一定的认知转喻思维，而揭示疑问句意义偏离中的转喻思维便是本章的主要研究目的。

6.2　疑问句重新分类

为了揭示疑问句意义偏离的认知机制，我们首先需要观察疑问句发生意义偏离常见的有哪些情况。汉语疑问句意义偏离的种类到目前还未见有系统的研究，就目前的研究情况看，疑问句意义偏离与疑问句意义不偏离的现象还没有区分开，所以首先需要分类，并确定我们考察疑问句意义偏离的范围。

6.2.1　疑问句分类观点

前人对疑问句意义偏离及分类研究不多（邵敬敏，1996），我们上面举了疑问句有意义偏离的情况，当然有的疑问句在一定的语境下保持纯疑问，例如“今天上午有课吗”、“这苹果多少钱一斤”（徐盛桓，1999）。纯疑问的疑问句和意义偏离疑问句是截然不同的两种情况，本章要研究的是语义有偏离的情况。面对疑问句有偏离和无偏离相混的状态，加上我们在疑问句的问题上还有一些与前人观点不同之处，所以，现有的分类不便于我们对疑问句意义偏离进行分析，我们需要重新分类。

我们认为疑问句意义偏离与否离不开语境，因此，为了把问题说得更加清楚，我们需要结合语境，按照具体语境中话语意义的偏离程度对疑问句进行重新分类，以期能够动态地讨论疑问句的意义偏离问题。我们把纯粹疑问的疑问句称为纯疑问句，其特点是说话人毫无预期、毫无倾向性、纯粹依赖回答者在答案中提供的信息来填补问句里提到的知识空缺（徐盛桓，1999）。与之相对应的非纯疑问，其中包括自问和他问。自问指自问自答的疑问，他问指让听者回答的疑问，他问中包括偏离与反义两种（如下图）。我们认为疑问句不仅存在意义偏离，而且还存在偏离程度问题，我们把虽有意义偏离、但仍然保留部分疑问含义的疑问句称为弱偏离疑问句，例如“他错了吧”，徐盛桓（1999）称其为半疑问句，我们赞同他的观点，该问句既有疑问的功能又表现出求证的功能。如果在特定语境下，疑问句意义与字面意义相比出现偏离，而且偏离程度很大，我们称其为强偏离疑问句，如责问、威胁。下面我们把疑问句按照具体语境中的偏离情况分类如下：

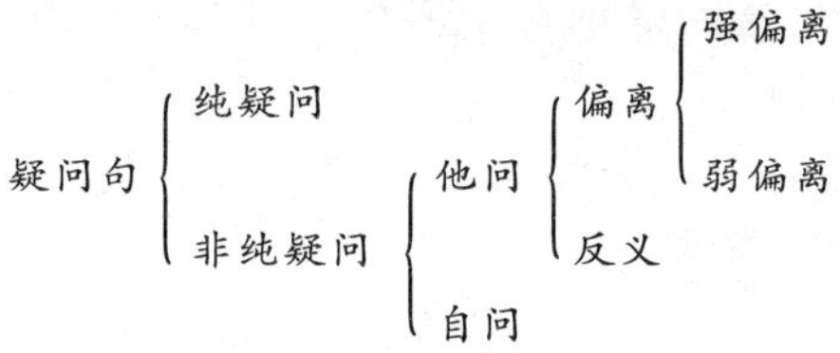

图6.1　疑问句分类

我们的分类有些地方与前人不同，不同之处主要有三点：首先，我们把语境因素考虑进来，在具体语境中探讨话语意义偏离问题。从6.3.2的分析可以看出，传统的四种疑问句在一定语境下都可以无偏离，而在特定语境下却都可以有偏离，并且在语境中意义偏离是疑问句的普遍现象。其次，我们把责问考虑进来，这点与前人也不同。我们认为虽然责问一般用在知道结果而责备对方的情况，但责问有时候也不完全是一点儿疑问之意也没有，也会出现意义偏离，出于这样的想法，我们把责问和威胁归于强偏离一类，其他归为弱偏离。第三，我们认为意义偏离不仅是语用问题，也是一个认知思维问题，本章首次尝试揭示意义偏离的转喻认知机制，即重点研究分类表中意义偏离部分的高层转喻。

6.2.2　疑问句研究范围

本章所要讨论的是疑问句意义偏离的认知机制，我们研究的范围是分类表 6.2.1 中存在意义偏离的部分，而没有偏离情况的纯疑问句不在考虑范围之内。此外，没有疑问之义只有疑问形式的设问和反问也不算在内，所以，我们的研究范围只限于弱偏离疑问句和强偏离疑问句。

6.3　疑问句意义偏离

本章讨论疑问句意义偏离问题，首先我们需要弄清楚何为偏离，拿什么做参照来判断偏离。其次，汉语界公认的四种疑问句——特指问、是非问、正反问、选择问，它们是否都存在偏离？第三，强偏离与弱偏离怎么区分？其偏离的认知机制是什么？本节研究将围绕这几个问题展开。

6.3.1　意义偏离的界定

我们谈论偏离需有参照，否则，也无所谓偏离。在本章中，我们不是以各类疑问句的定义做参照物，而是以话语的字面意义为参照物。如果意义在具体语境中不是字面意义而是其延伸，那就属于偏离，所以语境因素尤其重要。

（3）你找谁呀？

（4）你还能找谁呢？

例（3）形式上是特指疑问句。前面提到过范晓（1998）的特指疑问句定义，他认为特指疑问句用来指纯疑问，如“你找谁呀”通常情况下意义非常直白，是单纯询问信息的，属于纯疑问句，但在特定场合意义就会有变化。比如看到一个不认识的人正要推办公室的门，而办公室又恰好没人，例（3）的意思就可能是“别进去”。这样，话语的意思就偏离了纯疑问，成为部分责备部分疑问，甚至“不让进去”成为更重要的一部分。同样，对于“你还能找谁呢”，当这个话语的语境不是不知而问，而是劝慰对方，该话语则表示一种无奈的态度，或规劝或建议，属于反问。因此，语境必须一起考虑进来。我们将要探讨的意义偏离指的是话语意义与字面意义发生偏离的情况。

（5）A：这本书是你的？

B：不是。

（6）A：（上面分明有张兵的名字）这本书是你的？

B：有他的名字就一定是他的？

按照前面提到范晓（1998）的是非疑问句定义，例（5）属于疑问句，用“是”、“不是”回答，该例属于典型的纯是非疑问句，不属于我们这里要研究的疑问句。例（6）已经确认这本书上有张兵的名字，进而初步认为书不是对方的，而用怀疑的态度问：“这本书是你的？”形式上为是非疑问，但话语意义在具体语境中有偏离，同时也保存了较弱的疑问之意，这样的意义偏离情况属于我们重点研究的范围。

6.3.2 四种疑问句意义偏离的情况

疑问句是比较复杂的现象，语境很大程度上决定意义是否偏离，而偏离的大小也随着语境而不同。疑问句意义偏离发生在具体语境中，与其自身的字面意义相比较而确定。那么，疑问句意义偏离的使用范围有多广？每种疑问句里都会出现意义偏离的用法吗？我们首先对学界都认可的四种疑问句进行考察。

6.3.2.1 特指疑问句与意义偏离

（7）鲁　贵：（恼羞）好孩子，你以为我真装糊涂，不知道你同这混账大少爷做的事么？

鲁四凤：（惹怒）您是父亲么？父亲有跟女儿这样说话的么？

鲁　贵：（恶相地）我是你的爸爸，我就要管你。我问你，前天晚上——

鲁四凤：前天晚上？

鲁　贵：我不在家，你半夜才回来，以前你干什么？

鲁四凤：（掩饰）我替太太找东西呢。

鲁　贵：为什么那么晚才回家？

鲁四凤：（轻蔑地）您这样的父亲没有资格来问我。

鲁　贵：好文明词！你就说不上你上哪儿去呢。

（曹禺《雷雨》）

在通常语境下，话语“为什么那么晚才回家”是问回家晚的原因，但在该例中，父亲鲁贵分明知道女儿和周萍已经不是一般关系，知道回来晚的原因，而故意追问女儿。在此语境下，话语“为什么那么晚才回家”更多是责备的意思，意义发生很大的偏离。该例说明特殊疑问句在特定语境中，可以发生语义偏离。

（8）鲁四凤：妈不愿意我在公馆里帮人，您为什么叫她到这儿来找我？我每天晚上，回家的时候自然会看见她，您叫她到这儿来干什么？

鲁　贵：不是我，四凤小姐，是太太要我找她来的。

鲁四凤：太太要她来？

鲁　贵：嗯，（神秘地）奇怪不是？没亲没故。你看太太偏要请她来谈一谈。

鲁四凤：哦，天！您别吞吞吐吐地好么？

鲁　贵：你知道太太为什么一个人在楼上，做诗写字，装着病不下来？

鲁四凤：老爷一回家，太太向来是这样。

（曹禺《雷雨》）

话语“您叫她到这儿来干什么”字面义为询问信息，但在该例的语境下，还有责备和不满的意思。四凤知道母亲很疼她，不想让她出来做下人，更担心母亲看到自己的孩子伺候别人，心里会很不舒服，所以，反对父亲让母亲过来。除此之外，四凤不想让她母亲过早地知道她和周萍的关系。出于这一系列复杂的想法，她有责备父亲的意思，而从鲁贵的回答也证明了这一点。他的回答给出了解释，正是针对责备而言的，因此该例出现意义偏离。这两例说明特殊疑问句在具体情景中，可能出现意义偏离。

6.3.2.2　是非问句与意义偏离

（9）瑾　妃：听说她吃饭都要皇上拿筷子喂呢！

李姐儿：笑不露齿，甭说牙齿，看戏的时候，她连舌头都吐出来过！

（你一句我一句地：“老佛……”）

慈禧太后：（烦不过）好了，好了！

（都不敢言语了。）

慈禧太后：（对晋沣）你是正宫娘娘，你有你的身份，水大迈不过天去，她再大也大不过你，你跟着闹什么？（对瑾妃）你，也不应该！她是你的亲姐妹，怎么样也该让她三分，你不帮她怎么还踩她？（再对李姐儿）大姑娘跟着吵吵，就更莫名其妙了！她们是吃醋，可有你什么相干？你也跟在里头？还领着头儿？不害臊！以后都不准！

（都是一鼻子灰。）

（慈禧立起来，要进去。）

（她们过去扶她，她不要。）

（杨村彬《清宫外史》）

慈禧太后在自己六十大寿生日这天，听到敌人已进攻到天津的消息，非常伤心，晋沣、瑾妃和李姐儿不知情，还在她身边又说一顿珍妃的坏话，她没心思听这些，很是生气，对她们几个都给予责备。“你也跟在里头？还领着头儿”看似半疑问半责备，实质是语气很重的全责备，尤其是出自慈禧太后的嘴里，而且说话对象是下人，该问句语义发生强偏离。

（10）周朴园：嗯，——我们想把她的坟墓修一修。

鲁侍萍：哦——那用不着了。

周朴园：怎么？

鲁侍萍：这个人现在还活着。

周朴园：（惊愕）什么？

鲁侍萍：她没有死。

周朴园：她还在？不会吧？我看见她河边上的衣服，里面有她的绝命书。

鲁侍萍：不过她被一个慈善的人救活了。

周朴园：哦，救活啦？

鲁侍萍：以后无锡的人是没见着她，以为她那夜晚死了。

（曹禺《雷雨》）

“救活啦”如果是单独出现的一个句子，出于不知而问，则表示询问，那么意义就不偏离。然而在本语境下，很少存在疑问之意，字面的疑问意义非常弱，更多的是表示惊讶。周朴园万万没想到鲁侍萍居然被救活了，话语意义与字面意义发生偏离。本问句属于回指问，在此研究中，我们把回指问放在是非问中讨论。这些例子可以说明是非疑问句和回指疑问句在一定的语境条件下，可以产生意义偏离。

6.3.2.3　正反疑问与意义偏离

（11）慈禧太后：（狰狞毕露）别以为我什么都不知道，你今儿下诏罢免孙毓汶，下诏派吴大激应援，拔了李鸿章的三眼花翎，打了李莲英的板子，这些，你是不是故意跟我作对？

光绪皇帝：亲爸爸，您可知道朝鲜的驻军已经退到鸭绿江边了，我们的关外……

慈禧太后：你以为我不知道么？我全知道。

光绪皇帝：那不能不办。

（杨村彬《清宫外史》）

慈禧不同意光绪开战，而开战又连连不利，光绪罢免了对战争造成不利的孙毓汶，降了李鸿章职，打了李莲英的板子，而这几位都是慈禧的宠臣。慈禧对此极为不满，觉得简直是和她过不去。在这样的语境下，“你是不是故意跟我作对”不是单纯的疑问，而更多的是责备，话语意义从字面义偏离到强责备。

（12）苔　莉：哦！听说你就要回前线了？

林家棣：我在等我们军长的电报。

苔　莉：家棣，我跟你一道到前方去，好不好？

林家棣：好哇！我们的工作团正物色人呢！

苔　莉：听说前方很苦的，是吗？

林家棣：其实也没什么，慢慢地就会习惯的。

（宋之的《雾重庆》）

林家棣从前方回来，苔莉询问对方的情况，提出“我跟你一道到前方去，好不好”，此时，苔莉对自己的生活不很满意，也想选择出路。在这样的语境下，该话语很明显不是表面所反映的疑问之义，而有请求之义。可见正反问句在一定的语境条件下，会产生意义偏离。

（13）童亚男：小甲，我求你一件事。

申小甲：什么事，你讲吧，我全都答应。

（稍停。）

童亚男：往后，我们别在一块儿唱歌了，好不好？

申小甲：为什么？

童亚男：别问啦，我已经答应了人家。

（杨履方《布谷鸟又叫了》）

有些学者认为末尾是“好不好”、“对不对”、“行不行”、“有没有”等表达的疑问句较难归类，有的学者将其归入正反疑问句（范晓，1998），而有的学者将其归入附加疑问句（邵敬敏，1996），本书中我们也将它归入正反疑问。从问句的形式上来说，通常“好不好”属于选择。如果将语境考虑其中，童亚男已经答应他的男朋友以后不再和申小甲一起唱歌，所以在这样的情况下，说出此话语，不是让对方选择，而是向对方提出建议或请求，话语意义与字面意义有偏离。

6.3.2.4 选择问句与语义偏离

（14）慈禧太后：（重）要办应该头一个办你！你不领着头儿左说打仗，右说打仗，会丢这么多地方。

光绪皇帝：亲爸爸。

慈禧太后：你还有脸罚别人？我还没罚你呢！

光绪皇帝：亲爸爸。

慈禧太后：<u>你认错儿不认错儿？</u>

光绪皇帝：（忍）认错儿，所以才想振作一下。罢免孙毓汶，责罚李鸿章，另派吴大，都为了这个……

慈禧太后：你还有脸说打！

光绪皇帝：亲爸爸，虽然这一仗我们败了，我们还可以打回去啊！

慈禧太后：算了，少做梦吧！

光绪皇帝：那您看怎么挽救呢？

（杨村彬《清宫外史》）

“你认错儿不认错儿”从字面来看，是选择疑问，但在该语境中，由于慈禧对光绪主战极为不满，战事的溃败使慈禧无法压制心里的怒火。在这样的语境下，该话语表达的已经远远不是疑问的意思，而明显是责备的口气，发生语义偏离。

通过以上分析，我们可以看出汉语界普遍认可的四种疑问句都可能存在意义偏离的情况，可见疑问句意义偏离是很普遍的现象。但偏离涉及程度问题，因此，我们将话语在具体语境中出现的意义偏离分为强偏离和弱偏离。

6.3.3　强偏离与弱偏离

“强偏离”和“弱偏离”是一个相对的概念。我们把话语意义与其字面意义差距大的称为“强偏离”，把话语意义与字面意义差距小的称为“弱偏离”。

（15）马国材：我们来谈公事罢。

萧汉江：什么公事？先谈了我们的私事再说。刚才的事，怎么说？够朋友吗？这女人是我的，你知道吗？

马国材：知道的，她不是你的老婆，只是你的相好。现在我不是为了谈这些来的，我是来跟你谈公事。

萧汉江：什么鸟公事？你简直算不得人！

马国材：闭住你的嘴！我是你的上司，听着，闭住你的嘴！我问你：你为什么泄漏我们的秘密？

萧汉江：什么秘密？（金姑娘陷在花洋布后面窃听）

马国材：你对（指金姑娘）她说了什么话？你说那些苦力“到再不会回来的地方去了”，是你说的吗？是你说的吗？（萧汉江被逼得不敢说话）嗳嘿！你泄漏秘密，泄漏了军机大事！你还要命吗？

（石凌鹤《黑地狱》）

萧汉江看见马国材与自己喜欢的女人亲密，气不打一处来，“这女人是我的，你知道吗”、“你为什么泄漏我们的秘密”在此语境下都是责问。然而，其责备之意中，两个疑问句所保留的疑问之意有所不同。第一个明显的责问“这女人是我的，你知道吗”背后存在或多或少的疑问，这点从对方的回答中可以找到证据，如“知道的，她不是你的老婆，只是你的相好”。对方先回答疑问之意“知道的”，然后，对责备之意给出解释“她不是你的老婆，只是你的相好”。第二句责备“你为什么泄漏我们的秘密”就不存在任何字面的疑问之意，纯粹为责备。就意义偏离而言，这两例的话语意义与字面意义不一致，而且是很严重的责备，都属于强偏离。

（16）梅　宝：（把镜子藏到背后）我不给！

秋海棠：（上去抢），拿过来！

梅　宝：（快要哭了）不给！

秋海棠：（拉住她的手，使劲地抢）你拿不拿过来？

梅　宝：（跳脚）不给！不给！

（秋瘦鸥、顾仲彝、费穆、佐临《秋海棠》）

父亲秋海棠因自己脸上有疤，不用镜子，也不许家里有镜子，当看到渐渐长大的女儿拿着一面镜子时，心里实在无法忍受，用威胁的口气对女儿讲话。因此从上下文我们可以判断“你拿不拿过来”是命令性质的祈使疑问句，更多地呈现出威胁的功能，所以，我们认为把它归入强偏离范围更合理。

（17）周　冲：我正想见你呢。你，你愿意——跟我拉拉手么？（把右手伸出去）

鲁大海：（乖戾地）我不懂得外国规矩。

周　冲：（把手又缩回来）那么，让我说，我觉得我心里对你抱歉的。

鲁大海：什么事？

周　冲：（红脸）今天下午，你在我们家里——

（曹禺《雷雨》）

鲁大海在周家被打，小少爷周冲觉得心里过意不去，向大海表示友好，便问他：“你，你愿意——跟我拉拉手么？”该问句在现存的语境下，有疑问的意思，但更多是表示请求，请求对方将发生的事情忘掉，重归于好，属于祈使疑问句。与上面的强偏离相比，意义偏离相对较弱，给对方留下较大的选择空间，我们认为该例属于意义弱偏离疑问句。

（18）病人正在睡觉，安静点儿好吗？

这句话的语境如果是在医院，例（18）形式上是疑问句，但实际话语意义更多的是请求或带有责备，语义发生偏离。虽是请求，但用了疑问句形式，而且如果语气低点儿轻柔点儿，会给人感觉非常亲切，对方比较愿意接受。因为疑问句总给对方一些选择的空间，所以例（18）属于弱偏离。强弱是一个相对的概念，我们把威胁和责备这些语气重的疑问放在强偏离范围内，其他放在弱偏离范围内。接下来我们将探讨这些疑问句中意义偏离的转喻思维机制。

6.4　意义偏离与高层转喻

根据前面的讨论，我们已经知道，特指问、是非问、选择问、正反问、责问在一定的语境下，都可能成为意义偏离的疑问句。我们认为疑问句意义偏离既是语境因素影响的结果，也是一个认知思维的过程，并且存在高层转喻思维。从认知角度讲，我们应该揭示的认知操作最少有两个方面：第一，同一个话语表达，在不同语境下可以有多少种意义偏离？它们的转喻操作有什么规律？第二，在疑问句范围内，常见的意义偏离有哪些转喻种类？到目前为止，这方面的研究还比较少。为了回答上述问题，我们将对意义偏离情况进行分析，同时对意义偏离思维机制也进行进一步的探讨。

6.4.1　同一话语多种意义偏离与高层转喻

（19）几点了？

a：7点整。

b：大约7点。

c：好，好，我马上起床。

d：不好意思，路上塞车。

e：对，我就走。

f：谢领导，我马上去办。

前面已经提到例（19）中“几点了”在不同的语境中，可以出现多种意义变化，比如c、d、e、f等等，可能还不止这些，因为语境还可以再变化。那么，在多样的意义偏离中，认知操作是一个什么样的情况呢？我们认为，听者在说出答语时，是针对当时语境下的话语实际意义而言的。比如已经到办事的时间了，说话者看到对方还没起床而说出此话语，听者的回答就为c，表明听者知道对方的意思是催促其起床，而并非真的问时间；如果说话者面对的听者是刚进来迟到的员工，听者的回答可以为d，表明听者明白领导的言外之意；听者如果是该去上学的孩子，那么回答为e，表明孩子知道妈妈是在催促自己上学；如果听者是该出门办事的下属，回答是f，表明听者理解对方的偏离意义。在此，不同的语境使话语产生了“责备”、“抱怨”、“提醒”、“命令”等多种功能的意义偏离。因此，话语“几点了”通过语调、语气等方式增加了字面意义之外的功能，如“责备”、“抱怨”、“提醒”、“命令”等，而不是单纯询问时间，意义产生偏离。除此之外，我们认为在意义获得中，存在高层转喻思维。对于高层转喻的概念，前面第三章已经说过，这里不再赘述。我们以答案c为例，将该例中意义偏离的高层转喻的操作示意如下：

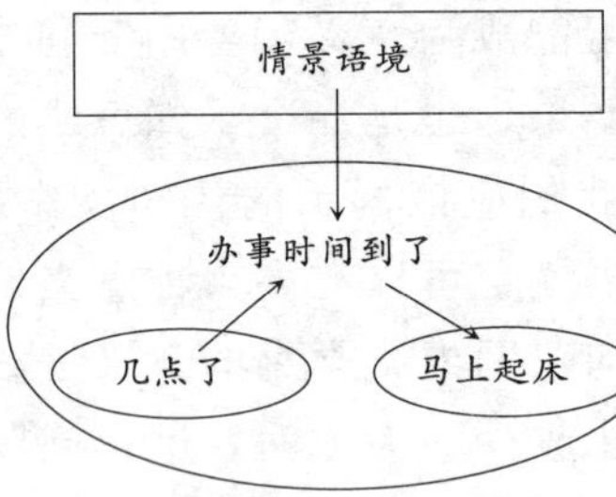

图6.2 “几点了”意义偏离的转喻思维

说话者使用“几点了”激活认知背景中的相关信息“办事的时间到了”（如上图），并通过口气、语调等将自己的心情态度表现出来。那么，听者是怎样理解说话人的话语意义呢？由于听者也知道办事时间，这些知识信息已经储存在认知背景中，“几点了”在听者头脑中同样激活“办事的时间到了”，并将说话人的语气、语调等语境因素综合考虑，得出对方的实际话语意义，即催他起来办事去，语义发生偏离。我们认为这中间也存在转喻思维，并且是两次转喻映射。第一次从“几点了”激活与之联系最为密切的认知域“办事的时间到了”，时间是办事的一个条件部分，在这个特定语境下，也成为办事的关键部分（如上图），进而构成部分—整体转喻思维；第二次，在语境因素下，从“办事的时间到了”映射到“马上起床”，“马上起床”可以看作是办事的必要前提条件部分，再次构成转喻思维即整体—部分转喻关系。

尽管“几点了”在不同语境下产生多种意义偏离，但我们认为“几点了”在不同语境下的认知操作原理是一样的，都是语用因素和认知思维的相互结合。图（6.2）可以看作是答句a、b、c、d意义偏离共同的认知操作模式。

（20）你有钱吗？

a：对不起，我也没带。

b：谢谢！我带的够用。

c：穷就低人一等？

d：你想抢劫?!

该例“你有钱吗”在第三章中曾提到过，也是一个经常出现意义偏离的典型例子。在不同语境中偏离的情况不同，前面谈到的偏离有四种情况：答句a中，说话人想买东西，手头没钱，而身边是他的好朋友，在这样的语境下，偏离意义为“能否借给我点儿钱”。“你有钱吗”是借钱购物的必要前提条件，可以激活整体借钱购物事件，存在转喻。因为话语的意义偏离属于间接言语行为范畴，我们前面讨论过间接言语行为可以用转喻解释，其转喻为高层转喻，思维操作见下图（6.3）。在答句b中，朋友看到小张在新上市的数码相机前舍不得离去，小张脸上表现出犹豫难决的样子，朋友担心小张钱不够，故说出此问话。在此语境下，“你有钱吗”也是购物的必要前提条件，用购物的必要前提条件来激活整体购物事件。在语境因素的影响下，其偏离意义凸显为“我可以借钱给你”，高层转喻思维操作如图（6.3）。答句c中，说话者意在提醒或讽刺对方没钱的境遇，说话口气、语调、表情与前两者不同，而且两人的认知背景知识使说话双方明白“你有钱吗”是讽刺听者的经济条件达不到购买所需商品的消费水平。语境因素和认知背景的相互作用使意义产生偏离，该意义偏离存在转喻基础。答句d中，面对陌生人说出“你有钱吗”，首先激活“向我要钱”的意图。因为话语双方互不相识、听者不欠言者任何钱物、说话地点又在比较偏僻且周围没人的环境中，而且时间是在晚上，这样的语境因素导致听者联想到“抢劫”，从而产生意义偏离，这中间也存在转喻思维，如下图所示。

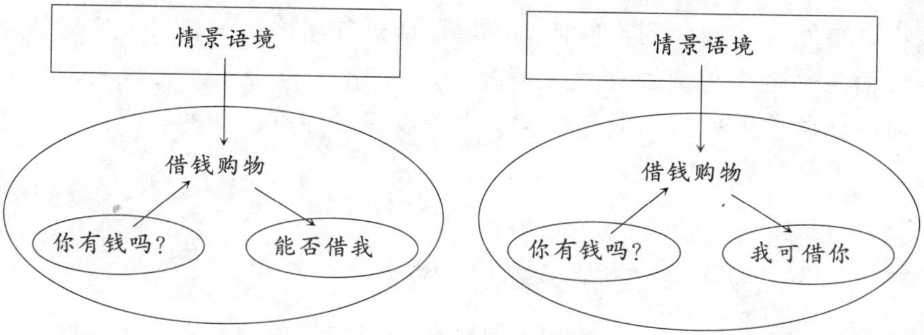

图6.3　“你有钱吗”转喻思维

这几个例子可以看出，“你有钱吗”首先激活与之关系最密切的事件认知域，构成第一层转喻思维。而具体语用因素凸显出实际的话语意义，即偏离意义，这几种意义偏离的转喻操作基于一个基本的模式（如图6.3）。下面我们将观察意义偏离通常有哪些转喻类型。

6.4.2 意义偏离与高层转喻类型

我们按照疑问句的偏离意义，对疑问句的高层转喻进行分类，即如果意义偏离后为建议，那么，该类疑问句就称为建议疑问句意义偏离；如果意义偏离后为责备，就称为责备疑问句意义偏离，依此类推。

6.4.2.1 建议疑问句意义偏离

（21）“你发高烧了吗”，一位同学说了一句不符合情景的话，大家都笑了，身边的好朋友用手摸摸说者的脑门，笑着说道。

该例的话语“你发高烧了吗”不是字面意义，在此语境下，表示“你怎么了”，以幽默的方式提醒对方注意，并建议对方停止某种行为；在另一个语境下，也可能是逗乐或责备。总之，话语意义与字面意义出现意义偏离。

（22）陈：逃命吧，老李，打什么电报呀？

李：你走你的，让我一个人留在这儿好了。

（适夷《SOS无线电急奏》）

该例的语境为“敌机正在天空投放炸弹，敌人包围了发电报的地点，发报员的生命危在旦夕，同事催他赶快撤离”，此时“打什么电报呀”的疑问成分极小，虽然有疑问代词，但话语语境使话语基本体现为建议，实际话语意义与字面意义发生偏离。在通常情况下，“打什么电报呀”可以表示询问信息，而在该语境中，其功能是建议，也可以理解为有极少的疑问义。但意义偏离是毫无疑问的，是其主要的功能。

（23）妈妈：12点了，写什么呀？

孩子：明早要交作文，马上就好。

时间已是晚上12点，按常规该是睡觉的时间了，妈妈在催孩子睡觉。妈妈的问话或许有疑问的意思，但更多的是建议停止工作，从孩子的回答也可以看出这一点。孩子把妈妈的话既当作疑问，更当作建议来理解，所以先回答“明早要交作文”，然后回答“马上就好”。为何疑问之意可以偏向建议且话语双方都能明白话语意义呢？我们认为这里存在转喻思维，“写什么呀”的出现会激活与之相关的认知域，即“‘写’这一动作需要时间”，其认知操作如下：

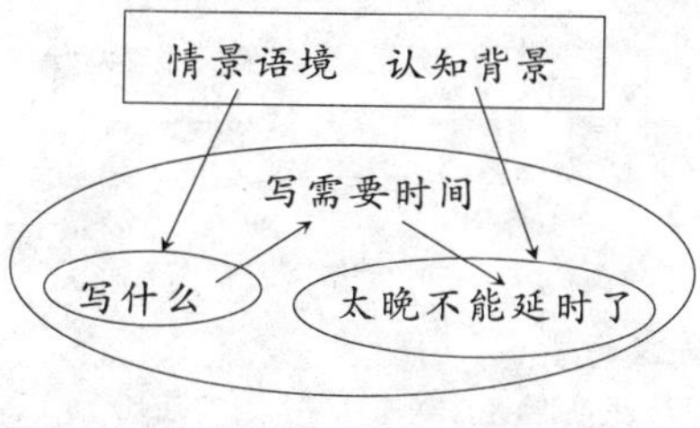

图6.4　建议疑问句意义偏离转喻1

对听者来说，“写什么呀”为源域，激活与之紧密相连的目的域“写东西需要时间”，当时的情景语境已经是晚上12点了；另外，认知背景知识使听者明白，妈妈规定的一惯作息时间为“12点前必须睡觉”，这两种因素的相互作用使听者将话语意思理解为“停止工作、马上休息”。其转喻思维操作也分为两步：

① 部分到整体：写什么呀——写需要时间；

② 整体到部分：写需要时间——太晚不能延时了。

这一转喻思维属于抽象程度高的高层转喻思维，是在语境中产生的，其部分与整体的关系不像“新手”代替“人”那样容易识别。这种意义偏离属于规约高的常规搭配，其关系意义扩展与意义收缩在具体的语境下获得，并通过转喻思维最终获得意义偏离。

（24）陆　母：（阻止他）慢慢再说。——蕙仙，你去倒杯茶给我。——（忽然）要不，你一个人先去睡？

唐蕙仙：是！（凄然地）“姑妈”！（低着头下去）

陆　游：妈！你这是什么意思？

陆　母：……唔！

（吴琛《钗头凤》）

陆母上午刚同意陆游和唐蕙仙的婚事，可是去了一趟神庙后态度马上发生了变化，但她想和儿子单独谈及此事，想把侄女唐蕙仙指使开去。陆母开始说：“你去给我倒杯茶”，既而又改口为“要不，你一个人先去睡”，可见话语重点不在“倒茶”、“去睡”，而在于不想让她在场，意义发生偏离。

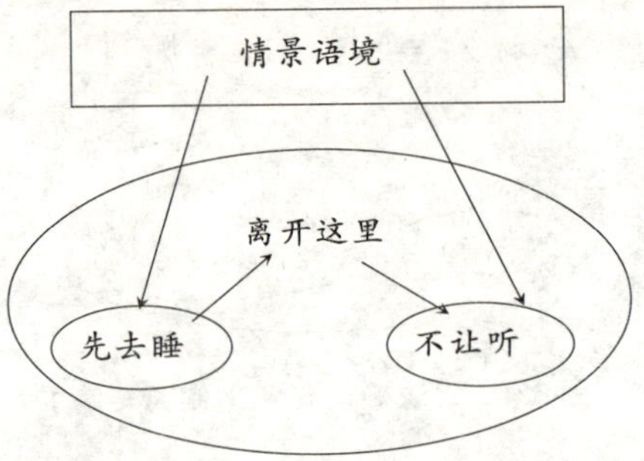

图6.5 建议疑问句意义偏离转喻2

在上下文语境中，“要不，你一个人先去睡”首先激活的概念应该为“离开这里”，“先去睡”是离开这里的一种必要的途径和方式，构成方式代结果转喻。当时语境信息为陆母的表情、口气、语调和当天发生的事情（即早晨答应她与陆游的婚姻，下午又推翻），这些语用因素的共同作用，得出凸显意义“不让她听”，而不在场就不能听，整体话语还属于建议范畴，转喻过程如图（6.5）。

6.4.2.2 责备疑问句意义偏离

（25）李莲英：连材，这些日子你怎么总躲着我？

寇连材：您不派我紧盯着皇上么？刚才皇上还骂我，说我成了他的影子也不成了的尾巴了！

李莲英：我说，你老没报告点皇上的事！

寇连材：没什么新鲜事儿么。

李莲英：一点都没有么？

寇连材：有，都是小事。

（杨村彬《清宫外史》）

寇连材本来是李莲英派去作为监督皇上的眼线，由于李莲英是内务总管，而寇连材是具体办事人员，两人的角色关系使李莲英的问话不是纯粹的询问，而是明显有责备之意，出现了话语意义强偏离。我们认为这里的意义偏离也存在转喻基础，操作如下：

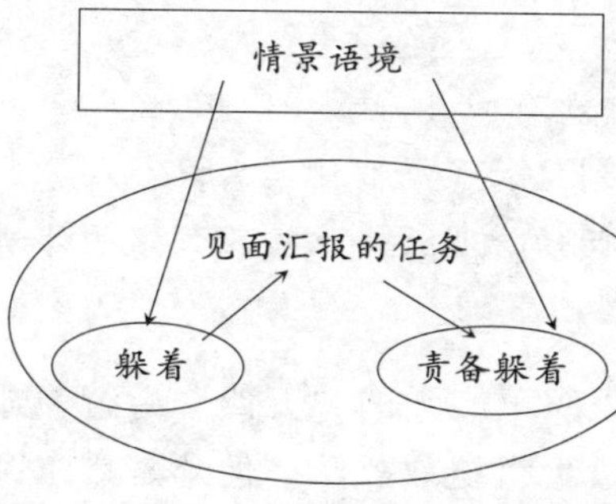

图6.6　责备—疑问句意义偏离转喻1

在听者的思维中，“躲着”激活相关的认知域即“不汇报”。李莲英派寇连材去伺候皇上，其目的是把皇上的一切行动报告给李莲英。在我们的认知背景中，常识告诉我们，“勤报告”才与“汇报情况”的要求相一致。而现实中寇连材没有向李莲英汇报皇上的情况；同时，“总躲着”是“不汇报情况”的一种方式，而“不汇报情况”就要受到责备。语气、语调和表情的因素共同作用确定了话语意义偏离，即“李莲英对寇连材的行为表示不满与责备”(在意义偏离中存在的转喻思维见上图)。此处意义偏离是概念意义在语境因素影响下的结果。

同一话语，在不同语境中有不同的理解。“这些日子你怎么总躲着我”如果换一个语境，则可以理解为开玩笑。比如两个朋友很久没有见面了，刚一见面，其中一个朋友可以笑着说出这句话。

（26）A：<u>小兵，这些日子你怎么总躲着我？</u>

B：唉，军训半个月没办法。

在关系十分好的朋友面前，该话语表示想见而未能见到的思念，与例（25）的意义偏离相差很大，这都是由语境引起的，语境不同结果截然不同，因此例（26）就不属于责备转喻疑问句了。所以，我们划分疑问句的转喻类型必须依靠具体语境。

（27）林　桐：喂，Mr.郑，你的敢死队组织得怎么样了？

（郑楚雄不语。）

林　桐：<u>你又去哪儿去呀？</u>

郑楚雄：我，我去收拾行李。

我明天就回湖南去。

林　桐：这家伙，是怎么回事？

（尔婇没有回答。）

方尔婇：你看到校长了吗？他怎么说？

林　桐：没有问题。明天一切按照预定的计划游行示威！

（张骏祥《万世师表》）

林桐等人正在忙着组织第二天的“五四”游行，郑楚雄本来应该也是组织策划的同事之一，他负责组织敢死队，但郑楚雄东跑西跑不在场，似乎思想上有了变化，不准备参加策划和游行之事，对此，林桐已观察到但又不便细问。“你又去哪儿去呀”和“这家伙，是怎么回事”都不完全表示字面意思，这句话对话语双方来说，都会激活双方认知背景中最相关的认知域，即郑楚雄最应该做的是“组织敢死队之事”。别人忙活动，而郑“又”去别处，在这样的语境下，增加了对郑行为的不满，有表示责备的意思，话语意义产生偏离。郑楚雄的回答避开责备之意，而把疑问句当作纯疑问来回答，间接地对自己不参加活动做出一个解释，也想撇开彼此的不快，但所有在场的人都可以感觉到在林桐的问话里有不满和责备之义。其认知转喻思维如下图：

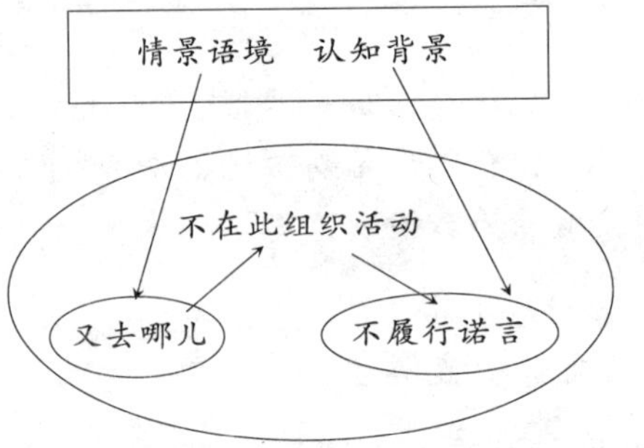

图6.7　责备—疑问句意义偏离转喻2

“你又去哪儿去呀”会激活话语双方头脑中已储存的背景知识，即事前约好“一起组织活动”，而“去别处”是“不在此组织活动”的方式表现，是组织活动最为相关的部分，因此构成转喻思维。郑楚雄不组织活动，不履行自己的诺言，没有说到做到，不符合人的常规做法，自然会招来别人的不满。其中，“不在此组织活动”和“不履行诺言”在此语境下，是一个整体—部分关系，这便构成了第二次转喻思维，这样，整体话语意义推导中存在转喻思维。

（28）鲁　贵：（恼羞）好孩子，你以为我真装糊涂，不知道你同这混账大少爷做的事么？
鲁四凤：（惹怒）您是父亲么？父亲有跟女儿这样说话的么？
鲁　贵：（恶相地）我是你的爸爸，我就要管你。我问你，前天晚上——
鲁四凤：前天晚上？
鲁　贵：我不在家，你半夜才回来，以前你干什么？
（曹禺《雷雨》）

鲁贵爱要钱，输了钱想向女儿四凤借钱，女儿不太想借给他，于是他以父亲的身份对女儿要挟，说自己已经察觉到女儿与周大少爷的特殊关系。女儿非常生气，在这样的语境下，“您是父亲么”不是疑问，而是责备，话语意义发生强偏离，转喻操作如下：

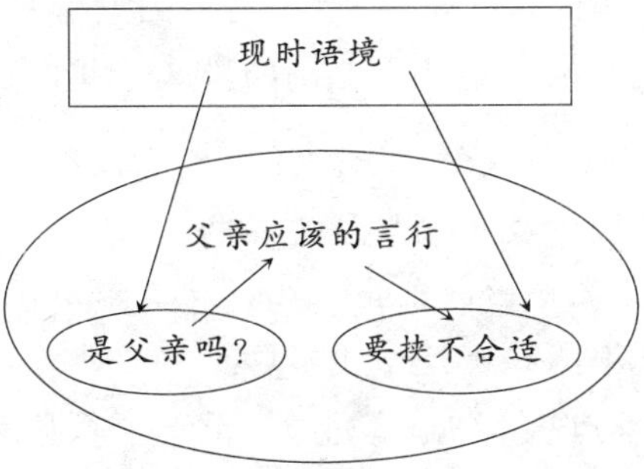

图6.8　责备—疑问句意义偏离转喻3

“您是父亲么”能够激活“父亲应该有的言行”，情景语境为鲁贵自己要钱输了，向女儿借钱还债。按照通常的做法，这是很丢人的事。但是鲁贵还要采用揭女儿隐私的方式来要挟，这点成为重要的语境因素。加上语用认知因素的相互作用，使四凤的话语意义转为“父亲的行为不合适”，意义发生偏离，产生对父亲进行指责的意味。

（29）胡家宝：你说我囤粮不报？
赵万有：不错，是我说的。
胡家宝：你说我大量收买新谷？
赵万有：不错，是我说的！
胡家宝：你说你闹急了，要到官厅里告发？
赵万有：不错，——是我说的！

胡家宝：（色变，但声音却转低）为什么？

赵万有：为了抗战！为了国家！为了前方！为了四川千千万万出征的同胞弟兄，为了这出征的千千万万人的家属，为了要教训教训你这个没有心肝的东西，没有用的混蛋！

胡家宝听说赵万有要告他收买新谷、囤粮不报，非常生气。当时正是抗战时期，收买新谷、囤粮不报是不支持抗战的表现，有被捕的危险，所以胡家宝听到这个消息非常害怕和恼火，便去找赵万有问个明白。胡家宝一向不把赵万有放在眼里，所以说话的口气没有商量的余地。“你说我囤粮不报”、“你说我大量收买新谷”、“你说你闹急了，要到官厅里告发”有求证的意思，但更多的是责备。后来赵万有承认了他的做法，胡家宝一气之下，将其当场打死。可见，胡家宝当场质问时，更多的是责备、愤怒，而疑问的成分很少，同时，质问时的语调、口气、表情等语境因素都使意义产生强偏离。转喻思维机制与前述例句雷同，都基于相同的模式，我们在此省略不述。

（30）光绪皇帝：你还抖我的根子。欺侮我小么？

李　莲　英：（气势凌人地）奴才不敢。

光绪皇帝：你还以为我就懂玩儿，什么都不懂么？

李　莲　英：（满不在乎）奴才不敢。

光绪皇帝：这内廷里的“宫门费”——今天我差点进不来——是不是你兴的？

李　莲　英：（软下来）奴才不敢。

（杨村彬《清宫外史》）

由于身份的不同，光绪皇帝对李莲英发火生气的话语“这内廷里的‘宫门费’——今天我差点进不来——是不是你兴的”不会被理解为疑问，而是责问。社会角色因素在此是非常重要的语境因素，李莲英不管怎样受宠于慈禧太后，在皇上面前还是“软下来”，尤其是皇上说到他制定“宫门费”，切中他的要害，可以看出语用因素对话语语义偏离有时有很重要的影响。

至此，我们发现建议转喻疑问句和责备转喻疑问句的转喻操作基本相似，都是经过两次转喻激活，每次转喻激活符合第三章提出的高层转喻基本思维模式。但意义偏离的转喻操作有其自己的特点，这与第三章转喻基本模式相比是一种变体形式。

6.4.2.3　制止疑问句意义偏离

（31）仇　虎：心疼就带我回家。

焦花氏：不呢？

仇　虎：我就跳这坑里淹死！

焦花氏：你……你去吧！

仇　虎：（故意相反解释）好，我就去！（跑到焦花氏后面，要往下跳）

焦花氏：<u>（一把拉住仇虎）你要做什么？</u>

仇　虎：（回头）你不是要我往下跳？

焦花氏：谁说的？

（曹禺《原野》）

在通常语境下，“你要做什么”表示纯粹询问信息，但在特定语境下，就需要具体考虑。焦花氏虽然曾是仇虎的未婚妻，但现在已经与焦大星结婚，仇虎回来找她，并要求带她回家，焦花氏不愿答应，仇虎以死相逼，一定要焦花氏答应带她回家。如果焦花氏不答应仇虎，仇虎决定跳到坑里淹死，仇虎正向坑边走去。在这样的语境下，焦花氏“你要做什么”，不会是单纯的询问，而更多的是制止的意思，产生意义偏离。转喻操作如下：

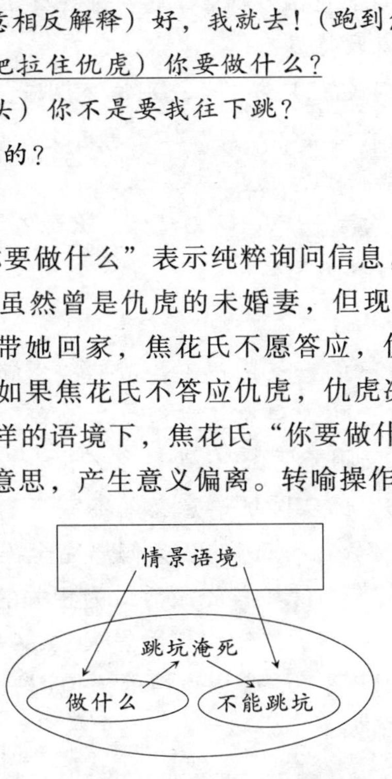

图6.9　制止—疑问句意义偏离的转喻

焦花氏“你要做什么”激活了与之相关的概念“跳到坑里淹死”，仇虎向坑边走去，是跳坑的准备步骤。仇虎向坑边走去、焦花氏“一把拉住仇虎”的行为以及表情、语调等都是理解话语的语境因素。这些语境因素说明焦花氏不想让仇虎因她而死，使得话语意义转为“不能跳坑”，意义发生偏离，该话语增加了制止的功能。

6.4.2.4　关心疑问句意义偏离

（32）焦花氏：（不理，仍然向前走）

焦大星：（拉着她）金子，你站着。

焦花氏：（摔开他）你干什么？

焦大星：<u>（恳求地）你为什么不说话？</u>

焦花氏：（嗔目地）说话？我还配说话？

焦大星：<u>（体贴地）金子，你又怎么啦？谁得罪了你？</u>

焦花氏：（立在轨道上）得罪了我？谁敢得罪了我！好，焦大的老婆，有谁敢得罪？

焦大星：（放下包袱）好，你先别这么说话，咱们俩说明白，我再走。

焦花氏：（斜眼望着他）走？你还用着走？我看你还是好好地回家找你妈去吧？

焦大星：（明白了一半）妈又对你怎么啦？

焦花氏：妈对我不怎么！……

（曹禺《原野》）

丈夫焦大星喜爱自己的妻子焦花氏，可婆媳之间总有很大的矛盾无法解决，每当遇到婆媳冲突，焦大星总是安慰这头，再安慰那头。在此对话语境中，焦大星明知道两人又闹矛盾，“你为什么不说话”、“（体贴地）金子，你又怎么啦？谁得罪了你”的实际话语意义并不完全是让对方回答，而是表示关心和安慰，语意产生偏离。该例的意义偏离完全出于语气等语境因素的作用。“你为什么不说话”作为源域首先激活最为相关的认知域“发生的不愉快事件”，形成转喻思维，认知背景知识告诉焦大星，以这种方式可以平息经常发生的婆媳矛盾，加上口气、语调、表情等语境因素的共同作用，将意义凸显为“关心/安慰”。图示如下：

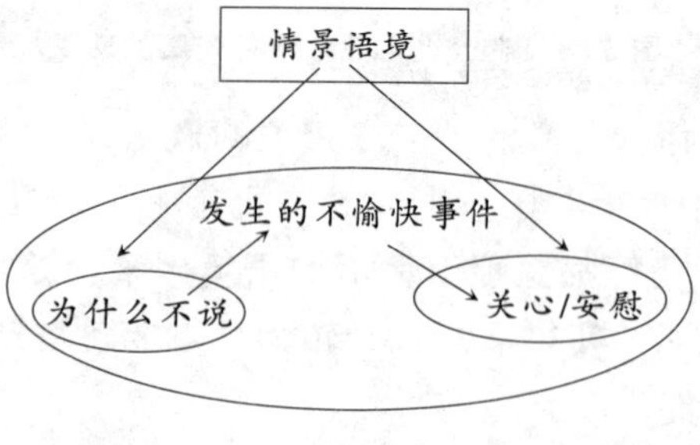

图6.10　关心—疑问句意义偏离转喻

6.4.2.5　鼓励疑问句意义偏离

（33）石小妹：（点着头）嗯。……（忽然——）啊，不成。我姊姊跟姊夫一定不会放过我的。

杨七郎：你怎么那么胆怯？

（柯灵、师陀《夜店》）

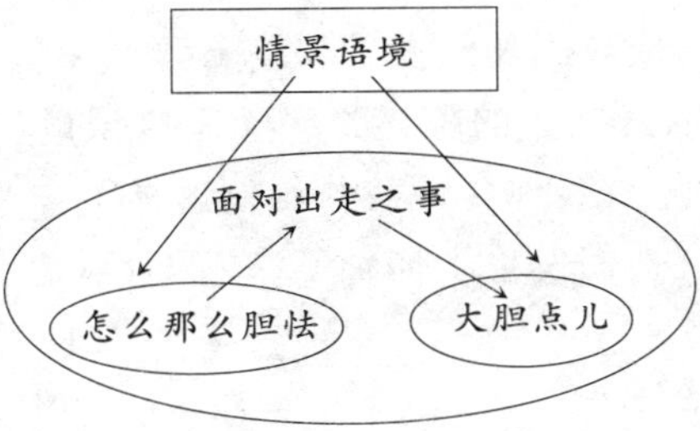

图6.11　鼓励—疑问句意义偏离转喻

通常语境下，“你怎么那么胆怯”可以是询问信息。该例中杨七郎喜欢石小妹，想说服石小妹与他一起出走，而石小妹担心她姐姐和姐夫又因此毒打她。在这样的语境下，杨七郎的话语“你怎么那么胆怯”不是在询问胆怯的原因，而是有鼓励之意，意义出现了偏离。在这样的谈话语境中，“那么胆怯”激活了整个“出走之事”。胆量是办成事情的一个最重要的方面，形成“部分—整体”转喻操作的第一步；在鼓励话语的口气、语调、表情等语用因素的作用下，“出走之事”的意义落在“大胆点儿”。“大胆点儿”是一起离家出走的必须条件，继而构成第二个转喻思维，如图（6.11）所示。可见，语境因素在此起着重要的作用。

6.4.2.6　担心疑问句意义偏离

（34）匡　复：她们好吗？她们……（紧握着林志成的手）喔，志成，我不知道应该怎样感谢你，这几年，她们怎样过的，告诉我！

林志成：……

匡　复：她们好吗？志成，你说……

林志成：（塞住了喉咙）她们……（苦痛）

匡　复：（吃惊）什么？她们怎么样？

林志成：……

匡　复：（站起来）志成，你告诉我，她们怎样了？她们……你用不着瞒住我，她们已经……（悲怆地）

林志成：不，不，她们很好，……过一会儿……

（夏衍《上海屋檐下》）

通常语境下，“她们怎样了”为询问信息。本例中志成和匡复是好朋友，匡复在自己身陷囹圄的时候，将妻子和孩子托付给好朋友志成，十多年后回来寻找亲人，而这时志成与匡复的妻子和孩子已经一起生活5年了。志成难以对匡复说出实情，他欲言又止的陈述方式使匡复误以为妻子和孩子已经发生不幸。在此语境下，“志成，你告诉我，她们怎样了”这句话基于对已发生不幸的猜测，意思变为“他们发生了何种不幸”，而不是不知而问了，因此存在语义偏离。

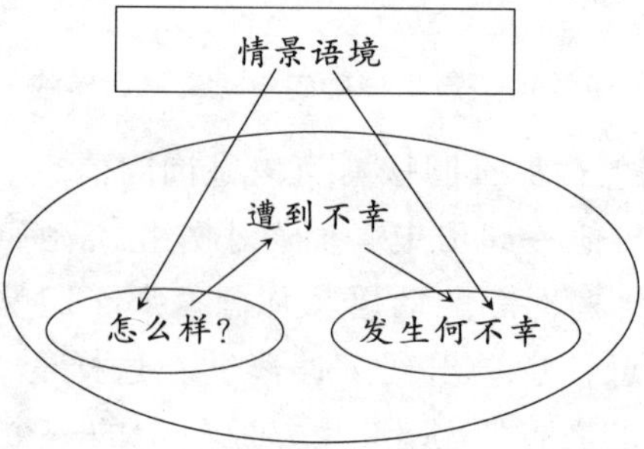

图6.12　担心—疑问句意义偏离转喻

“他们怎么了”看似疑问，却包含着很多猜测，体现了无比的担心，转喻操作如上图。“他们怎么了”首先激活最相关的概念“遭到不幸”，在对方表情、语调等语境共同作用下，发生意义偏离，最终语义变为“发生何种不幸”。

6.4.2.7　拒绝疑问句意义偏离

（35）洪宣娇：还不是那一套。

韦昌辉：是一套什么呢？

洪宣娇：（不快）你一定要问得那样清楚干嘛？

（阳翰笙《天国春秋》）

洪宣娇虽然与韦昌辉私人关系不错，但并不想告诉他一切，而韦昌辉偏要追问，“你一定要问得那样清楚干嘛”不再是询问的意义，显然有拒绝之意。“问得那样清楚干嘛”激活与之关系最为密切的概念“所谈之事”，问句可以看成是所谈之事的处理方式，可以看作为一个次域。情景语境为“韦昌辉一再追问，而洪宣娇始终不想回答”，加上洪宣娇“不快”的表情等语境因素的共同作用，又会将“所谈之事”的概念意义凸显为“不想回答”。句子呈现出拒绝之意，出现意义偏离，其中语用因素起很大的作用。认知操作如下图：

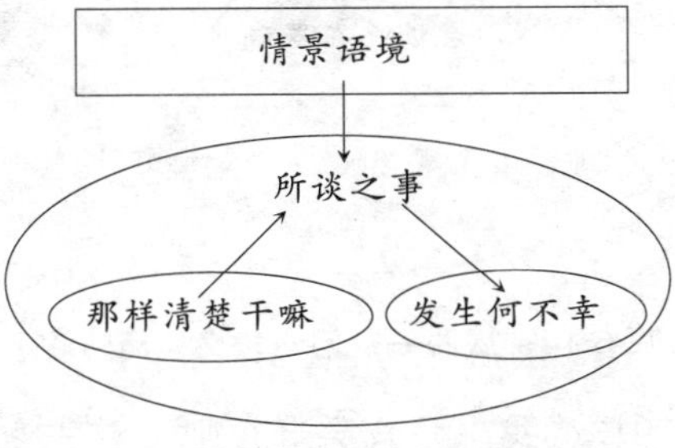

图6.13　拒绝—疑问句意义偏离转喻

间接拒绝在前一章探讨了很多，在此我们就不再深入探讨，但需要说明的是，间接拒绝也是意义偏离的一种。

6.4.2.8　威胁疑问句意义偏离

（36）季兆雄：小的也是这样想呀！他上这儿来干什么？（笑容收敛）不过赵老板常跟秋海棠吴老板在一起，说不定他是来找吴老板的！

（说到末一句他特地又回头去望了望那通卧室的小门。）

（在那门口，正站着天真忠诚的哑巴，她恨恨地瞧定着那奸猾的马弁，像见了一个仇敌一样。）

罗湘绮：（咬牙忍耐）找吴老板？

季兆雄：<u>（再笑）我想是找吴老板吧？</u>

罗湘绮：（不能不发作）老季，你不准随口胡说！

季兆雄：（稍微软一点儿）太太，小的不敢，小的不过这么猜猜罢了！说不定赵老板跟吴老板恰好打这儿经过。（又冷笑起来）嘻……

（秋瘦鸥、顾仲彝、费穆、佐临《秋海棠》）

季兆雄知道了秋海棠和姨太太罗湘绮的特殊关系，乘机敲诈他俩，故意威胁罗湘绮，说赵玉琨来这里肯定是找吴老板，“我想是找吴老板吧”以疑问的形式、试探的口气说出他知道“吴老板总在罗湘绮这里”，给罗湘绮施加压力和威胁，其语义有所偏离。

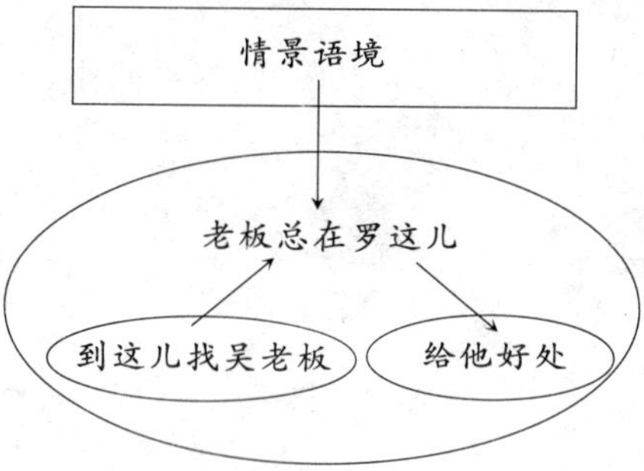

图 6.14　威胁—疑问句意义偏离转喻

在该例的认知操作中，“我想是找吴老板吧”首先激活“吴老板总在罗湘绮住处”，否则赵玉琨怎么会来这儿找吴老板，“到这儿找吴老板”是找吴老板的一种方式，成为一个次域。认知背景知识告诉我们，如果吴老板总在姨太太罗湘绮住处，那肯定两人关系不一般，季兆雄反复强调吴老板在这儿，想强调他知道实情。这些语用、认知因素的相互作用，使得意义偏向“要想使他隐瞒实情，就要给他一些好处”。此意义偏离中存在着转喻思维。

（37）鲁大海：（冷静地）没有什么，我只想跟他谈谈。
鲁　贵：（不信地）我看你不对，你大概又要——
鲁大海：（暴躁地，抓着鲁贵的领口）你找不找？
鲁　贵：（怯弱地）我找，我找；你先放下我。
鲁大海：好，（放开他）你去吧。
鲁　贵：大海，你，你得答应我，你可是就跟大少爷说两句话，你不会——
鲁大海：嗯，我告诉你，我不是打架来的。

（曹禺《雷雨》）

鲁大海担心周萍玩弄四凤的感情，鲁大海气汹汹地到周家要求见大少爷，而在周家当佣人的继父鲁贵害怕大海和大少爷打架，不想帮他进去叫大少爷。大海非常生气，用威胁的口气向他继父发问：“你找不找？”这个反问显然是以威胁的功能为主、疑问的功能为辅。与其他例子相同，意义发生偏离，威胁功能的增加来源于语境因素和认知因素的共同作用。

6.4.2.9　感激疑问句意义偏离

（38）赵安涛：（望了他一下，打破沉闷）实夫，经济情形怎么样？
（俞实夫淡淡地一笑。）
赵安涛：（走近身边，摸出方才从正谊那儿拿来的钱，轻轻地塞给他）拿去用了。
俞实夫：什么？
赵安涛：你先用了，付了房钱。不多，这个月多买了几本书，所以……
俞实夫：<u>你自己，不也很窘吗？</u>
赵安涛：别管我，我有办法。（笑）

（夏衍《法西斯细菌》）

赵安涛和俞实夫是非常好的朋友。在战争年代，俞实夫从事研究工作，经济很困难，赵安涛为了帮助朋友，甚至自己借钱来支持朋友的研究工作，但俞实夫并不知道实情。当赵安涛把借到的钱放在朋友手里时，俞实夫非常感动，“你自己，不也很窘吗”道出了对朋友的深深感激。但在此没有询问之意，只是表达感激之情，意义发生偏离。

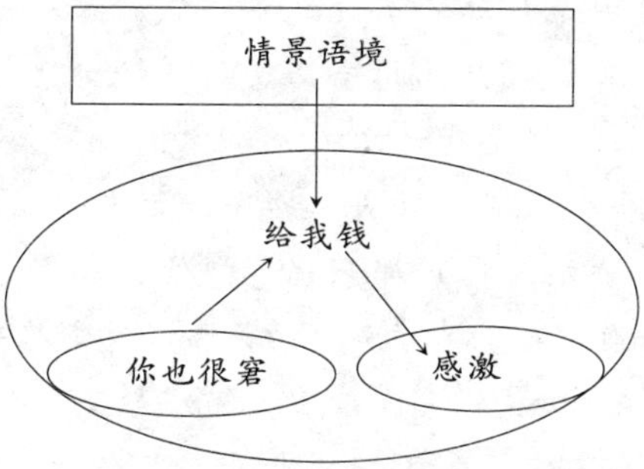

图6.15　感激—疑问句意义偏离转喻

“你自己，不也很窘吗”激活了“你想着帮助我，给我钱……”这件事，可以说是用部分代整体转喻。在好朋友互知双方经济实力因素的作用下，推断出感激的言外之意。

6.4.2.10　示怒疑问句意义偏离

（39）小斗子：（逃了出去，又探进半个身子）不听拉倒，我还不高兴唱呢！
（然后从容地缩回去）

（金不换“噗哧”一声，赛观音回头，他赶快忍住。全老头忍不住大笑。）

赛观音：（忿忿然）笑什么？

全老头：我笑笑你也生气，老板娘？

（柯灵、师陀《夜店》）

通常在不知而问的语境下，“笑什么”可以是单纯询问。例如，一位同学从后门进教室，同学们正哄堂大笑，他坐下后，低声问旁边的同学“笑什么”，这属于纯询问。在该例中，赛观音是旅店老板娘，冷酷、凶狠，在旅店居住的人对她都很反感，赛观音知道别人不喜欢她。因此，对别人的笑，她也会认为是在嘲笑她。“笑什么”在这样的语境下，显然体现了她的愤怒和不满，而不是纯粹询问，存在意义偏离。

6.4.2.11 缓和关系疑问句意义偏离

（40）马国材：天下欢喜你的人多得很哪。

金姑娘：谁？像您马大爷也看得起我？

马国材：（走近她）那还消说。要是你愿意。……（握着她的手）

金姑娘：（娇媚的脱开他的手）您这样做，您对得住你朋友吗？

马国材：这……这没有什么关系，你们又不是什么正式夫妻。

金姑娘：可是我脱不掉老头子的手，说句笑话，除非他死掉了。

马国材：（走近抱着她）那我就干掉他，怎么样？

（一阵急速的脚步声之后，萧汉江突然入内。马国材立刻被金姑娘推开，很窘，萧汉江自然是怒形于色。沉默了一些时候。）

马国材：我等了你很久了，萧大哥，怎么到这时候才回来呢？

萧汉江：（怒不可遏，打金姑娘一个耳光）不要脸的东西！（金姑娘负痛到卧室里哭去了。对马国材冷冷的说）一个人总得讲义气。假如做了对不住兄弟们的事，即使兄弟们不说什么，自己心里也会觉得难受。

（石凌鹤《黑地狱》）

通常语境下，“怎么到这时候才回来呢”是询问信息，但在这里情况有所不同。马国材对萧汉江相好的金姑娘有了想法，在萧汉江不在的时候对其动手动脚，这一情景被萧汉江回来看见，彼此非常尴尬，不知说什么好。“怎么到这时候才回来呢”这句话与普通语境下的询问不同，它在此并非询问回来迟的原因，而明显有打破尴尬、缓和关系的作用。在这个特定的语境下，意义存在偏离。

6.4.2.12　吃惊疑问句意义偏离

（41）梅　宝：（更糊涂了）是，正是他。

罗湘绮：（声嘶力竭）是他？

梅　宝：（她实在不敢妄想会在这个地方碰到她自己的母亲）太太怎么知道？

罗湘绮：快不要叫我太太！你父亲现在什么地方？

梅　宝：（愀然）在红舞台唱戏。

罗少华：（插嘴）唱二路老生。

梅　宝：（情感已受激动，不愿再隐瞒了）不，不是的！今天我去看他，他抹了一脸的油灰，见了面还不认识，听了声音才知道。（大声）他在那儿当武行！

罗湘绮：<u>（尖叫，双目圆睁）什么？</u>

梅　宝：（边哭边说）他瞒着我，在当武行。为了要挣钱养我，他生了病，吐了血，还要在台上摔克子，翻筋斗……

（秋瘦鸥、顾仲彝、费穆、佐临《秋海棠》）

通常语境中“什么”表示询问信息。在该例中，罗湘绮为某军阀的姨太太，她与红极一时的戏子秋海棠相爱，并偷偷生了一个姑娘梅宝。事情败露后，秋海棠与女儿流落他乡，隐姓埋名，秋海棠以当武行为生，过着非常艰苦的生活。十五六年后，罗湘绮与女儿儷苟相逢，情绪不能自已，听到秋海棠带病当武生，心疼与惊讶使她失去控制，“（尖叫，双目圆睁）什么”将其心情体现尽致。这显然不是在发问，而是惊讶与心疼的表达，存在意义偏离。

6.4.2.13　辩护疑问句意义偏离

（42）鲁四凤：（不愿听）哦，爸爸。

鲁　贵：哼，（骂得高兴了）谁知道哪个王八蛋养的儿子。

鲁四凤：哥哥哪点对不起您，您这样骂他干什么？

鲁　贵：他哪一点对得起我？当大兵，拉包月车，干机器匠，念书上学，哪一行他是好好地干过？好容易我荐他到了周家的矿上去，他又跟工头闹起来，把人家打啦。

鲁四凤：（小心地）我听说，不是我们老爷先叫矿上的警察开了枪，他才领着工人动的手么？

（曹禺《雷雨》）

鲁四凤虽然不清楚事实真相，但她不赞成她父亲对哥哥的说法，“我听说，不是我们老爷先叫矿上的警察开了枪，他才领着工人动的手么”包含为她哥哥辩护的成分，而不单是询问，发生意义偏离。

6.4.2.14　驱逐疑问句意义偏离

（43）玉　春：现在十点钟了，你前头没事吗？

王新贵：没事，没事。八十几桌酒席都开完了，客人都正在听戏呢。

玉　春：（暗示让他走）你也累了啊？王管事。

王新贵：这不算什么，四奶奶。

（玉春烦起来，走到窗前向花园看。）

王新贵：（滔滔不绝）真可笑，真可笑，前头厅里只容得下五六百人，可是听戏的足足有一千多，起码有一半儿是外头街上的人溜过来的，也有不认识的穿上马褂儿，拿个红封套装点儿钱，冒充拜寿，其实就是骗两顿饭吃，听一宿戏。

（吴祖光《风雪夜归人》）

玉春正在等待她喜欢的戏子魏莲生的到来，没心情与讨好她的佣人王新贵闲聊，而王新贵不知趣，还要没话找话，对此玉春感到厌烦。“现在十点钟了，你前头没事吗”、“你也累了啊？王管事”以疑问的形式体现出驱逐之意。如果换一个语境，前者可理解为询问，后者可理解为关心。同样，这一意义偏离与语境有很重要的关系，是语用因素和认知因素共同作用的结果。

6.4.2.15　愤怒/拒绝疑问句意义偏离

（44）李　权：我的事你别管。

陈　兰：（坚决地）你不说，我就不去！

李　权：（勃然发作）你要逼死我么？

陈　兰：（退一步，向他注视了一二秒钟）我知道了，这钱是霸王添给你的，是不是？

（姚克《陋巷》）

李权和陈兰是夫妻，李权突然要妻子去亲戚家，妻子觉得很奇怪，一定要问个明白。李权生气道："你要逼死我么？"显然不仅是疑问，而更多的是生气愤怒或拒绝回答的表达，意义发生偏离。再加上当时遇到李权和霸王之间的纠葛等语境因素，使丈夫不想对妻子说出真相，只用发怒的方式拒绝回答妻子的问话。显然，语境对意义偏离产生很大的影响。

总之，通过对以上疑问句的考察，我们发现：（1）如果把意义偏离的标准定为与字面意义相比意义发生变化，那么，我们会发现有很多种意义偏离，而且每一种意义偏离一定与语境因素紧密相连，或者说意义偏离在语境中产生。（2）转喻在意义偏离中扮演着很重要的角色。通过对意义偏离的认知操作所进行的转喻分析，我们发现有些意义偏离的转喻思维比较明显，我们能够给出其转喻操作图式，但有的并不容易给出转喻操作图。也就是说，有的意义偏离强，有的意义偏离弱。意义获得是一个比较复杂的过程，转喻可能是其中的一个推理环节，还会有别的推理方式参与其中。意义偏离是语用因素和认知因素共同作用的结果，意义偏离虽然有多种类型，但其转喻操作有一些共性，常常涉及到两次转喻激活。

由此可见，同一疑问句在不同语境下经常被理解为不同的偏离意义，出现意义偏离是由语境因素和认知思维共同作用的结果，我们认为高层转喻思维可以对疑问句意义偏离做出一定的解释。对现代汉语疑问句意义偏离的考察，使我们更深地体会到疑问句用法的丰富多彩，疑问句转喻种类也很多样。虽然本章尽量总结可能存在的意义偏离类型，但很难说已经穷尽，很可能还有别的类型。疑问句的情况非常复杂，其认知转喻机制基本是由两次转喻完成的。有些情况意义偏离比较抽象，难以用图来解释。但我们相信，意义偏离有其转喻思维的认知理据，认知与语用的相互作用无疑是意义偏离的根本原因，探讨高层转喻操作的难度来源于高层转喻思维和其他推理思维有时界线不明确。但我们毕竟做了一些新的尝试，得出一些有价值的结论：（1）传统的研究不考虑语境因素，只从形式（如语法、语义）来研究疑问句意义偏离，虽然能够找出一些规则，说明一些问题，但对复杂的意义变化却难以解释其认知理据；（2）认知机制中的概念激活与语用因素共同作用才能给出比较可信的解释；（3）意义偏离可以用高层转喻思维来解释；（4）把转喻分为高层转喻和低层转喻是有意义的。探讨言语行为层面的转喻思维与词汇层面的指称转喻有很大的不同，前者是更抽象的思维活动，可以拓宽转喻角度解释的范围。对于疑问句意义偏离的强转喻和弱转喻以及半疑问半意义偏离的情况，本研究只是一个开始，还有很多问题有待于我们以后继续研究。

第七章　转喻与语篇：伏应与高层转喻

本章以伏应现象为语料，探讨篇章高层转喻的情况。语篇的内部连接是人类语言中最普通的篇章现象之一（Bosch, 1983；Bolinger, 1979；Wasow, 1979）。从目前来看，语篇的内部连接主要集中在照应和指称的研究上，也可以说指称和照应在研究内容上基本没有分开，研究对象都是指称问题或者说是照应问题，其他研究语篇内部连接手段的并不多。对照应的研究主要从形式、功能和认知等角度进行，其中最深入的是Halliday & Hasan（1976），后来的照应研究基本都是在Halliday & Hasan（1976）的基础上进行的。我们认为从语篇角度来说，Halliday & Hasan以及其他相关的学者所做的衔接照应研究，都是讨论上下邻句之间存在的指称关系，没有超出语法衔接范畴。我们认为语言邻句成分之间的关系并不能说明语篇中的所有连接现象，语篇性的体现应该有多种形式，比如伏笔照应即伏应现象，也是最为普遍的语篇连接现象。不对伏应做深入的研究，难以揭示语篇性的全部实质。Halliday & Hasan以及其他相关学者的研究虽能揭示一些语篇性，但未对非邻句之间的连接现象给予解释。我们认为语篇内部连接不仅包括Halliday & Hasan（1976）的词汇照应，也应该包括伏应关系，我们称其为篇章照应。这一现象尽管已有一些人探讨（金立群，2005；彭善友，2002；石麟，2008；徐龙年，2005；杨志平，2008），但从认知转喻角度来研究伏应的，到目前为止还没有看到过。我们相信揭示伏应篇章照应的思维机制无疑能更全面地了解语篇性。本章将情节伏应作为我们的研究对象，目的在于探讨其类型、思维方式与转喻基础，为伏应的转喻研究开辟道路。本章探讨伏应的认知转喻操作机制，并对伏应关系加以分类，同时，考察“伏”与“应”在关联激活过程中各自呈现出来的高层转喻思维。

7.1 照应与语篇

7.1.1 照应的相关研究

形式主义者对照应的研究从Chomsky（1981）开始，认为照应是语言本身的使用规则，Chomsky从深层结构和表层结构的转化给予解释，又提出约束原则给予补充。功能语用学家们认为照应是个语用问题，Huang（2000: 19-30）对多种语言进行了研究，发现Chomsky约束原则不能解释全部现象，认为反身代词可以到管辖区域的外面找到对应的先行词，而且在一些语言中代词在管辖区域内也会受到约束。再者，越南语中指称在句子中是不自由的（林忠，2007）。Levinson（2000）和Huang（1991, 2000）在Grice合作原则的基础上，用数量准则、关系准则和方式准则对照应给予解释。

Foley & Van Valin（1984：321-374）从功能研究的角度，在句法类型学和语言普遍现象的跨语言研究中，主要研究了语言中最显著的指称跟踪手段，总结了指称跟踪系统类型，提出四个系统：（1）与语态对立而配合使用的语用中枢系统；（2）转换指称系统；（3）性别系统；（4）推理系统。在Valin角色和参照语法的框架中，回指编码属于语用功能选择。

Halliday & Hasan（1976）的衔接理论对话语的衔接和连贯做了深入的研究，他们把衔接概括为照应、替代、省略、连接、词汇。对于照应的定义，Halliday & Hasan（1976:31）指出，在语篇中如果对于一个词语的解释不能从词语本身获得，而必须从该词语所指的对象中寻求答案，这就产生了照应关系。在Halliday & Hasan（1976）的衔接理论中，照应被视为一种重要的语法衔接手段。他们认为在语篇理解过程中，有时人们需要从语篇之外来寻找某一指代成分的所指对象，有时人们需要从语篇内部来寻找某一指代成分的所指对象。因此，从语用功能的角度来看，照应可以分为外指（exophora）和内指（endophora）。外指照应指的是语篇中某个成分的参照点不在语篇本身内部，而存在于语境中；内指照应指的是语言成分的参照点存在于语篇上下文中。在语篇层面上，外指照应通过建立语篇与情景语境之间的联系来参与语篇的建构，但外指照应本身不能建立语篇上下文之间的衔接关系，只有内指照应才能构成语篇衔接关系。内指可以进一步分为回指（anaphora）和下指（cataphora）。Halliday & Hasan（1976）的照应观点图示如下：

- 照应
  - 外指
  - 回指
    - 内指
    - 下指

图7.1　照应的分类(Halliday & Hasan, 1976)

（1）"Curtsey while you're thinking what to say. It saves time." Alice wondered a little at this, but she was too much in awe of the Queen to disbelieve it.
("一边请安，一边想你该怎么说，这样会节约时间。"爱丽斯对此感到有点儿诧异，但是她对女王的敬畏使她不敢对此怀疑。)

第一个"it"指的是前面一句"Curtsey while you're thinking what to say"，即它的先行语是一个句子，而"this"和第二个"it"都是指前面引号中那位女王所说的内容，即它们的先行语是一个语段。这种类型的回指照应是Halliday & Hasan等人研究的照应问题。国内不少学者也是沿着Halliday & Hasan（1976）路线进行研究的。许余龙（2004）《篇章回指的功能语用探索》提出主题性和可及性，认为主题性与先行词相联系，并由先行语表达的信息反映指称对象；而可及性与回指语相联系，并由回指语表达的信息反映指称对象。杨朝军（2002）认为照应关系是衔接和连贯的结合，是解读和建构篇章的全能入口，照应词具有篇章生成和解读功能，照应关系不仅是一种词法—句法关系，同时还可以是语义—语用关系。何自然（2000、2001）、项成东（2004）研究了邻句之间的间接照应。屈春芳（2005）提出英语照应词的指代对象呈确定性或非确定性是有规律可循的。杨剑英（2012）对英汉语言的照应和替代功能进行对比分析。黎彦（2006）对同一封闭语料来源内的英汉人称照应、指示照应及比较照应进行现象描写和对比分析，从而挖掘英汉照应的差异。此外，也有学者从语篇理论、认知语言学可及性理论以及自然语言处理角度等方面进行分析。如黄艳春、黄振定（2006）从语篇衔接理论和翻译实践角度出发，考察了英汉指称照应的异同以及其在语篇连贯中的作用。王秀丽（2008）从篇章衔接及认知角度对话语范围导入词进行研究，指出当空间范围被用作话语范围导入词时，会被置于句首引出新信息，其作用是增强上下句的所指链条联系。池昌海、曹沸（2012）从语用修辞角度，指出名词性回指中存在一种修辞回指，其目的是为了实现言外之意、丰富指称形象的。王德亮（2011）从自然语言处理角度，对向心理论在汉语篇章回指消解过程中的作用进行了考察。

认知语言学认为照应词的指称对象是认知实体，照应的理解与使用都离不开认知加工。Sperber & Wilson（1986）认为，读者能够理解篇章的关键在于心智能力，理解总是以最小的努力来获得最大的语境效果，他们把回指照应确认过程看作在特定语境中建立一种以语言提示为基础、以关联为引导的推理过程。对某个指称词语的篇章功能、推理系统产生的语境效果可以是这三种类型中的一种：（1）指称对象在我们的心理表征中得以识别或建立；（2）对于潜在指称对象的已有假设得以增强或确认；（3）对某个潜在指称对象的现有假设加以摒弃。但我们认为目前研究的篇章现象还很局限，很有必要拓宽篇章照应的研究范围，以揭示篇章的内在规律。

7.1.2 语篇照应的局限性

我们赞同王良兰（2002）的观点，Halliday & Hasan（1976）等人的这种静态描写对语篇中的衔接关系具有较强的解释力，但是，不能揭示出语篇照应的全部规律。我们认为词汇照应研究主要存在三个问题：（1）对照应的研究等同于指称，主要谈论邻句之间的指称问题；（2）研究几乎都是在Halliday & Hasan（1976）所讨论的基础上进行，没有太多扩展；（3）对非邻句或段之间的伏笔照应关系即篇章照应还没有做出解释。我们认为语篇内部连接有多个方面和多种表现方式，伏应现象就是其中之一。这一现象尽管已有一些探讨（金立群，2005；彭善友，2002；石麟，2008；徐龙年，2005；杨志平，2008），但从认知转喻角度来研究的，到目前为止还没有看到。伏应属于跨句、跨段的情节成分关联，因此我们认为词汇照应和篇章照应是不相同的。Halliday & Hasan（1976）以及其他相关的学者所研究的照应无法解释篇章伏应现象，下面举例说明。

（2）太　监：（打千）报告总管！
李莲英：什么事？
太　监：（四周看了，小声地）李鸿章李伯爷到了！
李莲英：他？现在？
李鸿章：我星夜从天津乘快车进京的。
李莲英：你什么人也没见吧？
李鸿章：没有。
李莲英：好，您怎么黑天瞎火地赶来？是怎么档子事？

（李鸿章回身看看。李莲英挥手让太监们下去。）

（待一切平静，寇连材略有酒意，蹒跚着上来。）

李鸿章：（夺口而出）李总管，不好了！

（寇连材连忙停住脚步，闪在柱后。）

李莲英：怎么？

李鸿章：这回再也瞒不住了！

李莲英：你说。怎么？

李鸿章：（急切地）海军统帅丁汝帅丁汝昌自杀。海军散失了！陆军，吴大澄还没跟敌人交锋就瓦解了！现在敌人正向天津方面进攻呢，近畿已经保不住了！

李姐儿：（忘情）啊呀！我的妈呀！

李莲英：（按住）别嚷！（对李鸿章）打算怎么办呢？

李鸿章：现在可不能再跟老佛爷讲了。

李莲英：就现在？今儿晚上？

李鸿章：一天是一天的事；谁也担当不起。

李莲英：谁去说？

李鸿章：啊……不才……

李莲英：你不想活了？没听老佛爷再三再四地嘱咐？

李鸿章：那什么时候？

李莲英：最早也要熬过今儿这一夜。

李鸿章：可是……

李莲英：不必犹豫！今儿晚上，您最好谁也不见。

……

李姐儿：（似有发现）有什么人吧？

（寇连材溜下。远远，确有脚步声。）

……

（那些人又来推寇连材。）

寇连材：（跳着喊着）我的老佛爷，您被蒙在鼓里了，好人歹人您还分不清？天下已经保不住了！天津都快丢了，他们还瞒着您，我的老佛爷！……

（这一喊，弄得众人面面相觑。）

李莲英：撒酒疯！快推下克，用大刑！

（寇连材被推下去，口里还一直喊，“冤呐！我的老佛爷！……）

慈禧太后：（舍不得）他小孩子，是多喝了两口，念他平常还没有什么大的差池，饶了他吧。

（杨村彬《清宫外史》）

该例源于杨树彬（1982）的《清宫外史》第一部《光绪亲政记》，在此例中，前部分寇连材“连忙停住脚步，闪在柱后”、“寇连材溜下”都说明寇连材偷听了李莲英和李鸿章的谈话，知道了当时军事机密，这为后面寇连材借酒揭穿事实一举做了铺垫，成为伏笔。后面寇连材借着酒性说：“我的老佛爷，您被蒙在鼓里了，好人歹人您还分不清？天下已经保不住了！天津都快丢了，他们还瞒着您，我的老佛爷！”这些话语与前面伏笔相呼应，成为应笔。读者未读到“应”的时候，意识不到伏应关系，在读到“应”时，才联想到“伏”，从而使本来看似无关的两件事产生因果关联，激活“伏应”这一整体。这种远距离的伏应关系，与Halliday & Hasan（1976）研究的照应不同，Halliday & Hasan（1976）的照应无法解释此例。然而，作为普遍语篇现象的伏应到目前还未见到深入的认知研究。针对这些问题，本章重点研究探讨伏应的高层转喻思维操作机制，并从转喻角度对伏应关系加以分类，考察了“伏”与“应”在关联激活过程中，各自呈现出来的转喻思维。

本研究将从认知语用角度，对篇章层面的伏应现象即因果伏应和回指伏应作出解释，并给伏应进行分类。我们认为伏应现象就是一种情节照应，是指文章中的某些内容在不同位置上的互相关照和呼应，即前面提到的后面要有着落，后面要说的前面须有交代。情节照应是语篇中常见的现象，有必要进行研究。契诃夫说如果第一幕里您在墙上挂了一管枪，那么最后一幕里就得开枪，要不然就不必挂在那儿（1885）。此话就是强调谋篇布局时一定要讲究连接。连接绝不是内容的简单重复，而是要通过相互的呼应和补充，使某个人物的出现更加有头有尾，有始有终；使某一情节的发展更显一波三折，委婉含蓄；使文章的脉络更为分明，不显突兀；使文章的重点愈发突出。伏应是文学作品中常见的一种现象，“伏”就是伏笔或埋伏，指作者为了使小说曲折生动而预先设下的埋伏，具体地说，在文学中伏笔就是对将要在作品中出现的人、事（或物）作预先的暗示或提示；“应”即应笔，就是对前文伏笔的呼应，对前面伏笔和后面应笔的呼应关系我们称其为伏应。倘若伏笔在多处出现，则可以扩展成一条线，我们称其为“伏线”。读者如何将前面出现的伏笔与后面远处出现的应笔联系起来获得理解？我们认为这种非邻句之间的远距离连接如同任何言语行为意义获得一样，存在认知的参与，所以，很有必要从语用认知的角度进行研究。

为了对语篇内部连接做出更全面的说明，为了对上述例（2），即Halliday & Hasan（1976）等学者未给考虑的情节伏应问题以认知解释，本章中我们将从认知角度对伏应现象进行探讨。首先，我们观察到这种相对暗藏的伏线中，“伏”与“应”之间往往有因果关系。如例（2）中寇连材偷听了李鸿章与李莲英的军事机密，而后又把听到的内容说出来，前者“偷听”为因，“说出来”为果，而且我们发现这种现象多见于小说和剧本中，我们称其为因果伏应。还有另一种伏应情况也很常见，常常出现在现代散文中，伏应的情况与这一种不同，伏应关系往往是很直白的，或者干脆开篇点题，后面用相似或相同的表达重复，使人产生联想，从而达到理想的效果。例如朱自清的散文《背影》开篇点题，又在不同的场合四次提到“背影”，这样的伏应我们认为与前一种不同，我们称其为同指连接。我们所关注的正是这两种最为常见的伏应类型，本研究的核心在于“伏”、“应”两者之间的认知激活即高层转喻操作。我们把对伏应的分类观点和所研究的范围用图表示如下：

篇章照应（情节伏应）
- 因果伏应
- 同指伏应

图 7.2　伏应的分类

我们把伏应分为因果伏应和同指伏应，本研究所关注的伏应关系属篇章照应或情节伏应。我们倾向于用“情节伏应”这个术语，如果用“篇章照应”这个术语，会与Halliday & Hasan等人的照应相混淆。因此，用术语“情节伏应”既包括伏笔，又包括应笔（照应），且不会引起术语混乱。我们从认知的角度入手，发现伏应理解激活发生在概念层面，并且考虑伏应理解存在转喻思维基础。

7.2　伏应的认知激活方式

认知语言学非常重视概念激活，认为意义获得就是通过概念之间的相互作用，不同现象的相互作用方式不同。对于语篇的转喻思维已有学者开始重视，Al-Sharafi（4:110）说：“我有这样一种强烈的直觉，韩礼德和哈桑提出的衔接机制实际上可以看成是转喻关系，对语篇性起着很重要的作用并使语篇成为一个完整的整体（胡毓平，2007）。”Al-Sharafi（4:109）提出了有关转喻语篇功能的三个假设：（1）假如转喻本质上是指称性的，那么它就应该能帮助我们理解语篇中更多指称的东西。事实上，正是这个指称基础，使转喻能够解释如此宽泛的语义关系。（2）假如转喻是纵聚合和意义的联合体，那么转喻理论就能帮助我们理解语篇中各种成分之间实际上的运作方式。（3）假如转喻是邻近和因果关系，如果一个语篇的连接方式基本上以这两种关系为基础，那么转喻就能提供一个完整的语篇衔接理论。魏在江（2007）认为如果把转喻过程当作语篇衔接机制，那么就能够把认知原则和语境因素看作是整个语篇性很有效的机制。卢卫中、路云（2006）认为，同隐喻一样，转喻既是重要的思维方式和认知工具，同时在语言的运用过程中又起着重要的衔接作用。对于语篇层面的回指问题，我们已经做过一些转喻研究尝试（陈香兰，2007），但伏笔和照应关系这个普遍的语篇现象到目前还没有人给予认知解释。我们认为在非邻句的情节连接理解中，存在转喻思维基础。本章将从因果伏应和同指伏应两类伏应激活中，考察伏应激活中的转喻思维基础。对于因果伏应我们将做更为深入的分析，具体分为两个方面：（1）在伏应激活中，伏笔内部存在的转喻思维；（2）伏应激活中，应笔内部存在的转喻思维基础。我们认为伏应关系的有效理解是以转喻为基础的。

7.2.1 同指伏应与转喻思维

因果伏应内容较多，我们将在后文中深入讨论，下面我们先讨论同指激活。现代文尤其是散文中，常常有情节伏应，但和长篇小说及剧本中的不同，散文中的伏笔往往表达的不像长篇小说和剧本里那样间接或不露痕迹。正好相反，散文中的伏笔往往开篇点题，后面的应笔也有区别，很多都是用相同或很突显的某个相似的表达反复出现来与前面的伏笔相呼应，我们称其为伏应的同指激活即同指伏应。

（3）　我与父亲不相见已二年余了，我最不能忘记的是他的<u>背影</u>。

……

我说道：“爸爸，你走吧。”他往车外看了看说：“我买几个橘子去。你就在此地，不要走动。”我看那边月台的栅栏外有几个卖东西的等着顾客。走到那边月台，须穿过铁道，须跳下去又爬上去。父亲是一个胖子，走过去自然要费事些。我本来要去的，他不肯，只好让他去。

我看见他戴着黑布小帽，穿着黑布大马褂，深青布棉袍，蹒跚地走到铁道边，慢慢探身下去，尚不大难。可是他穿过铁道，要爬上那边月台，就不容易了。他用两手攀着上面，两脚再向上缩；他肥胖的身子向左微倾，显出努力的样子，这时我看见他的背影，我的泪很快地流下来了。我赶紧拭干了泪。怕他看见，也怕别人看见。我再向外看时，他已抱了朱红的桔子往回走了。过铁道时，他先将桔子散放在地上，自己慢慢爬下，再抱起桔子走。到这边时，我赶紧去搀他。他和我走到车上，将桔子一股脑儿放在我的皮大衣上。于是扑扑衣上的泥土，心里很轻松似的。过一会儿说："我走了，到那边来信！"我望着他走出去。他走了几步，回过头看见我，说："进去吧，里边没人。"等他的背影混入来来往往的人里，再找不着了，我便进来坐下，我的眼泪又来了。

近几年来，父亲和我都是东奔西走，家中光景是一日不如一日。他少年出外谋生，独立支持，做了许多大事。哪知老境却如此颓唐！他触目伤怀，自然情不能自已。情郁于中，自然要发之于外；家庭琐屑便往往触他之怒。他待我渐渐不同往日。但最近两年不见，他终于忘却我的不好，只是惦记着我，惦记着我的儿子。我北来后，他写了一信给我，信中说道："我身体平安，惟膀子疼痛厉害，举箸提笔，诸多不便，大约大去之期不远矣。"我读到此处，在晶莹的泪光中，又看见那肥胖的、青布棉袍黑布马褂的背影。唉！我不知何时再能与他相见！

例(3)朱自清的散文《背影》给了我们很深刻的印象，"背影"在文中共出现过四次。开篇就以"我与父亲不相见已二年余了，我最不能忘记的是他的背影"来点题；第二次是在车站送行时，父亲艰难地穿过铁道为"我"买橘子时的背影；第三次是父亲和"我"告别后，"我"看着父亲的背影在人群里消失；第四次是文章结尾，"我"读父亲来信时，泪光中再次浮现出父亲的背影。我们认为其中的伏应关系使事件的来龙去脉非常清楚，文章结构也十分完整，容易激起读者的感情共鸣。

第一次提到"我最不能忘记的是他的背影"即为伏笔，给人非常直观的印象，后面的应笔都是提到同一个突显的部分即"背影"。但在第二次提到"背影"时，我们感到作者通过背影想要表达的是更丰富的东西，我们认为这些更为丰富的内容是由"背影"转喻而来的，其内容包括情感、情绪、经历，第三次和第四次也是如此。我们认为在伏应相联系的过程中，应笔内部存在转喻思维，转喻思维的存在使读者产生感情共鸣。其中，伏应的概念激活如下图：

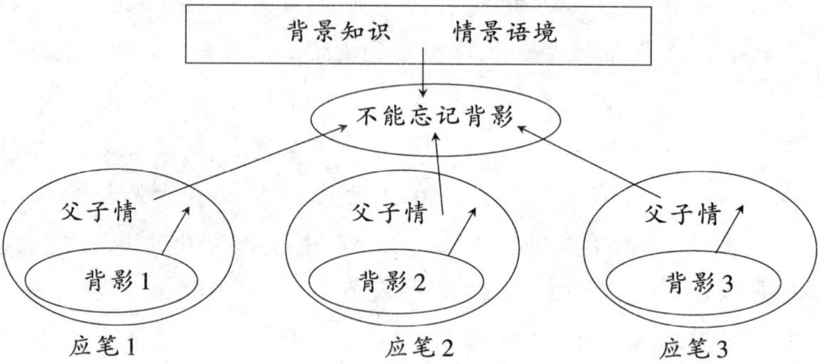

图7.3　同指伏应的转喻思维1

当读者读到开篇点题“我最不能忘记的是他的背影”的伏笔时，就明白作者下面要说的是“背影”，尤其要说明如何难忘。接着读者看到应笔1“背影”，读者和作者一起体验着父子的亲情，突显的“背影”只是亲情联想的代名词，这正是转喻的效果。通过某一部分联想出很多，其中“背影”为源域，“父子情”为目的域。应笔2和应笔3也是同一个道理，作者通过三次应笔要让读者体验比文字更多的亲情，最终突出“亲情不能忘记”，因此，应笔部分的转喻思维使伏应效果达到最理想的程度。如图所示，三次应笔自身都存在转喻思维，“背影”转指“父子情”，通过重复强调父子情突出亲情难以忘记，达到写作的核心与目的。

（4）　从此就看见许多陌生的先生，听到许多新鲜的讲义。解剖学是两个教授分任的。最初是骨学。其时进来的是一个黑瘦的先生，八字须，戴着眼镜，挟着一叠大大小小的书。一将书放在讲台上，便用了缓慢而很有顿挫的声调，向学生介绍自己道：

“我就是叫作藤野严九郎的……。”

……

学年试验完毕之后，我便到东京玩了一夏天，秋初再回学校，成绩早已发表了，同学一百余人之中，我在中间，不过是没有落第。这回藤野先生所担任的功课，是解剖实习和局部解剖学。

解剖实习了大概一星期，他又叫我去了，很高兴地，仍用了极有抑扬的声调对我说道：

“我因为听说中国人是很敬重鬼的，所以很担心，怕你不肯解剖尸体。现在总算放心了，没有这回事。”

……

到第二学年的终结，我便去寻藤野先生，告诉他我将不学医学，并且离开这仙台。他的脸色仿佛有些悲哀，似乎想说话，但竟没有说。

“我想去学生物学，先生教给我的学问，也还有用的。”其实我并没有决意要学生物学，因为看得他有些凄然，便说了一个慰安他的谎话。

“为医学而教的解剖学之类，怕于生物学也没有什么大帮助。”他叹息说。

将走的前几天，他叫我到他家里去，交给我一张照相，后面写着两个字道：“惜别”，还说希望将我的也送他。但我这时适值没有照相了；他便叮嘱我将来照了寄给他，并且时时通信告诉他此后的状况。

我离开仙台之后，就多年没有照过相，又因为状况也无聊，说起来无非使他失望，便连信也怕敢写了。经过的年月一多，话更无从说起，所以虽然有时想写信，却又难以下笔，这样的一直到现在，竟没有寄过一封信和一张照片。从他那一面看起来，是一去之后，杳无消息了。

但不知怎地，我总还时时记起他，在我所认为我师的之中，他是最使我感激，给我鼓励的一个。有时我常常想：他的对于我的热心的希望，不倦的教诲，小而言之，是为中国，就是希望中国有新的医学；大而言之，是为学术，就是希望新的医学传到中国去。他的性格，在我的眼里和心里是伟大的，虽然他的姓名并不为许多人所知道。

他所改正的讲义，我曾经订成三厚本，收藏着的，将作为永久的纪念。不幸七年前迁居的时候，中途毁坏了一口书箱，失去半箱书，恰巧这讲义也遗失在内了。责成运送局去找寻，寂无回信。只有他的照相至今还挂在我北京寓居的东墙上，书桌对面。每当夜间疲倦，正想偷懒时，仰面在灯光中瞥见他黑瘦的面貌，似乎正要说出抑扬顿挫的话来，便使我忽又良心发现，而且增加勇气了，于是点上一枝烟，再继续写些为“正人君子”之流所深恶痛疾的文字。

例(4)鲁迅先生的《藤野先生》一文，第六段这样介绍藤野先生：“其时进来的是一个黑瘦的先生，八字须，戴着眼镜，挟着一叠大大小小的书。一将书放在讲台上，便用了缓慢而很有顿挫的声调，向学生介绍自己道：‘我就是叫作藤野严九郎的……’”其中的“黑瘦”和“缓慢而很有顿挫的声调”，看似漫不经心的随意之笔，其实却是颇有心计的巧妙伏笔。到了第二十一段文章就写道：“解剖实习了大概一星期，他又叫我去了，很高兴地，仍用了极有抑扬的声调对我说道……”这里的“仍用了极有抑扬的声调”就是对上文“缓慢而很有顿挫的声调”的一个照应，也是第一个应笔。最后，文章在结尾处又写道：“只有他的照片至今还挂在我北京寓居的东墙上，书桌对面。而每当夜间疲倦，正想偷懒时，仰面在灯光中瞥见他黑瘦的面貌，似乎正要说出抑扬顿挫的话来，再使我忽又良心发现，而且增加了勇气，于是点上一支烟，再继续写些为‘正人君子’之流所深恶痛疾的文字”，这里“黑瘦的面貌”、“似乎正要说出抑扬顿挫的话来”再次回应前面的伏笔，是第二个应笔。这不仅表现了藤野先生和蔼的形象，而且也反映了藤野先生诚恳的精神和对作者思想所产生的深远而巨大的影响，表达出作者更加深厚的感情。在伏笔中，该例也是通过很直白的表达方式给予交代，作者只用了能突出藤野的特征或者说是部分“抑扬顿挫的话”来表达整体“人”。应笔中也用类似或相同的表达“抑扬顿挫的话”，通过转喻激活对老师的爱戴、敬仰与回忆。转喻思维如下图：

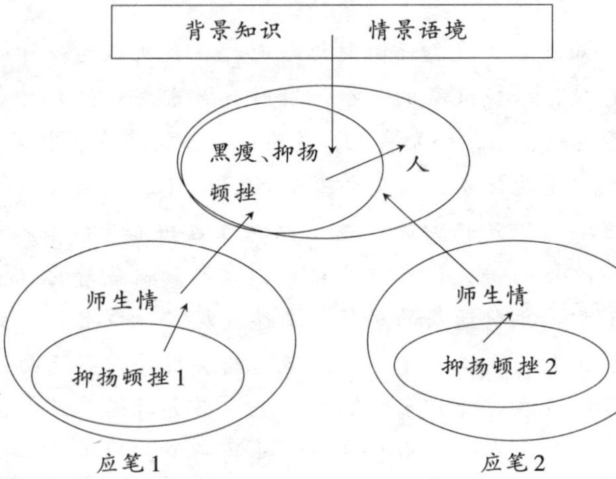

图7.4　同指伏应的转喻思维2

“黑瘦”、“抑扬顿挫的话”是老师的特点，也是鲁讯最难忘的。由这两个特征鲁讯联想到老师的整体形象和师生感情以及彼此之间发生过的一些事情。此例体现的正是转喻部分代整体的特点，由“黑瘦”的画像面孔想起第一次上课的情景，由“抑扬顿挫的话”想起实习后老师把他叫去的事情，通过这两件事回忆了鲁迅和老师的感情。

7.2.2　因果伏应与转喻思维

探讨伏应中因果激活，我们需要说明本研究的观点。我们认为因果伏应关系推理过程中，无论是“伏”还是“应”都存在转喻思维，或者两者同时都存在转喻思维，但因果“伏”与“应”本身可能存在多种推理，这点与Panther & Thorburg（2004）因果转喻观点不同。前面例（2）是剧本中的一个伏应例子，我们认为它代表伏应激活的一类情况，即伏应之间存在因果关系。这种情况在长篇小说、剧本和电影中常见。我们这里先探讨因果本身的激活，然后再分析“伏”与“应”中的转喻思维。

例（2）中，伏笔为寇连材“闪在柱后”，应笔为“我的老佛爷，您被蒙在鼓里了，好人歹人您还分不清？天下已经保不住了！天津都快丢了，他们还瞒着您，我的老佛爷”。读者能从伏应的联想激活中悟到伏笔的意义为“因为偷听了机密，所以后面才能揭露事实真相”，这是一个最常见的因果思维关系。有的学者把一些特定场合的因果关系看成是转喻关系（Panther & Thornburg, 2003），认为在对“What's that spot on your cheek? —My allergy”的回答中，存在因果转喻思维。我们赞同他们的观点，该回答存在转喻思维。但我们认为之所以“My allergy”存在转喻思维，是因为这一回答本身就是一个间接言语行为，但这并不能说所有因果关系都是转喻思维。我们认为转喻思维的区别性特征是替换关系，如部分与整体或间接表达与直接表达之间在意义上存在替换关系，例如间接言语行为。在这里我们只说伏应是属于因果激活关系。如下图：

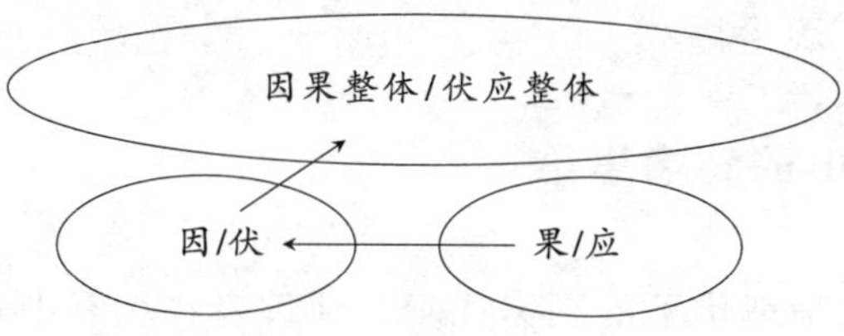

图7.5　因果激活操作

“应”与“伏”互相联想激活，“伏”为因，“应”为果，在“因”与

“果”的联想中实现因果整体激活。从某种意义上来说，也可以看成是部分激活了整体，类似于转喻思维激活线索为：从“果”激活“因”，再激活“因果整体”，但这一概念激活过程与通常部分代整体的转喻思维有所区别。区别在于作为部分的“果”难以代替“因果整体”。后者的例子有“皮大衣没有付钱就走了”，其中“皮大衣”指代穿皮大衣的贵妇（Ruiz de Mendoza & Otal, 2002: 54），属于典型的转喻思维。而作为部分的“伏”或者“应”在意义上都不能单独指代“伏应整体”，只是通过因果关联来激活两者自身所构成的整体。后面例（5）是《水浒传》中鲁智深救出林冲娘子的例子，伏应之间也存在因果激活，例（6）、例（7）和例（8）都是类似的情况。这些例子都存在上面谈到的因果激活操作。而且，我们可以看出在伏笔与应笔未发生联想时，伏笔往往不会引起读者注意，而且常常给人感觉为随意交代的内容，只有在伏笔和应笔相互联想激活的时候，才让读者产生顿悟，这也是伏笔的妙处所在。

从分析可以看出，“因”与“果”的激活有自己的认知操作方式。即使有时伏笔的表达在小说或剧本中不是那么间接，但我们发现也会有因果伏应关系。我们进一步认为，因果伏应并没有这么简单，我们认为之所以读者能在伏应联想激活中有突然的领悟，是因为在因果联想激活中常常存在转喻思维。这种转喻思维在哪里？我们认为存在于“伏”或存在于“应”中，也可以说同时存在于“伏”和“应”中。下面我们仔细分析“伏”“应”中的转喻思维。

7.3 “伏”“应”与高层转喻

我们前面的例子已经涉及了伏应因果激活，其中“伏”可能存在转喻激活，“应”也可能存在转喻激活，我们认为伏应理解顿悟是由于伏应中的转喻思维所致。本节将深入探讨“伏”与“应”中的思维情况，以揭示其高层转喻思维机制。

7.3.1 伏笔中的转喻思维

由于伏笔往往是埋伏下的阅读线索，让读者在无意中获得一些与应笔有关的信息，使读者在阅读后面应笔部分时产生顿悟，以至理所当然地接受应笔部分所叙述的事情。我们认为伏笔在与应笔相互激活时，突显出其原来隐藏的意思，只有在伏笔和应笔的激活中，伏笔原本隐藏的作用才能发挥出来，而这一突显过程使我们观察到“伏”或“应”本身可能存在转喻思维。

前面例（2）中，整体事件叙述慈禧太后、李莲英和李鸿章把庆寿看得比战事还重要，战争连连溃败，敌军已攻打到天津了，在这样的紧急关头，李莲英和李鸿章还在隐瞒战争真相，不向慈禧太后禀报，整个宫廷还沉浸在庆寿的欢乐中。而寇连材对此于心不忍，借着酒意，大胆揭穿了事实真相。前面的伏笔“连忙停住脚步，闪在柱后”、“寇连材溜下”简要地对相关部分给予交代，让读者知道寇连材对此事已经了解，为后面叙述事件奠定基础。这样，寇连材后来说出事实真相时，就不会感觉突然。若没有前面的伏笔，那么，后来寇连材的舍命禀报就显得很唐突，在这里伏笔和说出事实真相之间形成因果伏应关系。在伏笔中，“闪在柱后”与“偷听了机密”形成转喻关系，而且这一转喻思维与因果联想同时激活。伏笔中的转喻操作如下：

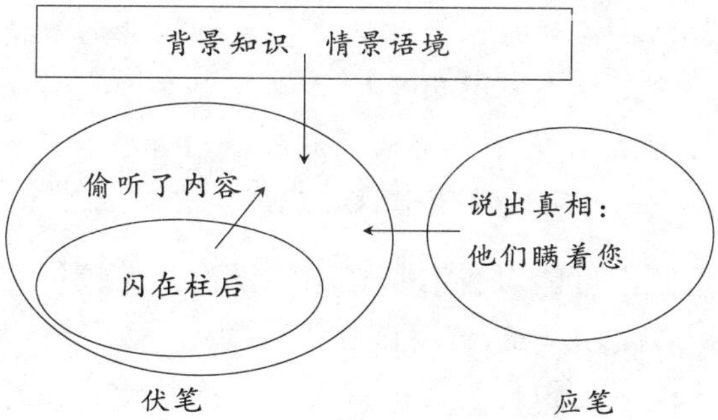

图7.6　伏笔中的转喻思维1

当读到伏笔时，读者把伏笔所获得的这些信息储存在大脑中，成为认知背景的一部分；当读到应笔时，因为伏笔和应笔之间存在因果关系，两者就会产生激活联系，即读者会悟到“对了，之所以寇连材能说出来，是因为前面他偷听过，所以知道真相”。其中，“闪在柱后”为伏笔，“他们瞒着您”为应笔，伏应联系是一种认知层面的概念激活。这样，看似无关的“伏”和“应”在认知层面联系了起来。我们认为伏应关系的激活还有一个很重要的作用，就是将伏笔中隐藏的意义通过转喻突显出来，即作者用“闪在柱后”间接地表示“偷听到了谈话内容”，形成了转喻思维关系，使“闪在柱后”的意义更加明确。其中“闪在柱后”为源域，“偷听到了谈话内容”为目的域，这一转喻关系发生在伏笔部分，而且只有在伏笔与应笔相互激活的过程中才能突显出来。如果没有伏笔与应笔的相互激活，那么，在读者读到伏笔时，便不知道“闪在柱后”要干什么，可能会猜测为“偷袭”、“偷听”、“偷东西”或做别的。只有在伏应关系的激活中，才能形成伏笔中的转喻思维，并突显出其隐藏的话语意义；也只有在伏应激活中，在转喻思维的基础上，伏应连接的意义更加明确。

另外，这种激活是在整体故事发展的语境中进行，如果没有寇连材替珍妃喊冤的情景，如果没有李莲英仇恨寇连材而踢他的情节，寇连材就不至于跳着喊着说出以前偷听的全部内容，形成上面的伏应关系。可见，多条线索形成的上下文语境影响着说话者话语的选择与说话的方式。对读者来说，没有伏笔在认知背景中的储存，就难以在读到应笔时产生联想。出于这样的考虑，我们认为认知背景和情景语境都影响着伏应的激活与理解，影响着转喻思维过程。我们把上下文语境和认知背景体现在转喻概念操作中，如上图。

（5）　如《水浒传》中有这样一个情节：鲁智深在五台山酗酒闯祸，智真长老把他荐到东京大相国寺，大相国寺的智清长老知道此人不好管理，便支他去守菜园子，让他与那些泼皮打交道。智清长老对他说：“我这敝寺有个大菜园，在酸枣门外岳庙间壁，你可去那里住持管领。每日教种地人纳十担菜蔬，余者都属你用度。”

读到这里，我们很可能对智清长老顺口说出的菜园子在“岳庙间壁”的话不以为然。读到后面才发觉，“菜园在岳庙间壁”为一个伏笔，当林冲陪娘子到岳庙上香，才得以见识鲁智深的武艺，二人从此为结拜兄弟；并因为在岳庙间壁，当高衙内欺辱林冲娘子时，鲁智深才能及时赶到，救出林冲娘子。于是，我们深深佩服作者的高明，如果作者没有在不知不觉中将此事给予伏笔交代，后文就会变得没有着落，不合常理。此例伏笔中存在的转喻思维如下图：

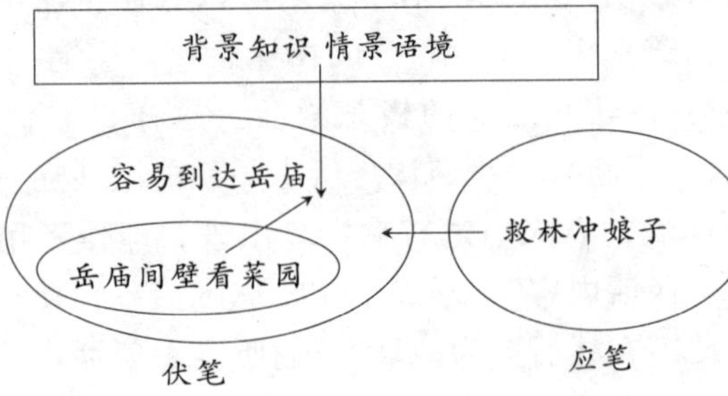

图7.7　伏笔中的转喻2

伏笔与应笔之间存在因果关系。读到应笔“救出林冲娘子”时，读者会惊讶鲁智深突然出现，转而马上悟到前面的伏笔部分“岳庙间壁看管菜园子”，间接地表示“容易到达岳庙”。与此同时，在这个因果伏应概念激活过程中，也同时突显了伏笔中潜藏的转喻思维，使伏笔更有意义。“岳庙间壁看管菜园子”转喻地表示“容易到达岳庙”，前者为源域，后者为目的域。没有应笔的出现，就没有伏应激活，这一转喻也就不可能实现。与此同时，转喻激活使得伏应理解更为明确，常常有顿悟的感觉。

(6)　第四十二回写曹操率大军追到长坂桥边，只见张飞“倒竖虎须、圆睁环眼，手绰蛇矛，立马桥上”（罗贯中，1973:366）。这时，西蜀只张飞一人，而曹操一方骁将林立，军众万计。照理，孰强孰弱，孰胜孰负，是不言而喻的。然而，张飞面无惧色，厉声大喝：“我乃燕人张翼德也！谁敢与我决一死战！”曹军闻之，尽皆股栗。张飞睁目又喝：“燕人张翼德在此！谁敢来决一死战？”正当曹操犹豫不决，颇有退心之际，张飞挺矛再喝一声：“战又不战，退又不退，却是何故！”喊声未绝，曹操身边的一员大将夏侯杰惊得肝胆破裂，倒撞于马下。曹操回马而走，众军将亦一齐望西奔逃。

张飞一人能喝退曹操数万大军，部将夏侯杰竟吓得坠马落地而亡，若孤立地只看这一情节，似乎让人难以理解。但是，由于前边已经埋下过伏笔，故看到此处，读者一点儿也不会觉得突兀，反而感到合理、自然。前边的伏笔在哪儿？在第二十五回，该回中袁绍手下大将颜良真是好生了得：面对曹操部将宋宪，“良大喝一声，纵马来迎，战不三合，手起刀落，斩宋宪于阵前”。操再让魏续出战，“良更不打话，交马一合，照头一刀，劈魏续于马下”。“徐晃与颜良战二十回，败归本阵”，接着由关羽出战，冲入袁阵，“颜良措手不及，被云长手起一刀，刺于马下。忽地下马，割了颜良首级，拴于马项之下，飞身上马，提刀出阵，如入无人之境。曹操不觉赞道：‘将军真神人也！’关公曰：‘某何足道哉！吾弟张翼德于百万军中取上将之头，如探囊取物耳。’操大惊，回顾左右曰：‘今后如遇张翼德，不可轻敌。’”第二十五回埋下伏笔，到第四十二回再作照应，其间已越过17个回目，文字长达9万多，这个伏笔可谓既深又远，耐人寻味（徐龙年，2005）。

该例中关羽对其结拜兄弟张飞的介绍是伏笔，即“张翼德于百万军中取上将之头，如探囊取物耳”，而“张飞一人喝退曹操大军”为应笔。在伏应的激活联系中，伏笔的转喻思维同时被激活，其伏笔中，“张翼德于百万军中取上将之头，如探囊取物耳”为源域，“张飞能力无敌”为目的域，只要认可间接言语行为存在转喻，那么，就不难接受伏笔中的这一转喻思维。操作如图：

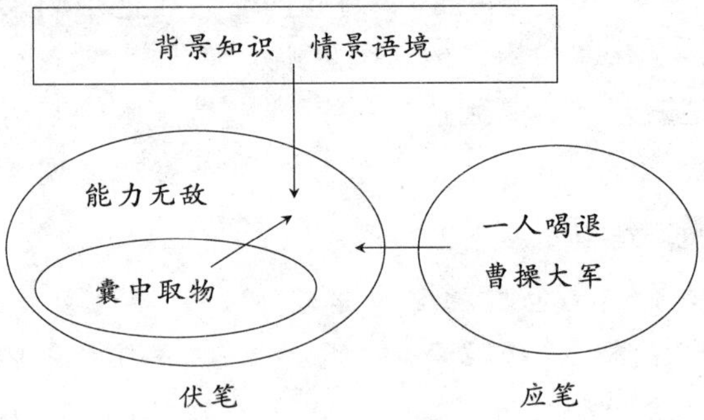

图7.8　伏笔中的转喻3

为什么伏笔中转喻的目的域是“张飞能力无敌”，而不是别的？我们认为这是由伏应因果关系决定的。当读到张飞“一人喝退曹操大军”时，我们便不由地与他的能力相联系。而张飞的能力在伏笔中已有交代，“张翼德于百万军中取上将之头，如探囊取物耳”这一话语正是通过转喻突出表现出张飞的能力。可见，伏笔中的转喻思维受伏应因果关系的激活，而又成为伏应理解的基础。

以上我们分析了伏应激活中伏笔内部的转喻思维，也可以说是伏应关系的基础部分。以上例句中的转喻思维受应笔的激活而成形，而且伏笔中的转喻往往是由于伏笔含而不露的表达引起的。因为伏笔比照应往往显得更有艺术性，它不露凿痕，表面信笔写来，实则大有用处，使情节发展自然熨帖，既能增强故事的趣味性，也使文章的结构变得严密紧凑、无懈可击。但在理解中，伏应的激活使伏笔中含蓄的意思明朗化，这一明朗化的过程正是转喻思维的过程。除此之外，我们认为伏应关系激活时，不仅伏笔内可能存在转喻思维，而且应笔内也可能存在转喻思维。

7.3.2　应笔中的转喻思维

根据上文伏笔中转喻思维的分析，我们认为伏应因果激活的同时，应笔中的转喻思维也随之激活，而后者又促进了伏应关系的功效，使之更加合情合理。在本小节中，我们将观察伏应激活中应笔内的转喻思维。

（7）周　萍：（怪笑，向朴园）父亲！（怪笑，向鲁妈）母亲！（看四凤，指她）你——

鲁四凤：（与周萍互视怪笑，突然忍不住）啊，天！（由中门跑下）

（周朴园在沙发上，鲁妈死气沉沉地立着。）

周蘩漪：（急喊）四凤！四凤！（转向周冲）冲儿，她的样子不大对，你赶快出去看看她。

（周冲由中门跑下，喊四凤）

周朴园：萍儿，这是怎么回事？

周　萍：爸，您不该生我！（跑，由饭厅下）

（远处听见四凤的惨叫声，周冲狂呼四凤，过后周冲也发出惨叫。）

鲁侍萍：（同时叫）四凤，你怎么啦！

周蘩漪：（同时叫）我的孩子，我的冲儿！

（两人同由中门跑出）

周朴园：（急走至窗前拉开窗幕，颤声）怎么？怎么？（仆人由中门跑上）

仆　人：（喘）老爷！

周朴园：快说，怎么啦？

仆　人：（急的成声）四凤……死了……

周朴园：二少爷呢？

仆　人：也……死了。

（曹禺《雷雨》）

这里的“惨叫”为应笔，与前面描写电线落地的伏笔相呼应。当读者读到应笔，即听到“惨叫”的时候，已经猜到四凤和二少爷都触电而死。为什么会有这样的猜想？我们认为这是因为应笔与前面描写电线落地的伏笔相呼应，在伏应激活过程中，产生了应笔部分的转喻思维所致，使读者联系伏笔而悟到“‘惨叫’是由于触电而发出的惨叫”。在这里的转喻思维中，“惨叫”为源域，“触电而死”为目的域，这是一个部分代整体转喻思维。如下图：

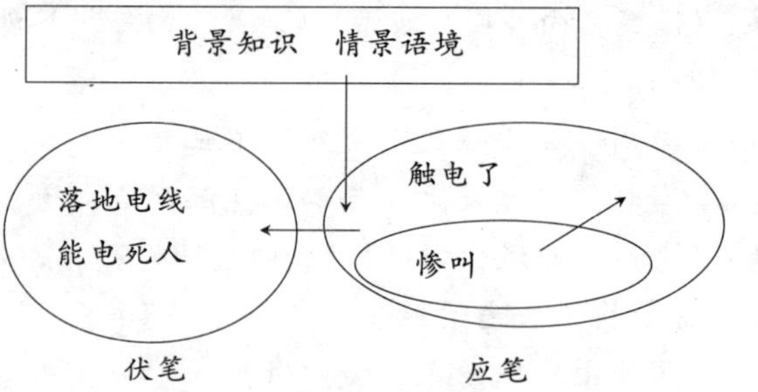

图 7.9　应笔中的转喻 1

如同伏应激活中伏笔能产生转喻思维一样，伏应激活中，应笔也可产生转喻思维，并且以伏应激活为基础。在应笔“惨叫”分别于前几章中出现的多个伏笔的照应中，我们悟到悲剧“触电了”的发生，同时，在转喻“惨叫”和“触电了”的激活中，伏应的效果得以实现。由于伏笔为阅读中已经按照一般信息储存在大脑中的信息，所以，伏应势必与认知背景知识相联系，认知背景知识影响着思维过程，我们将其体现在上图（7.9）中。再者，当时如果没有周家所有矛盾聚焦于一点，也不至于使几个年轻孩子都痛苦到想去死的地步，读者对当时故事发生情景的了解，也是产生转喻思维的基础。因此，多种情景语境对转喻思维都起作用，情景语境的作用也体现于图中。伏应意义的完整实现，是在伏应的激活理解以及伏笔和应笔中转喻思维的实现中获得。

在歌剧《白毛女》中，一开始交代了做豆腐的卤水有毒，喝了会死；在第三场中，杨白劳因欠账欠租，黄世仁想让他17岁的女儿抵债，杨白劳被逼在女儿卖身抵债契约上押了手印，事后又气又想不出别的办法，觉得对不起女儿，对不起死去的老婆，也对不起等待女儿成家的大春等，他实在无路可走，于是喝卤水自杀。

（8）杨白劳唱：县长，财主，狼豺虎豹！
我欠租欠账，
还有你们逼我写的……
卖身的文书……
北风刮，大雪飘，
哪里走？哪里逃？
哪里有我的路一条？

（半昏迷地，稍微）唔，我还有点点豆腐的卤水，我喝了它吧！……

（喝卤水）我再喝点凉水……（脱下身上的棉衣给喜儿盖上）（跑出门外跌倒在雪地里死去）

读者看到杨白劳喝卤水，就会联想到他要自杀，同时明白他真的要一死了之。这是因为我们大脑中已储存了伏笔传递给我们的信息“卤水有毒，能致死”，这个伏笔在前面章节中出现，伏应联系激活了应笔中的转喻思维。转喻操作如下：

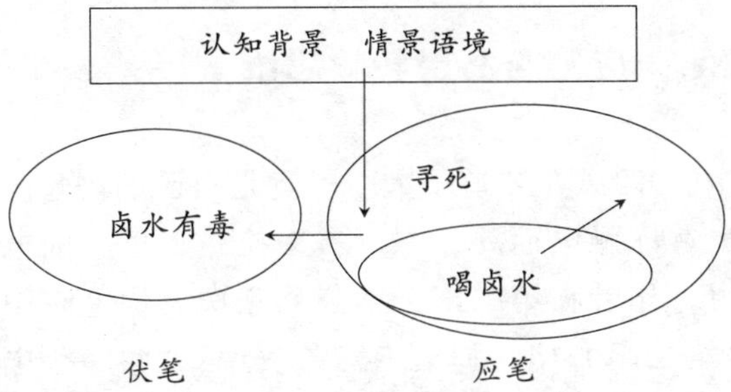

图7.10　应笔中的转喻2

“喝卤水”为源域，“死亡”为目的域，“喝卤水”是行为，是死亡的一个部分，“死亡”是结果，是整体事件，这样，构成行为代结果或者部分—整体转喻关系。我们读到杨白劳喝卤水，必然与伏笔相激活，而转喻使得读者对伏应关系中发生的事件有更好的理解和把握。以上的分析可以看出，伏应关系的理解与伏笔和应笔中的转喻思维相关联，转喻能使伏应的用意更加清晰，使我们更好地理解相关的故事情节。

因果伏应和同指伏应这两种类型是伏应最普遍的类型，很有代表性。通过分析我们可以发现，不论是因果还是同指，伏应都有一个共同的认知思维过程，都可能存在转喻基础，具体表现为：要么“伏”中存在转喻思维，要么“应”中存在转喻思维，要么“伏”与“应”中都存在转喻思维。在此，我们把“伏”与“应”中同时可以观察到的转喻思维的现象放在伏应类型中一起讨论。下面我们将进一步思考，伏应都有哪些类型？其转喻操作在不同情况下，又存在什么变化？我们把研究范围缩小，将关注的焦点集中在最典型的因果伏应中。

7.4 伏应种类与高层转喻思维

通过对伏应类型的观察，我们发现有的伏应属于一伏一应，有的属于多伏一应，有的属于一伏多应。除此之外，还有更为复杂的伏应关系，表现为同时有几条伏应线索，我们称其为多线伏应。其中，有些复杂的伏应关系，应笔既是对前面伏笔的照应，同时又是对后面照应的伏笔，如此环复前行，妙趣无穷。在这些伏应中，我们发现伏应关系的有效理解以转喻思维为基础，对此我们将举例深入探讨。

7.4.1 多伏笔一应笔与高层转喻思维

上面例（7）中，四凤在知道了大少爷竟是自己的同母异父的兄长时，发疯般惊叫一声跑出客厅触电而死，二少爷去拉她，也一同电死。为了交待他们触电而死的缘由，作者在第二幕、第三幕三次设伏笔暗中交待电线落下来这件事。伏应1（第二幕）中，周繁漪对鲁贵说："叫一个电灯匠来，听说藤萝架上的旧电线落下来了，走电，赶快收拾一下，不要电了人。"伏应2（第二幕）末尾，周繁漪打发四凤去，说："你父亲叫电灯匠就回来，可以把你的东西交给他带回家。"她又把此事顺便说了一句。伏应3（第三幕）中，周朴园又问仆人："电线修了没有？"仆人说："明天再修。"周朴园问："那不危险吗？"仆人说："可不是吗？刚才大少爷的狗走过那儿，就被电死了。"作者反复交待这件事，在出事以前谁也意识不到写这件事有什么必要，只当是顺便提及家里有这件事而已。但当后文四凤被电死，这个伏笔的作用才显现出来。

这是个多伏笔一照应的因果伏应例子，前面分析过应笔中的转喻思维，在此，我们观察三处伏笔中的思维情况。假如没有四凤和二少爷之死，那么，三处伏笔只是叙述家里的一件小事而已，正因为四凤之死，才使前面的伏笔更突显出作用。在这个伏应理解中，不仅应笔存在转喻思维，伏笔也存在转喻思维。其转喻操作如下图：

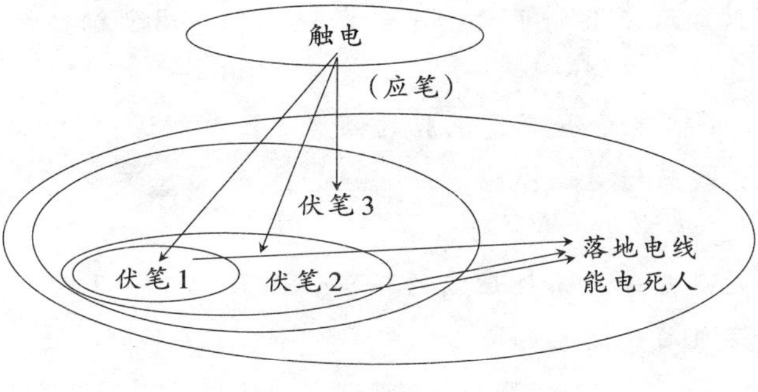

图7.11　多伏一应的转喻基础1

读者读到四凤“发疯般惊叫一声”时，已经能够猜出四凤已触电而死，这是因为在伏笔中已经多次交代“电线落地”，并通过转喻表示“落地电线能电死人”。伏笔1说明电线落地、走电，对人有危险；伏笔2说明电线还没修好，危险依然存在；伏笔3说明电死狗，肯定也能电死人。每个伏笔单独与目的域“落地电线能电死人”形成转喻关系，也就是说每个伏笔都间接地说明“落地电线能电死人”，三个伏笔与目的域存在转喻多域操作。归纳该例的观察结果，我们可以看到这个例子的“伏”与“应”之间存在因果联系，即伏应1“旧电线落地、走电”、伏应2“找电工匠修理担心电了人”以及伏应3“电线明天修，不是很危险吗”分别与应笔“惨叫”有因果关系，所以易于相互激活。而伏应激活的同时，伏笔中会产生多个转喻思维，这点前面已经谈过，应笔也产生转喻思维，从而使情节伏应的意思突显到最佳，使读者产生顿悟既而又惋惜的情感变化。

（9）　……

她一点也听不进去。“不成……世上最叫人丢脸的，就是在许多有钱的女人堆里露穷相。”

但是她丈夫高声叫唤起来：“你真糊涂！去找你的朋友伏来士洁太太，问她借点首饰。你和她的交情，是可以开口的。”

她迸出了一道快活的叫唤：“对呀，我怎么没想到。”

第二天，她到她这位朋友家里去了，向她谈起了自己的烦闷。

伏来士洁太太向着她那座嵌着镜子的大衣柜跟前走过去，取出一个大的盒子，带过来打开向骆塞尔太太说：“你自己选吧，亲爱的。”

她最初看见许多手镯，随后一个用珍珠镶成的项圈，随后一个威尼斯款式的金十字架，镶着宝石的，做工非常精巧。……她忽然在一只黑缎子做的小盒子里，发现了一串用金钢钻镶成的项链，那东西真地压得倒一切。

……后来，她带看满腔的顾虑迟疑地问道："你能够借这东西给我吗，我只借这一件？"

"当然可以，当然可以。"

她跳起来抱着她朋友的颈项，热烈地吻了又吻，末后，她带着这件宝贝溜也似地走了。

……

第二天，他们拿了盛那件宝贝的盒子，照着盒子里面的招牌到了珠宝店里，店里的老板查过了许多账簿。

"从前，太太，这串项链不是我店里卖出去的，我只做了这个盒子。"

于是他俩到一家家的首饰店去访问了，寻觅一件和失掉的那件首饰相同的东西，凭着自己的记忆力做参考，他俩因为伤心和忧愁都快要生病了。

他们在故宫街一家小店里找到了一串用金钢钻镶成的念珠，他们觉得正像他们寻觅的那一串。它值得四万金法郎。店里可以作三万六千让给他俩。

……

在骆塞尔太太把首饰还给伏来士洁太太的时候，这一位用一种不高兴的神情向她说：

"你应当早点儿还给我，因为我也许要用它。"

她当时并没有打开那只盒子，这正是她的女朋友担忧的事。倘若看破了这件代替品，她将要怎样想？她难道不会把她当做一个贼？

……

"从前，你不是借了一串金钢钻项链给我到部里参加晚会，现在，你可还记得？"

"记得，怎样呢？"

"怎样，我丢了那串东西。"

"哪儿的话，你早已还给我了。"

"我从前还给你的是另外一串完全相同的。到现在，我们花了十年工夫才付清它的代价。像我们什么也没有的人，你明白这件事是不容易的……现在算是还清了账，我是结结实实满意的了。”

……

伏来士洁太太很受感动了，抓住了她两只手：

“唉。可怜的玛蒂尔德，不过我那一串本是假的，顶多值得五百金法郎！……”

莫泊桑的《项链》是我们都熟悉的，其中，有三次伏笔暗示了骆塞尔太太向朋友所借的项链可能有问题。第一次是骆塞尔太太去借项链，伏来士洁太太表现出随便、不重视的态度，她抽出大首饰箱打开说“你自己选吧！亲爱的。”从这些对话和态度中，读者就对项链产生疑虑，即伏来士洁太太把珍贵的珠宝随便拿出来让朋友挑而毫不在意，有钱人也不至于慷慨到如此程度吧！第二次伏笔是丢失项链后，他们拿了装项链的原盒子，按盒子里面印的字号找到珠宝店。珠宝商查了账簿说：“太太！这串项链不是在我店里卖出去的，我只做了这个盒子。”这一点使读者对项链会再次产生疑虑，细心人读到此处，就会猜到这可能是伏笔。第三次伏笔是玛蒂尔德还项链时，伏来士洁太太竟然“没有打开那只盒子”。借出去的珍贵东西还回来，按照常理来说，仔细检查一番是正常的，更何况是价值连城的钻石项链呢！但令人惊讶的是，伏来士洁太太如此随意，竟然连盒子都未打开，更不用说亲自检视一番了。小说情节继续向前发展，直到最后伏来士洁太太说出项链是假的，他说：“唉！我可怜的玛蒂尔德！不过我那一串本是假的，顶多值五百金法郎！”伏来士洁太太的话与前文照应，并挑明了事实。

这篇小说里三伏一应，可谓一笔不漏，一笔不繁，既前后联系、文脉贯通，又深化了作品主题，可谓一举两得。在这个例子中，“让朋友随便挑项链”为伏笔1，“盒子是在珠宝店配的，而项链不是在那里买的”为伏笔2，“还回去时随意收下项链，竟然连盒子都未打开”为伏笔3。这三大伏笔在阅读过程中，存贮在读者大脑中，成为读者已得信息。最后，应笔与前面三个伏笔相呼应而产生激活。从整个事件来说，三伏笔中都存在转喻思维，整体为转喻多域操作。如下图：

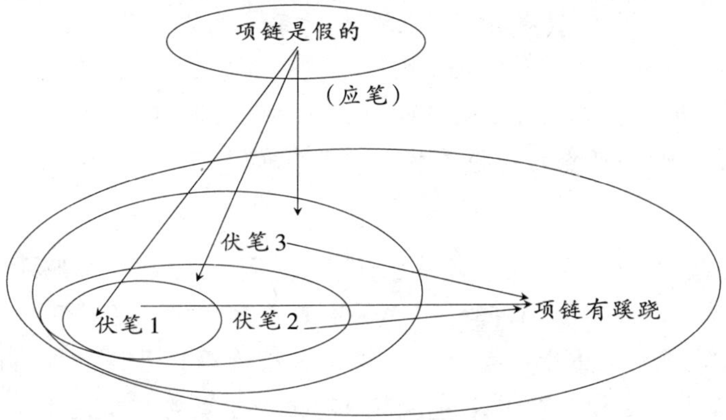

图7.12 多伏一应的转喻基础2

此伏笔的转喻操作存在三个源域，每一个伏笔就是一个转喻操作的源域，其目的域为“项链有蹊跷”，这样形成三个转喻，其目的域是相同的（如上图）。当我们读到应笔“唉。可怜的玛蒂尔德，不过我那一串本是假的，顶多值五百金法郎”时，读者会感到既惊讶又合乎情理。在读者的思维中，应笔与前面的三个伏笔相连，而且在这三个伏笔的伏应激活中，更能领悟当时的“项链有点儿蹊跷”的真实原因，使读者在惊叹中释疑，从而感到余味无穷，语言的魅力在思维的曲折中得以升华。

（10） ……

杨文看见林小玉的第一眼就想，这个女人是不会嫁给哥哥的。杨文这么想的时候，还不禁为哥哥感到遗憾，并且还替哥哥自卑了好一会儿。然而出人意料的是，在林小玉和杨武见面以后，当媒婆征求林小玉的意见时，林小玉居然点头同意了。林小玉点头的时候，杨文也在场，<u>林小玉一边点头一边朝杨文看了一眼。林小玉看杨文时，她的目光善良而温柔</u>。杨文面对林小玉的目光想，看来林小玉是真心要嫁给杨武了。杨文接下来就感到非常高兴，既为哥哥高兴，也为自己高兴，为哥哥高兴是因为哥哥找到了这么好的一个老婆，为自己高兴是因为自己找到了这么好的一个嫂子。不过，杨文在高兴的同时又深感纳闷，他不明白林小玉为什么会答应做杨武的老婆。杨文把这个问题想了好半天，但最后也没能找到一个答案。

……

林小玉说完刚才那番话，眼睛睁得更圆更大了。她目不转睛地看着杨文，等待他的意见。这时，杨文发现母亲和亲妈的眼睛也都望在自己的脸上，母亲的眼神有点儿乞求的意味，毫无疑问，她是希望杨文反对嫂子改嫁的；亲妈的眼睛里散发出一种不友好的光，像是在逼着杨文同意嫂子改嫁。杨文看一会儿母亲的眼睛，再看一会儿亲妈的眼睛，不知如何是好。后来他干脆不看母亲和亲妈的眼睛了，他把他全部的目光都投向了嫂子林小玉的那一双眼睛。嫂子的眼睛里装满了莫可名状的东西，看上去像水又像火，让杨文实在难以看懂。就在这时候，嫂子突然从椅子上站了起来，抱着侄儿走到杨文身边来了，她先淡淡地笑了一下，然后说，杨文，我在等你表态呢，你赶快说话呀！杨文苦笑了一下，然后慢慢张开嘴唇，说，那我就说实话吧，我希望嫂子别改嫁！嫂子听了杨文的话，苍白的脸上一下子铺满了红晕。好，我不改嫁了！林小玉说。林小玉边说边把怀里的孩子递在了杨文手里，说，你抱他，我去煮晚饭吃。她说完就转身去了厨房。

……

林小玉差不多已经喝醉了，但她又给自己倒了一杯，并一口喝了下去。这一杯下去，林小玉就真的醉了。杨文抬头看时，发现嫂子已经将头歪在了桌子上。他听见嫂子歪在桌子上不停地自言自语。林小玉说，杨文，如果不是因为你，我当年根本就不会嫁给你哥哥！林小玉又说，杨文，如果不是你，我早就改嫁了！

晓苏的这篇《嫂子改嫁》中，嫂子所嫁并非意中人，哥哥这次又出了事，嫂子改嫁似乎势在必然，连小叔子杨文都强烈地预感到“嫂子肯定是要改嫁了”。《嫂子改嫁》中也出现多伏笔—照应的现象，有这样几个重要的情节：第一，杨文的哥哥杨武是个其貌不扬、品行不端的“癞蛤蟆”，可是林小玉却答应嫁给他。小说在描写这一场景时有这样一个细节：“林小玉点头的时候，杨文也在场，林小玉一边点头一边朝杨文看了一眼。林小玉看杨文时，她的目光善良温柔”。第二，嫂子在哥哥被抓走后，面临是否改嫁的选择时，竟然让小叔子杨文来替她拿主意，在这个场景中，“嫂子的眼睛里装满了莫可名状的东西，看上去像水又像火”。第三，当杨文说希望嫂子别改嫁后，嫂子“苍白的脸上一下子铺满了红晕”，显然是对这个结果感到高兴。接下来故事的发展就明朗多了，杨文终于“明白了嫂子的心事”，林小玉也终于借着酒说出了“杨文，如果不是因为你，我当年根本就不会嫁给你哥哥”、“如果不是你，我早就改嫁了”。于是，一个虽然出乎意料、但又顺理成章的高潮就这样借助前面的伏笔和暗示被烘托出来了。

在这个伏应激活里，存在着三次伏笔，嫂子的最后坦白为应笔。在伏应之间的理解中，应笔分别与每个伏笔相激活，而且可能在每个伏应激活中都会同时产生转喻思维。操作如下图：

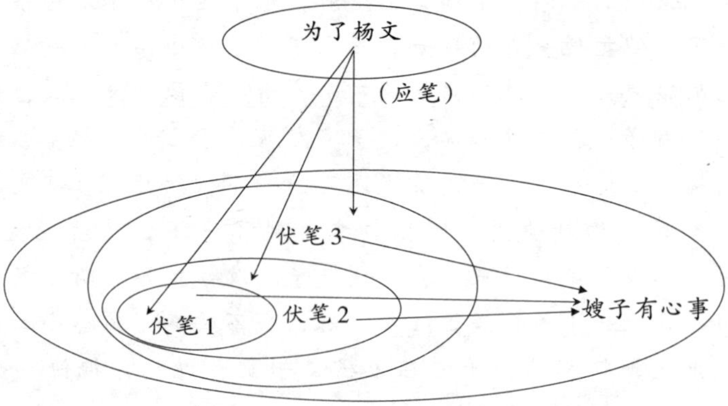

图7.13　多伏一应的转喻基础3

伏笔的特点使这三个伏笔在前面出现时不会写得很明白，读者不能一目了然。有的伏笔根本不给读者留下任何痕迹，直到应笔之处，才使读者释然；有的伏笔可能给读者留下一点儿疑惑，例（10）属于后者。这三个伏笔都让读者觉得嫂子的做法有点儿奇怪。伏笔1“林小玉点头的时候，杨文也在场，林小玉一边点头一边朝杨文看了一眼。林小玉看杨文时，她的目光善良温柔”，读到此处，读者大脑中会留下疑问，即“嫂子林小玉有点儿奇怪，她为什么看着小叔子答应自己的婚事”？伏笔2“嫂子问小叔子她是否该嫁，并且‘嫂子的眼睛里装满了莫可名状的东西，看上去像水又像火’”，又让读者觉得嫂子有点儿奇怪。伏笔3“嫂子听到不需改嫁时，‘苍白的脸上一下子铺满了红晕’”更能说明嫂子有心事。这三个伏笔一个比一个直白。但总体上还是隐藏的，没有挑明，只有在与应笔发生照应时，才在转喻思维中领悟三个伏笔确实说明“嫂子有心事”，即“喜欢杨文”。该例应笔分别与每个伏笔相激活，每个伏笔都激活转喻思维，共出现三个转喻思维（如上图），这三个转喻在伏应激活中产生，并使伏应的理解达到一个更加明朗的程度，使读者为之亢奋、为之激动。

7.4.2　多应笔一伏笔与高层转喻思维

在“伏”与“应”的概念激活中，我们发现不仅伏笔中存在转喻思维，而且应笔中也可能有转喻思维，这点我们已经谈过。下面我们将讨论一下多应笔中的转喻操作情况。

（11）　……

总理和大家亲切地谈了一个多小时。临走时，他握住吴吉昌的手，炯炯有神的目光凝视着吴吉昌说：“我把解决落桃的任务交给你了，你把它担起来！”吴吉昌迟疑地说：“总理，可我是个大老粗，一没文化，二来岁数也大了……”。总理打断他的话问：“你多大了？”吴吉昌答：“五十七。”总理说：“你五十七，我六十七，毛主席比我们都大得多。我跟你说，再过二十年，我八十七，你七十七，咱们一起用二十年时间，把毛主席交给的任务完成，行不行？”热血涌上吴吉昌的脸，他紧紧握着总理的手，响亮地回答：“行！”

……

从此，树影斑驳的村道上，人们每天都看见吴吉昌弯着残废的手，拖着打伤的腿，艰难地跪在地上打扫。人们记得，这街道两旁的白杨树，还是几年前吴吉昌领回来的奖品。那时，县里要奖给他一辆自行车，吴吉昌拒绝了。他说：“成绩是大家的！”他要求改奖一千棵白杨树苗让全村栽种。如今，这些白杨已经有碗口粗了。可是，为全村赢得这些荣誉树的人，却受到这样的折磨。白杨在迎风呼号，那是为老汉在呜咽，还是因不平而愤怒？！

看到这情景，许多贫下中农心里多难过啊！为了减轻老汉身心的痛苦，大家不约而同地出来，默默地帮助他打扫。

长期的折磨，使吴吉昌患了重病。从外表看来，他面孔蜡黄，两腿肿胀，身似朽木，但在内心深处，一种严肃的使命感，仍然象烈火一样，熊熊不息。周总理那“我把任务交给你了”的声音，不断在他耳边回旋……。

……

夜深人静，他独自在院里蹒跚、徘徊，看着那些缺少阳光而不能结桃的棉苗，一遍又一遍地自语着：“总理呵，您知道不知道，他们不让我完成您给的任务!”

吴吉昌的病一天比一天严重了，最后竟卧床不起。那些人既不许吴吉昌外出就诊，又不准医生登门，还向他勒索所谓“专政费”，连监视他的人的工分和饭费，都要吴吉昌负担。他老伴汤素莲无可奈何不得不变卖衣物。

吴吉昌无医无药，生命垂危，看来是没有指望了……一天下午，吴吉昌叫喊起来，豆粒大的汗珠不停地从脸上直往下落，终于痛得昏迷过去……。汤素莲慌了，怎么办哪？总得找人合计合计。但那时左邻右舍都被迫跟她家“划清界线”，她怎么肯去连累别人呢？她跑到本村吴吉昌妹妹家里去了。妹妹是亲骨肉，来了。有个老贫农叫李茂德，是五保户，他说：“我无儿无女，我不怕!”也来了。大家赶到炕头，一看这阵势，都说不中了。于是，汤素莲和他妹妹慌手慌脚地给吴吉昌剃了头，穿上了老衣。……

就在这个时候，吴吉昌睁开了眼睛。亲人们流着眼泪围在他的身边，要他交代后事。他摇摇头，很久很久，才断断续续地说：“我不怕死，可我不能死，……我还没有完成总理给我的任务……。”

……

想不到的横祸又发生了。棉苗正在现蕾开花的时候，因为紧挨道旁，给过路的牲口踩掉了。一见这情景，吴吉昌颓丧地坐在路上，暗暗叫起苦来：“天哪！是你存心不让我完成任务吗?”

老伴知道这些事情后，埋怨他说，“你种的是瓜，迷的是花，人家不准你搞，你偏要搞。等将来你的事情水落石出了，再研究不行吗?

满腔悲愤的吴吉昌听了老伴的话，激动地说：“我相信迟早会重见青天。到那个时候，总理把我找去，问：‘老吴同志，任务完成得怎样了?’我能光向总理诉苦吗？我能空手去见总理吗？不行，啥也别想挡住俺!”

……

尽管吴吉昌不断进行斗争，但是缚在他身上的绳索还是越捆越紧。省科委发给他的科研经费他领不到手；发给他用于棉花试验的化肥给别人挪用了；发给他的抽水机具还没有运到就被别人半路劫走了……这年夏天天旱，棉叶开始打蔫。那些过去迫害吴吉昌的人又对棉田实行了断水、断电，逼得这个残疾的老汉只好跟小姑娘一起抬水救苗。

乡亲们都为他担忧，有人劝他说："算了，这么大年纪了，可别斗了，弄那个棉花干啥？"他说："那可不行，总理要我创造经验，解决棉花落桃问题，全国有七千五百万亩棉田，一株棉少落一个桃，一亩地就能增产十多斤皮棉，这可是件大事。棉花就是俺的命，啥也别想挡住俺！"

穆青等的《为了周总理的嘱托……》中有很多处照应，吴吉昌为了完成周总理所嘱托的任务，那种"啥也别想挡住俺"的精神得到了异常突出的表现。照应手法颇多，但以伏而不露、明断暗续为最妙。现将伏笔与几处照应列举如下，其中，(1)为伏笔，(2)、(3)、(4)、(5)为照应。

(1) 总理打断他的话，问："你多大了？"吴吉昌答："五十七。"总理说："你五十七，我六十七，毛主席比我们都大得多。我跟你说，再过二十年，我八十七，你七十七，咱们一起用二十年时间，把毛主席交给的任务完成，行不行？"热血涌上吴吉昌的脸，他紧紧握着总理的手，响亮地回答："行！"

(2) 长期的折磨，使吴吉昌患了重病。从外表来看，他面孔蜡黄，两腿肿胀，身似朽木，但在内心深处，一种严肃的使命感仍然像烈火一样，熊熊不息。周总理的"我把任务交给你了"的声音，不断在他耳边回旋……

(3) 就在这个时候，吴吉昌睁开了眼睛。亲人们流着眼泪围在他的身边，要他交代后事。他摇摇头，很久很久，才断断续续地说："我不怕死，可我不能死，……我还没有完成总理给我的任务……"

(4) 满腔悲愤的吴吉昌听了老伴的话，激动地说："我相信迟早会重见青天。到那个时候，总理把我找去，问：'老吴同志，任务完成得怎样了？'我能光向总理诉苦吗？我能空手去见总理吗？不行，啥也别想挡住俺！"

(5) 乡亲们都为他担忧，有人劝他说："算了，这么大年纪了，可别斗了，弄那个棉花干啥？"他说："那可不行，总理要我创造经验，解决棉花落桃问题，全国有七千五百万亩棉田，一株棉少落一个桃，一亩地就能增产十多斤皮棉，这可是件大事。棉花就是俺的命，啥也别想挡住俺！"

在伏与应的联系中，这四个应笔分别与前面的伏笔相激活，而且每个应笔中都存在转喻思维。整体事件中的转喻操作如下：

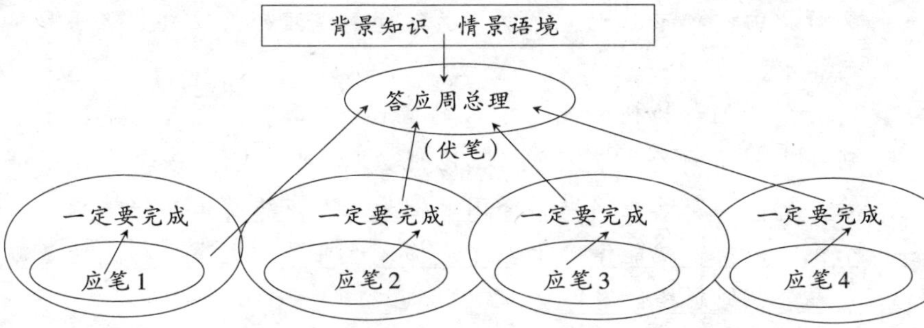

图7.14　多应一伏的转喻思维4

该例因为有了前面伏笔（1）对周总理嘱托的承诺，才有了后面一次又一次战胜困难的勇气和信心，我们把应笔（2）、（3）、（4）、（5）与前面伏笔（1）的关系分别看作是因果伏应关系。在应笔1与前面伏笔的相互激活中，应笔产生转喻思维，使整体伏应连接意义得到更准确的理解，更加体现出主人公的使命感和责任感。因为伏笔中，吴吉昌答应总理完成任务，因此，在遇到病魔时，"一种严肃的使命感，仍然像烈火一样，熊熊不息"、"周总理的'我把任务交给你了'的声音，不断在他耳边回旋"，所以他仍然有战胜病魔的勇气，决心坚持干下去。该例四个应笔的转喻思维中，它们转喻的目的域是一样的，即"一定要完成"。在伏应激活中，通过转喻思维使主人公的形象更加高大，实现了作者的写作预期。

7.4.3　多线伏应与高层转喻思维

有很多文学作品中，同时存在多条伏应线索，而这些线索中，伏笔和应笔都存在转喻思维基础，而且有时这些不同线索之间又形成复杂的互为伏笔和照应的现象。在杨村彬的《清宫外史》第一部《光绪亲政记》中，就出现了这种情况。

（12）翁同龢：你是来做眼线，来当密探的！
光绪皇帝：是不是，快说！
寇连材：（哭着，勇敢承认）是，皇上，是！
光绪皇帝：（大惊）什么？你是……
寇连材：皇上，您放心，来是他们派我来的，可是……
翁同龢：你不能卖主子！

寇连材：（抹了泪）奴才知道，奴才都知道。连材有天良，不会卖主子！（伏笔）

……（“……”表示故事进入不同篇章）

寇连材：（大彻大悟）现在，我明白过来了。瞧吧，没人劝太后，我去劝！

……

寇连材：好容易让我支下去了。这一群，苍蝇一样！

（李莲英伤口还没全好，一跛一跛地出来，李姐儿随在后边，穿着当天的礼服，只是身后立着黑影子般一个不认识的人，穿的似乎是便装。）（伏笔）

李姐儿：（性子急，指那不知何许人，机密地）快打发了他吧！

（李莲英把那人拉在身旁，一边指点着台阶底下，一边叽叽咕咕地吩咐着。顺手塞给他一张文书，那人唯唯是听。）（伏笔）

寇连材：总管？

李莲英：（板着脸）干吗蹭过来？

寇连材：（试看）小的看，这么着不大合适吧？（应笔）

李莲英：有你什么相干？（反对）

寇连材：嘻嘻，不是那个，小的是看，珍主子也没什么大错儿。（应笔）

李姐儿：（狠狠地插一句）你知道？

寇连材：（放下笑脸，十分郑重地）总管，这样一来，她就什么都毁了！（应笔）

李姐儿：什么事儿都少不了你。

寇连材：（再赔笑）李大姐……

李莲英：告诉你，除掉她，为的让皇上少胡闹！

李姐儿：少受她迷惑！

寇连材：（心直口快）总管，我们不能凭空陷害一个好人呐！（应笔）

李莲英：（没想到）什么，你说？

……

李姐儿：（正要动作，发现寇连材）你怎么不去？

连　材：（上前恳求）您别做这事吧！

李姐儿：（眼一瞪）你管！

寇连材：（哀求）我求您，李大姐儿！李大姑儿！（应笔）

李姐儿：（凶）谁是你的姑儿？滚下去！

（寇连材几乎哭了，被李姐儿逼下去……）

（李姐儿向坡下招手，即刻，那人一闪上来，李姐又在他身边吩咐几句，那人才退到山石背后去。）（伏笔）

……

寇连材：是。（要走，又回来）珍主子，今儿晚上人多事乱，您可千万别一个人到什么地当儿去。（应笔/伏笔）

珍　妃：怕什么？

寇连材：奴才是一句忠言！（伏笔）

光绪皇帝：快去吧，这罗嗦！

珍　妃：你酒还没醒啊？

寇连材：奴才没醉，珍主子，奴才心里明白。嘿……

珍　妃：我进去吧，怕他们又说闲话。

光绪皇帝：管他们呢。

……

（好一会儿，珍妃被李姐儿引上。暗暗拭泪时，一个人影子蹑手蹑脚而上，想和珍妃无礼。）

珍　妃：（挣扎着）有人呐！有人呐！

（珍妃被拖到山石背后。）

……

慈禧太后：你还委屈，我今儿图顺利，你偏给我找别扭，这还有什么说的！拉下去打！

（太监们正要拉珍妃下去。）

（寇连材红着脸，仗着几分酒意，从人丛中挤出来，哭喊着跪到慈禧面前）

寇连材：冤枉！老佛爷！老佛爷，珍主子被人陷害了，珍主子冤呐，冤呐！（照应）

李莲英：（一脚踢去）喊什么冤！来点吉祥的，好不好？

寇连材：（倒地）李总管！

李莲英：推下克！

（那些人又来推寇连材。）

……

李莲英：撤酒疯！快推下克，用大刑！

（寇连材被推下去，口里还一直喊，“冤呐！我的老佛爷！……）

慈禧太后：（舍不得）他小孩子，是多喝了两口，念他平常还没有什么大的差池，饶了他吧。

（杨村彬《清宫外史》）

这个例子中存在几处伏笔照应现象，下面将一条主要伏应线索中的例句总结如下：

（1）奴才知道，奴才都知道。连材有天良，不会卖主子！（伏笔）

（2）小的看，这么着不大合适吧？（应笔）

（3）嘻嘻，不是那个，小的是看，珍主子也没什么大错儿。（应笔）

（4）总管，这样一来，她就什么都毁了！（应笔）

（5）李大姐……（应笔）

（6）总管，我们不能凭空陷害一个好人呐！（应笔）

（7）我求您，李大姐儿！李大姑儿！（应笔）

（8）珍主子，今儿晚上人多事乱，您可千万别一个人到什么地当儿去。（应笔/伏笔）

（9）奴才是一句忠言！（应笔/伏笔）

（10）冤枉！老佛爷！老佛爷，珍主子被人陷害了，珍主子冤呐，冤呐！（应笔）

该例是个多应笔的例子，上面例句（1）“连材有天良，不会卖主子”是对主子忠心耿耿的誓言，也是后面情节的伏笔。(2)至（9)都分别是对前面伏笔的应笔，每个应笔都是衷心的见证，也是对伏笔很好的照应。在伏笔和应笔之间暗含着因果关系，伏笔“连材有天良，不会卖主子”是承诺，也是原因，后面（2)—(9）的应笔都是对承诺的具体实施，目的是请求李莲英不要陷害珍妃，从而保护皇上主子。(8）和（9）既是前面的照应，同时又是后面的伏笔，形成了多条伏应线索即多线伏应。主体伏应线索跨度很大，几乎贯穿整个故事。在每个应笔部分，都可能存在转喻思维，使应笔与伏笔的激活理解达到最佳效果。其转喻思维图示如下：

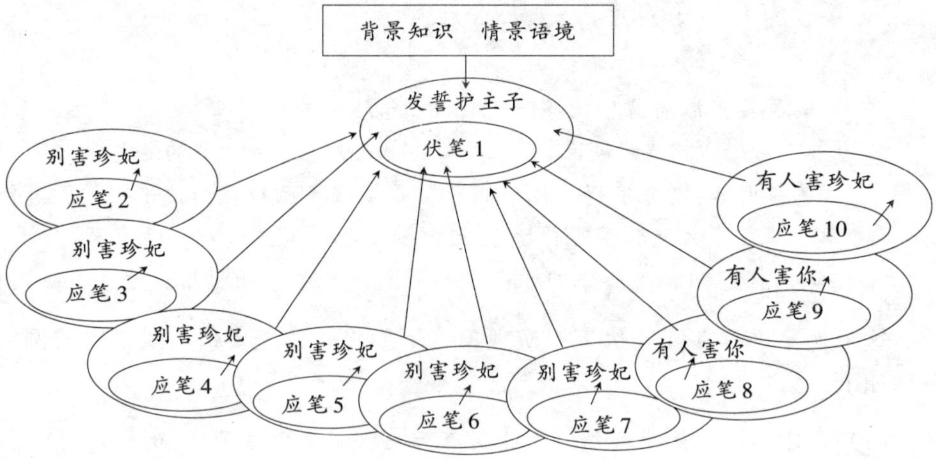

图7.15 一伏多应的转喻激活

该例为一伏多应和多条伏应线索并存的例子，每个应笔与伏笔都会产生伏应激活联系，而且伏笔内部和每个应笔内部都会产生转喻思维。在伏笔中，寇连材发誓不出卖主子，保护主子，转喻的源域为“奴才知道，奴才都知道。连材有天良，不会卖主子”，目的域为“发誓护主子”。这个转喻是在伏应激活中实现的，读者在阅读伏笔时，并不会想到那么多，只有与应笔联系，此转喻才得以实现。在应笔(2)中，源域为“小的看，这么着不大合适吧”，目的域为“别害珍妃”；应笔(3)（4）（5）（6）（7）中，目的域都是“别害珍妃”。(8)和(9)的目的域有所不同，(8)和(9)的源域分别为“珍主子，今儿晚上人多事乱，您可千万别一个人到什么地当儿去”、“奴才是一句忠言”，而目的域都为“千万小心，出去担心会出事”。应笔(10)中，寇连材不顾自身安危，揭穿真相，其源域为“冤枉！老佛爷！老佛爷，珍主子被人陷害了，珍主子冤呐，冤呐”，目的域为“有人害珍主子”。可见，伏笔和应笔中的转喻是经常存在的。

文学作品中，常常存在多条伏应线索，有时这些不同线索之间又形成复杂的互为伏笔和照应的现象，应笔也可以同时作为后面的伏笔，与此交织；或者还存在另一条伏应线索。此外多伏笔单应笔，相关的伏应表达归纳如下：

(1) 只是身后立着黑影子般一个不认识的人，穿的似乎是便装。(伏笔)

(2) 李姐儿向坡下招手，即刻，那人一闪上来，李姐又在他身边吩咐几句，那人才退到山石背后去。(伏笔)

(3) 珍主子，今儿晚上人多事乱，您可千万别一个人到什么地当儿去。(伏笔)

(4) 奴才是一句忠言！(伏笔)

(5) 一个人影子蹑手蹑脚而上，想和珍妃无礼……珍妃被拖到山石背后。(应笔)

在这条伏应线索中，(1)、(2)、(3)、(4)为伏笔，(5)为应笔，这是多个伏笔一个应笔的例子。整体事件描写了李莲英和其妹妹李姐儿合伙陷害珍妃的过程，他们安排一个人藏在假山背后，当珍妃路过时，这个人便跑出来非礼，假装与珍妃有往来。寇连材对李莲英陷害珍妃的事已有所察觉，曾劝珍妃不要一个人走动，但劝告失败。伏笔 (1)、(2)、(3)、(4)分别按次序与应笔激活，在伏应激活中，伏笔和应笔内部可能的转喻思维如下图：

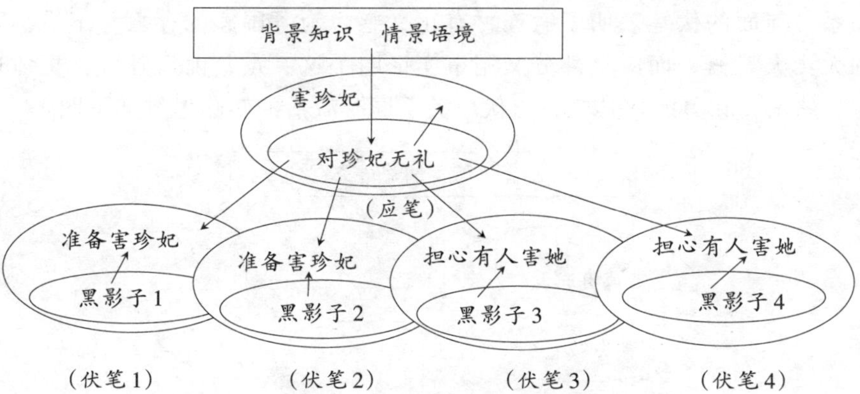

图7.16　多伏一应的转喻激活

在应笔中，激活的转喻思维源域为“想和珍妃无礼……珍妃被拖到山石背后”，目的域为“害珍妃”，读者的这一理解顿悟是在读到应笔时产生的。可见，伏应激活与转喻激活互为基础，同时进行。与此同时，每一个应笔与伏笔相激活，都可能产生转喻思维。例如伏笔(1)中，转喻源域为“只是身后立着黑影子般一个不认识的人，穿的似乎是便装”，当读者读到这一处伏笔时，并看不出黑影子究竟要做什么，因此单独的一处伏笔不会有转喻激活，只有在应笔处，伏应的联系激活，才能产生伏笔(1)的转喻激活，推出其目的域为“准备害珍妃”。同理，伏笔(3)和伏笔(4)的转喻目的域为“担心有人害珍妃”，在寇连材劝珍妃不要单独行走时，读者也只是有所猜测，直到读到应笔，才真正明白伏笔处寇连材话语的意思。可见，“伏”与“应”内部的转喻思维促使伏应得到准确和彻底的理解，从而使读者获得经过思维推理而顿悟的快乐。除此之外，还有别的线索。

伏笔：（大彻大悟）现在，我明白过来了。瞧吧，没人劝太后，我去劝！

应笔：（跳着喊着）我的老佛爷，您被蒙在鼓里了，好人歹人您还分不清？天下已经保不住了！天津都快丢了，他们还瞒着您，我的老佛爷！

伏笔“瞧吧，没人劝太后，我去劝”体现了寇连材的忠心、正义和胆量，在满朝文武都装糊涂的情况下，寇连材一片忠心。照应中，寇连材果真敢做敢为，敢于冒着生命危险去劝阻太后，将事情在老佛爷面前揭穿，“我的老佛爷，您被蒙在鼓里了，好人歹人您还分不清？天下已经保不住了！天津都快丢了，他们还瞒着您，我的老佛爷！”这样与前面的伏笔产生因果概念激活关系，前面的伏笔表明了寇连材有正义感，为了国家的存亡，不惜牺牲自己的大丈夫气概，而应笔部分又用事实证明了这一点，前后呼应，更体现了寇连材的正义和勇敢。其中，与伏应关系同时激活的转喻思维如下图：

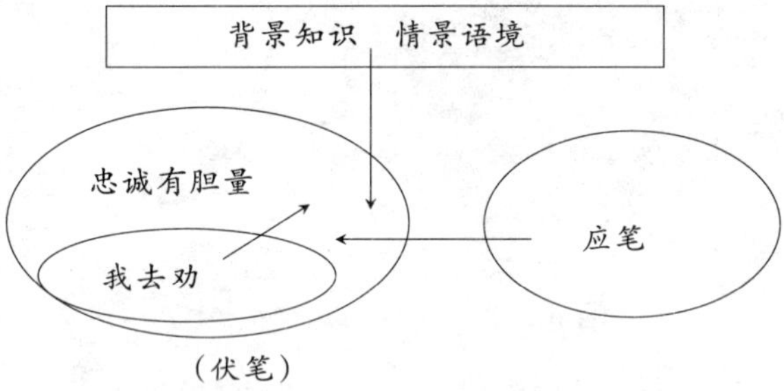

图7.17　一伏一应转喻激活

读者在伏笔处并不会认为寇连材的话有什么特别的意思，在应笔处才获得释然，这说明伏应的激活突显出更多可能隐藏的意义，而这一意义之所以变得明晰，正是通过转喻来实现的。当时的伏笔“现在，我明白过来了。瞧吧，没人劝太后，我去劝”在伏应中获得了转喻思维目的域的意义“忠诚有胆量去劝太后，不畏牺牲自己”，也因转喻思维的存在而获得伏应的理想效果。多条伏应线索此起彼伏，互相交错，吸引读者并产生感情共鸣。

（13）寇连材：您要信不过我，李总管，要不您还调我回仪銮殿吧，奏事处也好，梳头房也好。这儿干了四个月，也干够了！以前是图新奇罕儿，现在才知道，皇上天天哭丧着脸，您又有事没事地逼报告，这差事太难当了！

李莲英：（厉色）好方便！你想怎么着就怎么着！你不是说有天良么？告诉你：好好地干便罢，你要变心的话，（慢）娃娃，留神你的小命！（伏笔）

（寇连材吓哭了。李总管扬长而下。）

……

李莲英：老佛爷喊迎帘好儿？她驾今儿个是太高兴了，哈……

（宫女们一式请过安进去。）

李莲英：（收回笑，转对寇连材）寇连材，你刚才说什么？

寇连材：（不敢）没，没什……

李莲英：（威吓）哼，你小心点！（伏笔）

寇连材：（求饶）总管，您别见怪！

李莲英：你自己瞧着办好了。

寇连材：（诚恳地）小的是怕，这纸怎么包得住火？

李姐儿：什么叫纸包不住火？

寇连材：（真挚）总管，火，总有烧出来的一天呀！

李莲英：（直截）那就是你！

寇连材：（无力出声）总管！我？

李莲英：什么都甭说了。听我的，有的是便宜，不听我的，哼哼……（伏笔）

……

（连材因触犯家法被推出去斩首。）

李莲英：得了，连材，小小的人儿，你还天下天下的呢？这就是你小子的收因结果！（应笔）

（杨村彬《清宫外史》）

（1）好方便！你想怎么着就怎么着！你不是说有天良么？告诉你：好好地干便罢，你要变心的话，娃娃，留神你的小命！（伏笔）

（2）哼，你小心点！（伏笔）

（3）什么都甭说了。听我的，有的是便宜，不听我的，哼哼……（伏笔）

（4）这就是你小子的收因结果！（应笔）

在这条线索中，（1）、（2）、（3）为伏笔，（4）为应笔。李莲英是内务总管，他的话寇连材不能不听，李莲英吩咐“你伺候他要伺候得周密，要寸步不离，他的一举一动，你都要随时报告我，懂么”。事实上，寇连材发生了变化，他同情皇上的处境，认为慈禧太后独揽朝政，所以并未按李莲英的吩咐时时事事汇报，这使李莲英很生寇连材的气，随后李莲英对寇连材几处暗示，如果不听他的话，寇连材将没有好下场，这些话语都构成伏笔。最后，寇连材被处死，李莲英在寇连材临死之前对他说的话“这就是你小子的收因结果”成为与前面伏笔的照应，存在转喻多域思维。图示如下：

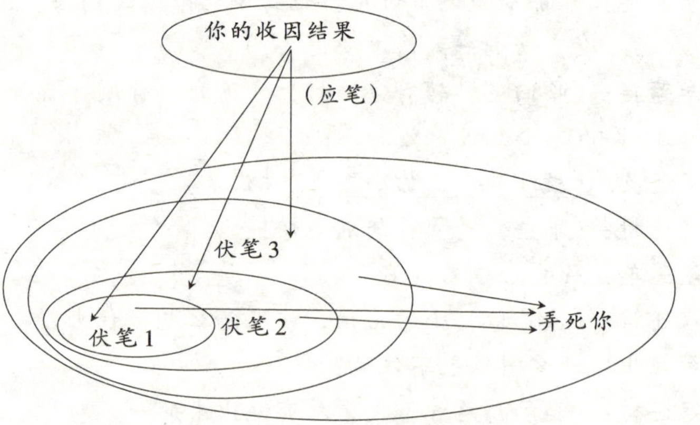

图7.18　多伏一应多域操作

李莲英对寇连材的变化怀恨在心，在每个伏笔处，都给读者留下一个悬念，即李莲英会害寇连材，到应笔处伏应激活，伏笔中的转喻思维使伏笔的意义在转喻中更加明确与量化。读者获得的每一个伏笔都转喻地表达了“不听我的话，我就弄死你”，从而认为寇连材之死与故事的发展都是顺理成章的。

（14）慈禧太后：什么万不得已，简直是跟我作对！

（慈禧立起来。）

慈禧太后：难得十月是我的好日子，我就一句话：（一字一句）谁要这个日子让我不痛快，他这一辈子就别想痛快！（伏笔）

（众人唯唯是听。慈禧气忿着要走。）

……

李鸿章：（急切地）海军统帅丁汝昌自杀。海军散失了！陆军，吴大澄还没跟敌人交锋就瓦解了！现在敌人正向天津方面进攻呢，已经保不住了！

李莲英：你打算怎么办呢？

李鸿章：现在可不能再不跟老佛爷讲了。

李莲英：就现在？今儿晚上？

李鸿章：一天是一天的事，谁也担当不起。

李莲英：谁去说？

李鸿章：啊……不才……

李莲英：你不想活了？没听老佛爷再三再四地吩咐？（照应）

李鸿章：那什么时候？

……

慈禧太后：我问你：黑灯瞎火的，你一个人跑到这儿来干什么？

（珍妃抬头一看李姐儿，李姐儿正在衣襟底下摆手。）

慈禧太后：说！

李姐儿：（好像在说情）老佛爷，别问了，反正是……

慈禧太后：（责骂）看你就不是好来头！说不说？不说掌嘴巴！

珍　妃：（哭）老……

慈禧太后：你还委屈！我今儿图顺利，你偏给我找别扭，这还有什么说的！拉下去打！

（照应）

（太监们正要拉珍妃下去……）

……

光绪皇帝：你，你，莫不是有人派来的？

主要的伏笔和应笔总结如下：

（1）难得十月是我的好日子，我就一句话：（一字一句）谁要这个日子让我不痛快，他这一辈子就别想痛快！（伏笔）

（2）你不想活了？没听老佛爷再三再四地吩咐？（应笔）

（3）你还委屈！我今儿图顺利，你偏给我找别扭，这还有什么说的！拉下去打！（应笔）

这是个一伏多应的例子，(1)为伏笔，(2)和(3)是应笔，在伏笔和照应关系中，因为之前慈禧太后有话“难得十月是我的好日子，我就一句话：（一字一句）谁要这个日子让我不痛快，他这一辈子就别想痛快”，这个话语只是在当时随口说出，但在后面遇到的事情中，都产生照应。伏笔与两个照应之间暗含着因果关系，当战争连连溃败，将要打到天津的时候，李鸿章黑夜回京，但李莲英和李鸿章商量不当天禀报太后，认为那样做是“不想活了”。“你不想活了？没听老佛爷再三再四地吩咐”成为第一个因果伏应激活。在对珍妃事件上也得到照应，珍妃被李莲英和李姐儿合伙陷害，慈禧太后不知情，对此严厉处分珍妃，“你还委屈！我今儿图顺利，你偏给我找别扭，这还有什么说的！拉下去打”，该应笔与伏笔也形成因果伏应，而因果伏应的理解也是基于转喻思维。操作如下图：

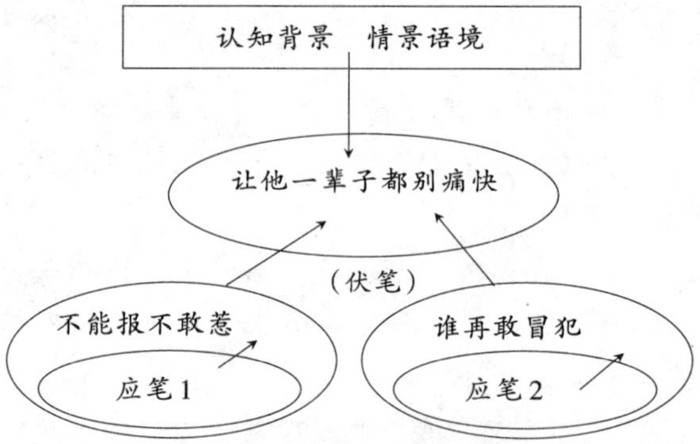

图7.19　一伏多应的转喻激活

在伏笔与应笔的联系激活中，应笔(1)“你不想活了？没听老佛爷再三再四地吩咐”通过转喻表达“这事不能禀报，会招来杀身之祸”；应笔（2）“你还委屈！我今儿图顺利，你偏给我找别扭，这还有什么说的！拉下去打”通过转喻表达“珍妃都这样严惩，有谁再敢冒犯”之意。这两个转喻的激活理解大大有助于伏应的理解，即“谁要这个日子让我不痛快，他这一辈子就别想痛快”，更有力地说明了慈禧的专制。

上面的分析可以看出，在整个话剧中，存在多条伏应线索，此外还有更为错综复杂的情况，即有些表达既是前面伏笔的应笔，同时又是后面应笔的伏笔。比如下面这三个命题表达，同时兼有伏笔和应笔两个功能。

（1）好方便！你想怎么着就怎么着！你不是说有天良么？告诉你：好好地干便罢，你要变心的话，娃娃，留神你的小命！（应笔/伏笔）

（2）哼，你小心点！（应笔/伏笔）

（3）听我的，有的是便宜，不听我的，哼哼……（应笔/伏笔）

（4）这就是你小子的收因结果！（应笔）

（1）、（2）、（3）作为应笔与伏笔“连材，你去伺候皇上，不光是瞧新奇罕儿，图好玩儿，我派你去就为的以后更容易知道皇上的行动。（阴险地）你伺候他要伺候得周密，要寸步不离，他的一举一动，你都要随时报告我，懂么”形成因果思维。因为寇连材并没有对李莲英言听计从，因此李莲英不满寇连材的行为，给予威胁、恫吓，如例(1)、例（2)和例(3)。与此同时，这三个应笔不仅与前面的伏笔分别形成因果伏应关系，而且又是后面应笔的伏笔。“好好地干便罢，你要变心的话，（慢）娃娃，留神你的小命”又与后面李莲英对寇连材死前的报复言语形成伏应关系，应笔为“这就是你小子的收因结果”。寇连材最后由于大胆劝阻慈禧太后，而触犯了朝廷家法，被处以死刑。执行前，李莲英用轻蔑的口气说出上面的话来，这两者又构成了因果伏应关系。整体构成多个伏应因果激活，篇章由此得到延伸。

(15)　　（第25回）关公辞退，遂引数十骑来见曹操。操自出辕门相接。关公下马入拜，操慌忙答礼。关公曰：“败兵之将，深荷不杀之恩。”操曰：“素慕云长忠义，今日幸得相见，足慰平生之望。”关公曰：“文远代禀三事，蒙丞相应允，谅不食言。”操曰：“吾言既出，安敢失信。”关公曰：“关某若知皇叔所在，虽蹈水火、必往从之。此时恐不及拜辞，伏乞见原。”操曰：“玄德若在，必从公去；但恐乱军中亡矣。公且宽心，尚容缉听。”关公拜谢。操设宴相待。次日班师还许昌。关公收拾车仗，请二嫂上车，亲自护车而行。于路安歇馆驿，操欲乱其君臣之礼，使关公与二嫂共处一室。关公乃秉烛立于户外，自夜达旦，毫无倦色。操见公如此，愈加敬服。既到许昌，操拨一府与关公居住。关公分一宅为两院，内门拨老军十人把守，关公自居外宅。

操引关公朝见献帝，帝命为偏将军。公谢恩归宅。操次日设大宴，会众谋臣武士，以客礼待关公，延之上座；又备绫锦及金银器皿相送。关公都送与二嫂收贮。关公自到许昌，操待之甚厚：小宴三日，大宴五日；又送美女十人，使侍关公。关公尽送入内门，令伏侍二嫂。却又三日一次于内门外躬身施礼，动问二嫂安否。二夫人回问皇叔之事毕，曰“叔叔自便”，关公方敢退回。操闻之，又叹服关公不已。

……

忽一日，操请关公宴。临散，送公出府，见公马瘦，操曰：“公马因何而瘦?”关公曰：“贱躯颇重，马不能载，因此常瘦。”操令左右备一马来。须臾牵至。那马身如火炭，状甚雄伟。操指曰："公识此马否？"公曰："莫非吕布所骑赤兔马乎？"操曰："然也。"遂并鞍辔送与关公。关公再拜称谢。操不悦曰："吾累送美女金帛，公未尝下拜；今吾赠马，乃喜而再拜。何贱人而贵畜耶？"关公曰："吾知此马日行千里，今幸得之，若知兄长下落，可一日而见面矣。"操愕然而悔。关公辞去。后人有诗叹曰："威倾三国著英豪，一宅分居义气高。奸相枉将虚礼待，岂知关羽不降曹。"操问张辽曰："吾待云长不薄，而彼常怀去心，何也？"辽曰："容某探其情。"次日，往见关公。礼毕，辽曰："我荐兄在丞相处，不曾落后？"公曰："深感丞相厚意。只是吾身虽在此，心念皇叔，未尝去怀。"辽曰："兄言差矣，处世不分轻重，非丈夫也。玄德待兄，未必过于丞相，兄何故只怀去志？"公曰："吾固知曹公待吾甚厚。奈吾受刘皇叔厚恩，誓以共死，不可背之。吾终不留此。要必立效以报曹公，然后去耳。"辽曰："倘玄德已弃世，公何所归乎？"公曰："愿从于地下。"辽知公终不可留，乃告退，回见曹操，具以实告。操叹曰："事主不忘其本，乃天下之义士也！"荀彧曰："彼言立功方去，若不教彼立功，未必便去。"操然之。

……

关公思曰："此曹丞相不容我去之意。我去志已决，岂可复留！"即写书一封，辞谢曹操。书略曰："羽少事皇叔，誓同生死；皇天后土，实闻斯言。前者下邳失守，所请三事，已蒙恩诺。今探知故主现在袁绍军中，回思昔日之盟，岂容违背？新恩虽厚，旧义难忘。兹特奉书告辞，伏惟照察。其有余恩未报，愿以俟之异日。"写毕封固，差人去相府投递；一面将累次所受金银，一一封置库中，悬汉寿亭侯印于堂上，请二夫人上车。关公上赤兔马，手提青龙刀，率领旧日跟随人役，护送车仗，径出北门。

……

（第27回）操曰："吾昔已许之，岂可失信！彼各为其主，勿追也。"因谓张辽曰："云长封金挂印，财贿不以动其心，爵禄不以移其志，此等人吾深敬之。想他去此不远，我一发结识他做个人情。汝可先去请住他，待我与他送行，更以路费征袍赠之，使为后日记念。"张辽领命，单骑先往。曹操引数十骑随后而来。

……

（第50回）过了险峻，路稍平坦。操回顾止有三百余骑随后，并无衣甲袍铠整齐者。操催速行。众将曰："马尽乏矣，只好少歇。"操曰："赶到荆州将息未迟。"又行不到数里，操在马上扬鞭大笑。众将问："丞相何又大笑？"操曰："人皆言周瑜、诸葛亮足智多谋，以吾观之，到底是无能之辈。若使此处伏一旅之师，吾等皆束手受缚矣。"言未毕，一声炮响，两边五百校刀手摆开，为首大将关云长，提青龙刀，跨赤兔马，截住去路。操军见了，亡魂丧胆，面面相觑。操曰："既到此处，只得决一死战！"众将曰："人纵然不怯，马力已乏，安能复战？"程昱曰："某素知云长傲上而不忍下，欺强而不凌弱；恩怨分明，信义素著。丞相旧日有恩于彼，今只亲自告之，可脱此难。"操从其说，即纵马向前，欠身谓云长曰："将军别来无恙！"云长亦欠身答曰："关某奉军师将令，等候丞相多时。"操曰："曹操兵败势危，到此无路，望将军以昔日之情为重。"云长曰："昔日关某虽蒙丞相厚恩，然已斩颜良，诛文丑，解白马之围，以奉报矣。今日之事，岂敢以私废公？"操曰："五关斩将之时，还能记否？大丈夫以信义为重。将军深明《春秋》，岂不知庾公之斯追子濯孺子之事乎？"云长是个义重如山之人，想起当日曹操许多恩义，与后来五关斩将之事，如何不动心？又见曹军惶惶，皆欲垂泪，一发心中不忍。于是把马头勒回，谓众军曰："四散摆开。"这个分明是放曹操的意思。操见云长回马，便和众将一齐冲将过去。云长回身时，曹操已与众将过去了。云长大喝一声，众军皆下马，哭拜于地。云长愈加不忍。正犹豫间，张辽纵马而至。云长见了，又动故旧之情，长叹一声，并皆放去。后人有诗曰："曹瞒兵败走华容，正与关公狭路逢。只为当初恩义重，放开金锁走蛟龙。"

《三国演义》中，有一个情节就是关羽把曹操这个"敌手"从华容道上放走。曹操是蜀国的"国敌"，关羽的结拜兄弟刘备的死敌。《三国演义》里塑造的"三绝"之一的"义绝"就是关羽，这个情节看起来好像不符义胆忠肝的关羽的做法。但我们回过头去看，关羽在华容道上放走曹操是在小说的第五十回，而在前面二十五回至二十七回里有这些情节：关羽屈居曹操府中时，曹操的礼遇不谓不周，三日一小宴，五日一大宴，但关羽终是"身在曹营心在汉”。当他得知刘备下落后，决意离操而去。临走之前他留下书信一封，信中写道:“新恩虽厚，旧义难忘。兹特奉书告辞，伏惟照察。其有余恩未报，愿以俟之异日。”曹操见关羽去意已决，就前往送行，“更以路费征袍赠之，使为后日记念”。这里关羽的“愿以俟之异日”和曹操的“使为后日记念”，又给后文埋下了深深的伏笔。小说延展到第五十回，曹操败走华容道，行不到数里，操在马上扬鞭大笑曰:“人皆言周瑜、诸葛亮足智多谋，以吾观之，到底是无能之辈。若使此处伏一旅之师，吾等皆束手受缚矣。”言未毕，一声炮响，两边五百校刀手摆开，为首大将关云长，提青龙刀，跨赤兔马，截住去路。读者看到此处，都以为曹操是必死无疑了，但后来曹操何以能绝处逢生？只因为前边的伏笔。关羽是个义重如山之人，听了曹操的苦苦哀求，就冒着违犯军令的危险，放掉了曹操，关云长在读者心目中“义”的形象不但不受损，反而更鲜明，更光彩照人了。前文第二十五回埋下的伏笔，关羽的“异日”和曹操的“后日”，应在了第五十回的华容道上。

因为曹操对关羽百般礼遇，以知己相待，设下一个伏笔，所以后面关羽放走曹操成为照应，这个伏笔和照应是一个因果关系；而关羽过五关斩六将，义无返顾回到刘备身边，也可以说是对桃园结义的照应，以此说明关羽对桃园结义的珍视和义胆忠肝的人品，又是一个因果关系；关羽离开曹营，连接两头两个伏应因果关系。

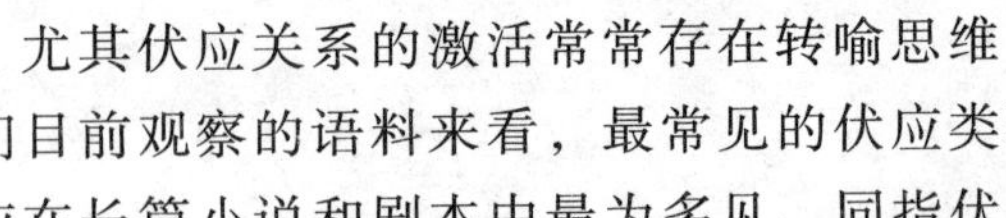

图7.20 伏笔与应笔链

从我们对非相邻句伏应关系的观察中，发现伏应关系确实是篇章性的一个很重要的方面，尤其伏应关系的激活常常存在转喻思维，这说明篇章转喻确实存在。就我们目前观察的语料来看，最常见的伏应类型有因果伏应和同指伏应，因果伏应在长篇小说和剧本中最为多见，同指伏应在现代散文中常见。通过分析，我们更加明白在伏应思维推理中转喻的存在状况，即转喻思维要么在“伏”中出现，要么在“应”中出现，甚至两者可以同时存在。我们可以把“伏”与“应”因果激活看成可能存在着转喻思维的推理，而且在产生“伏”与“应”的因果激活之前，这种转喻概念激活的关系是难以被读者察觉的，因而“伏”或“应”本身涉及的这种转喻思维有赖于“伏应”整体的认知思维而存在。伏应关系无疑是一种语用认知思维现象，伏应理解离不开转喻的意义扩展作用。很多文学作品在情节的展开和衔接中，伏应关系是一个不可或缺的线索，而转喻思维点缀在两端，概念意义由此延伸与扩展。同时，转喻的存在使得伏应意义关系更加明确丰富，充满色彩。本文区分了四种不同的伏应类型：一伏一应、多伏一应、一伏多应及多线伏应（更为复杂的伏应关系表现为同时有几条伏应线索，我们称其为多线伏应）。有些表达既是前面伏笔的应笔，同时又是后面应笔的伏笔，“伏”与“应”交织环复，妙趣无穷。对于伏应的认知研究，这只是一个开头，对伏应中存在的转喻思维及伏应的整体推理，还有待于学者们进行大量深入的研究。

第八章　“的”字结构的构式观与高层转喻思维

“的”字结构的研究在汉语中由来已久，以往学者们多数从语法、语义的角度进行研究。朱德熙（1983）区分了“转指”和“自指”，认为转指是汉语的名词化现象；陆俭明（1983）和袁毓林（1994）指出，通常“VP（动词+其他）的”的转指有空位，但也存在“VP”无语法空位而“转指”的例子；范继淹（1979）、黄国营（1982）、孔令达（1992）从语法、语义角度研究“的”字结构替代中心语的语义规则。近十年，有些学者从认知角度对“的”字结构进行研究，如沈家煊、石毓智、严辰松、王远杰等。沈家煊（1999）首次从认知角度提出转指本质就是转喻的观点，他用完形理论、配价图式、显著度和语境调控理论等观点，解释其认知理据，认为转指受一般转喻规律的制约，体现在以下几个方面：（1）“X的”（X表示与“的”连用的不同词类和短语）和所指代的事物同在一个认知框架内；（2）显著度高的转指显著度低的。严辰松（2007）对沈家煊的一些观点提出质疑：（1）“VP的”能指代“时间”、“处所”甚至“方式”等外围格；（2）名词间不存在显著度的高低问题；（3）配价未必是有些“N（名词）的”指代受限的原因；（4）“X的”转指抽象名词未必受限。石毓智（2000）提出三个认知空间的想法。王远杰（2008a、2008b）从认知语言学的角度对虚词“的”的来源、演变、分合、作用进行了讨论，提出确定汉语名词短语的结构和类型的分析框架，在此基础上提出了单项定语和多项定语中定语标记“的”的隐现规律。另外，也有一些学者从形式句法的角度对“的”字结构进行探索，如熊仲儒（2006）从生成语法角度对“的”字结构的句法、语义表现进行讨论，从而论证了“的”为名词性功能范畴及其为句法核心的可能性。刘洋（2007）从最简方案角度对汉语领有名词提升结构进行了重新推导，将“的”字归入功能语类的某一类，即限定词的一个成员，认为DeP（“的”字结构）生成的原因就在于“的”所具有的[NOM]特征。还有从语言类型学角度所做的研究，如刘丹青（2008）从语言类型学角度，将汉语名词短语的定语分为外延定语和内涵定语两类，前者主要由指示词和无“的”数量词充任，其他定语归入内涵定语；

并且外延定语不能带“的”，内涵定语可以带“的”。此外，还有韵律语法方面的研究，如庄会彬、刘振前（2012）从韵律语法角度进行研究，认为“的”是一个附着成分，必须依附于毗邻的粘附组，从而把一个词或短语一分为多，形成多个粘附组，从而打破了原词的音系结构或使韵律结构重新分配。

面对“的”字结构现有的众多解释，尤其面对认知解释的争议，我们认为既然“的”字结构在意义获得和意义限制等方面存在独立性，那么，我们可以把它看成一个构式。如果沈家煊（1999）所说“的”字结构中存在转喻思维可以成立，那么，转喻如何操作？其操作属于高层还是低层？对目前认知领域在“的”字结构问题上的争议应如何解释？这便是本章要研究的主要问题。

8.1 “的”字结构与构式

“的”字结构存在不同的界定（赵元任，1979；朱德熙，1961、1966、1983；石毓智，2000），本文把名物化的、没有中心词但在语境中又可以获得中心词的“X的”称为“的”字结构（例如“红的”），以区别带中心语的结构“X的Y”（例如“小王的爸爸”）。赵元任（1968:152）认为“X的”结构是“X的Y”省略中心语“Y”的现象，但朱德熙（1966）认为省略的解释非常勉强，甚至完全讲不通。比如“至少他手里有条麻绳，不完全是空的”，这句话就补不出中心语。此外，裘荣棠（1992）的调查结果表明，“的”字结构比有中心词的“X的Y”结构使用范围更大。陆俭明（1983）认为“的”这个语法标记的存在使该结构成为典型的名物化结构，因此获得了很大的使用范围，其语法功能为主语和宾语。石毓智（2000）认为有中心语和没有中心语两者之间没有派生和被派生的关系，它们各自独立。本文从认知角度首先认为“的”字结构可以作为构式语法中的构式来分析，那么，“的”字结构的形式与意义是如何匹配的？下面我们将考察“的”字结构的形式与意义的匹配特点。

（1）鲁四凤：老爷说您犯的是肝郁！

（曹禺《雷雨》）

（2）王福升：他们成群结党，手里都有家伙，都是吃卖命饭的。

（曹禺《日出》）

（3）女　子：（微笑）你真想得到，可是我们已经比你想到了，那志愿书里有十几个是尼姑，她们就是专门领导和尚的。此外，还有兵士也是没有妻子的，那你不会想到了，那我们已有看护去领导。

（4）林卷妤：这样的病，我倒有经验，小时候也害过的。

（宋之的《雾重庆》）

（5）赵海生：那倒没有什么可怕的，就怕飞机下蛋。

陈银弟：飞鸡下鸡蛋，那有什么可怕的？

（董林肯《小主人》）

您犯的	您犯的病
吃卖命饭的	吃卖命饭的人
专门领导和尚的	专门领导和尚的人
小时候害过的	小时候害过的病
可怕的	可怕的事

例子中，“您犯的”、“吃卖命饭的”、“专门领导和尚的”、“小时候害过的”和“可怕的”分别指代“您犯的病”、“吃卖命饭的人”、“专门领导和尚的人”、“小时候害过的病”和“可怕的事”。很明显，“的”字结构使结构内的词性或短语都发生了变化。无论“您犯”、“吃卖命饭”、“领导和尚”、“害过”和“可怕”原来是什么结构或词性，只要出现在“的”字这个结构中，在标记“的”的作用下，整体“的”字结构就以名词出现，具有了名词的性质，指代了具有整体结构共性的东西——事物或人，其意义不是词素和句法规则互动的结果，而是构式形式和意义匹配的结果。这个观点正与Goldberg（1995）的构式观相一致，即形成了形式与意义的匹配。

关于构式，认知领域有多个认知理论持构式语言观（Fillmore, 1988; Fillmore and Kay, 1993; Kay and Fillmore, 1999; Lakoff, 1987; Goldberg, 1995），它们本质上相似，都称为构式语法。本文主要以更具代表性的Goldberg（1995、1997）的构式理论为依据，按照Goldberg（1995）的观点，构式被认为是一个基本的单位序列，是形式、意义或用法的匹配体，是非模块化的，不是词素和句法规则互动的结果。其中“构式”的定义如下（Goldberg, 1995: 4)：当且仅当C是一个形式——意义结合体<Fi，Si>，且形式Fi和意义Si的某些方面不能从C的组成成分或先前已有其他构式中严格地推导出来时，C是一个构式。构式语法理论认为语言系统并不是一个杂乱无章的构式集合，而是一个高度统一的体系，“的”字结构存在意义与形式匹配，而且“的”字结构有自己独特的整体构式意义和有别于其他类似结构的形式特征。

8.1.1 “的”字结构的语义特征

在“的”字结构中，整体结构的语义具有与其构成成分“X”和“的”不同的语义特征，构式的意义无法从它的构成成分中作出预测，如前面提到的例子中，“吃卖命饭的”指代“吃卖命饭的人”，“可怕的”指代“可怕的事”，“的”的出现使“X”位置的所有表达（包括词性和短语）都与“的”一起名物化，而且整体构式指代与“X”完全不同的东西。

（6）姑　乙：（惊讶地）哦，今天三十？——那么今天楼下的也会出来，到这房子里来。

姊　姊：（觉得这是不值一问的问题）自然是找楼上的去了。

弟　弟：（急切地）谁是楼上的？

弟　弟：（直觉地臆断）男的吧？

姊　姊：（肯定地）不，女的——一个有钱的太太。

弟　弟：（忽然）楼下的呢？

（曹禺《雷雨》）

例(6)中，“楼下的”、“楼上的”、“男的”、“女的”所表达的实际意义都与它们内部的成分意义不同。“楼下”“楼上”通常指地点，“男”“女”通常指性别，在这里分别指代“楼下的人”、“楼上的人”、“男人”、“女人”，这与“的”字结构中“X”的意义远不是一回事。这样的情况不只发生在“X”是形容词的时候，“X”也可以为其他词性或结构，如“楼下的”指“楼下的人”。显然是“的”字这个构式使“X”成分具有了转指事物（包括人）的功能。因此只要进入该构式，构式就能压制其原有的词性，并作为整体具有指代功能，该短语的整体意义不等于构成短语的语言成分之和，“楼下”和“的”合不成“楼下的人”。这一点说明该结构具有独立意义及构式特征。

8.1.2 “的”字结构的形式特征

“的”字结构除了在整体意义上有不可预测的特征外，在形式特征上也有其独特性：

第一，“X的”结构与有中心语的“X的Y”结构中的“X的”不同。

（7）李：……亲爱的劳苦民众们，当这个电报要发完的时候，日本兵已经在发报房的门外了，我传递给你们的不是一个个的电报号码，是一滴滴的东北大众的血。

（适夷《SOS无线电急奏》）

（8）马国材：记着，你在家里等我，天亮了我就来找你。我今天要和你商量的就是这事。

（石凌鹤《黑地狱》）

（9）曾文彩：（在爆竹声中倒吸一口长气）谁家放这么长的爆竹？

（曹禺《北京人》）

（10）夫：（向妻，低声）你不必“打破砂锅问到底”了！我看他一定是很有体面的人，而且好像在哪里见过的。

（宋春舫《一幅喜神》）

我传递给你们的	我传递给你们的电报
我今天要和你商量的	我今天要和你商量的事情
这么长的爆竹	*这么长的
很有体面的人	*很有体面的

这四句话都有“X的”结构，前两例没有中心语，后两例在句中有中心语。前两例可以补出相应的中心语，即“我传递给你们的电报”、“我今天要和你商量的事情”。在这两个结构中，表达形式上没有中心语“电报”、“事情”，但它们所在的“的”字构式使它们在语境中获得了指代作用，表达了与有中心语结构相同的意义。后两例情况不同，“这么长的爆竹”和“很有体面的人”的中心词在句中不能省略，省略了则难以表达完整的意思。这说明中心语不是随意省略的。石毓智（2000）也举了一些不能省略中心语的情况：

（11）他是一个很好的学生。

*他是一个很好的。

（12）他买了两本厚厚的书。

*他买了两本厚厚的。

这些情况不能省略，省略后则句义不清楚。该结构属于“X的Y”，所以和“的”字结构不是一回事。当然，有些“的”字结构也比较复杂，能补出的中心语需根据语境而定。那么，反过来，“X的”能随便加上中心语吗？黄国营（1982）认为有些“X的”可以加的中心语可能是多样的。

（13）你听我的，保准没错。

（14）咱们说咱们的。

（15）这次就看你的了。

（16）今儿您瞧我的。

（17）你忙你的。

（18）干你的去。

（19）明天再说明天的。

在例（13）中，“我的”可能指代“我的话”、“我的建议”或者“我的讲解”等，例（14）可以理解为“咱们的事”或“咱们的话”。其他的例子要补出“的”字后面的“Y”部分，需要根据具体语境而定。这些现象表明“的”字结构与有中心语的“X的Y”结构两者各具独立性，不能等同，“的”字短语不能简单看作省略中心语的现象，而是一个独立的形式与意义的匹配体。

第二，“的”字结构与“N的”结构不同。

前文我们探讨了“的”字结构与“X的Y”结构的不同。接下来我们观察另一种情况，即形式上与“的”字结构相同的“N的”结构。黄国营（1982）提出有一种“N的”情况并不是来自省略了中心名词的“的”字结构，因为在“N的”后面根本无法将名词补出，这种用法已近乎熟语，其中“N”主要是人称代词，而且这种“N的”只出现在宾语位置上。

（20）真有你的！（老舍《老舍选集》）

（21）走她的，只当我没有过这么个丫头。（老舍《老舍选集》）

该表达虽然形式上和“的”字结构相同，但从意义获得来说，该结构并没有指代作用，因此和“的”字结构有本质的区别。我们赞同黄国营（1982）的观点，即“N的”与“的”字构式不是一回事。例（20）和例（21）中，“你的”和“她的”都无法补出后面的“Y”，也就是说，根本就没有中心词，意义上也没有指代功能，属于另一类。

（22）鲁四凤：（见着母亲特别欢喜说话，轻蔑地）哼，您呀，真宝石到了您的手里也是假的。

（23）周蘩漪：（喝一口）苦的很。谁煎的？

（24）鲁四凤：有时哭，有时笑的，听说这屋子死过人，屈死鬼。

（25）鲁侍萍：（由身上拿出一个小包来）你看，你一定喜欢的。

（曹禺《雷雨》）

假的	假的宝石
谁煎的	谁煎的药
笑的	*笑的人
喜欢的	*喜欢的东西

在这四例中，虽然都以“X的”结尾，“假的”、“谁煎的”、“笑的”和“喜欢的”，它们形式相同，但仔细观察，前两例和后两例不一样，后两例不是“的”字构式，它们无法填补中心语，不能指代事物，只做句尾助词用。这说明“的”字结构与句末以“的”结尾的其他情况不同，“的”字结构有它自己独特的形式特征和意义特征。

每当动词、名词、形容词、数量词和短语出现在该构式中时，句法功能和语义因受构式限制而发生变化，整体指代事物或人。这些变化不应该简单地归结于语义或语法问题，“的”字结构在意义上不可预测，在形式上又有独立性，我们认为“的”字结构是一个独立的构式。

8.2 “的”字构式的转喻思维机制

如上所说，“的”字结构可以看作是一种构式，那么该构式的意义如何获得？

沈家煊（1999）提出转指就是转喻。一些学者（lakoff, 1987；Langacker, 1987；Radden, 2002；沈家煊，2006）认为转喻是人们普遍的认知思维方式，头脑中的概念和概念结构本质上具有转喻的性质，语言中的语法概念和语法结构自然也具有转喻的性质，转指是转喻在语法上的体现。我们赞同这些观点，我们把“的”字结构看成一种构式，认为“的”字构式的意义是通过转喻思维而获得的。

8.2.1 “的”字构式的转喻思维模式

“的”字结构在意义上最突出的特点就是具有分类意义或区别性特征，而本文认为这点正是转喻思维的基础。那么，在分类意义的基础上如何产生转喻的思维机制，这是本节要讨论的问题。下面我们将结合例子来探讨该结构的转喻思维模式。

（26）鲁四凤：（拿出钱来）我的都在这儿。这是我回头预备给妈买衣服的，现在你先拿去用吧。

（27）鲁　贵：喂，我说，我说的是——（低声）他——不是也不断地给你钱花么？

（28）鲁四凤：老爷说原来的样子不好看，又把您添的新家具搬了几件走。这是老爷自己摆的。

（曹禺《雷雨》）

给妈买衣服的	给妈买衣服的钱
我的	我的钱
我说的	我说的意思
老爷自己摆的	老爷自己摆的家具

例(26)中，“给妈买衣服的”实际指代“给妈买衣服的钱”，隐含着对花钱的计划分类，比如“买菜的钱”、“买面的钱”等。这样，“给妈买衣服的钱”在意义上成为整体“钱”的属性特征，该构式区别性含义的存在，使源域“给我妈买衣服的钱”在整体“钱”的认知域中确立了子类，与此同时，“给妈买衣服的”与“给妈买衣服的钱”建立起等同关系。也就是说，“给妈买衣服的”指代“给妈买衣服的钱”是建立在“给妈买衣服的钱”与整体“钱”分配计划的分类这个转喻基础上的，见下图（8.1）。其他例子道理与此相同，例(26)中“我的”指代“我的钱”，隐含分类“你的钱”、“他的钱”等；例(27)中“我说的”指代“我说的意思”和进一步隐含义“你别往别处想”；例(28)中“老爷自己摆的”区别于“不是他人摆的”。这样，“X”部分的不同词性短语在分类意义上获得转喻思维，我们用第三章提出的转喻操作图例示两概念之间存在的转喻关系。

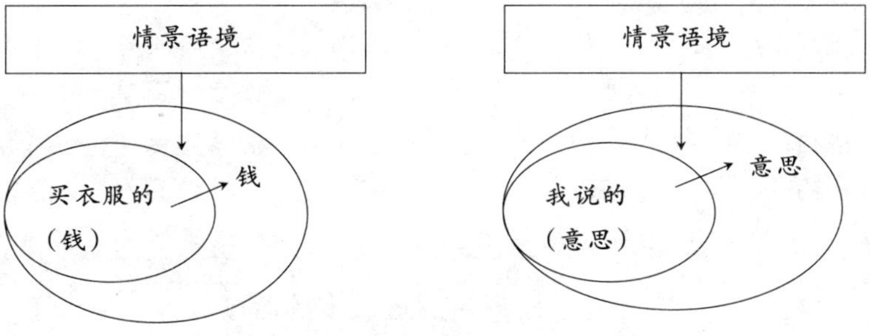

图 8.1　基于区别性特征的转喻模式

此操作的特点是“买衣服的钱”和“整体钱”两域同处在一个认知域内，一个转喻激活另一个，在激活该转喻思维的条件下，同时激活“买衣服的”与“买衣服的钱”的指代关系。也就是说，在“买衣服的”指代“买衣服的钱”的理解过程中，存在着“买衣服的钱”和整体“钱”之间的转喻关系，而这个激活的过程和“买衣服的”指代“买衣服的钱”的过程同时发生。图（8.1）中的语境在这里主要指情景语境，没有鲁贵和鲁四凤的对话情景，也难以确定转喻的目的域。比如“买衣服的”脱离了情景语境，就难以辨识它是指“买衣服的钱”还是“买衣服的卡”或者其他。其次，语境对“的”字结构使用的影响还表现在口语交际中的使用频率远远大于书面语。这是因为口语交际中存在更多的语境，使话语双方产生更多互知的信息，从语言经济原则出发，双方更多地会使用“的”字结构。此外，我们认为“的”字构式中的转喻为特殊转喻，我们将该结构中的转喻放到高层转喻思维中讨论。

8.2.2 “的”字构式转喻中“X”的特殊性

“的”字构式转喻的源域与认知领域所谈的一般指称转喻的源域有很大不同，在该构式中，“X”既可以是体词性的，也可以是谓词性的，占据这个位置的可以分别是名词/名词短语、代词、数量词、副词、形容词/形容词短语、动词/动词短语、主谓结构、动宾结构、拟声词或命题短语。我们初步总结“X”类型如下：

代词	你的	你的父亲
动词	吩咐的	吩咐的事
名词	楼上的	楼上的人
形容词	小的	小的苹果
数量词	两个的	两个的照片
副词	暂时的	暂时的困难
主谓结构	我说的	我说的话
动宾结构	吃洋烟的	吃洋烟的人
小句	我跟慕容合资经营的	我跟慕容合资经营的事

“的”字构式之所以能有上面列举的这么多的源域潜势，是由于“的”字构式的特殊性所致，该构式中“X”的多样性为该构式的特殊性之一。第二个

特殊性表现在该构式中“的”的存在使进入的词形或成分或小句名物化，进入该构式的成分虽然多样，但构式中原有的词形或成分已经被该结构所压制，只体现出该构式的整体意义。因此，该构式的转喻与普通的指称转喻差别很大，这也是“的”字构式能扩大指称转喻的原因。第三个特殊性为该构式具有的区别性特征和分类特征。不论“X”是什么词类或短语，其转喻思维机制遵循上面提到的基本思维模式，即该构式的转喻思维具有基本相同的转喻思维模式。这是因为该构式都具有指别和分类的意义潜势，这是该构式的共性，其中“X”不管是体词性的还是谓词性的，都能限制、确定所修饰或指代的中心语的内涵和外延，使之在具体情景中明晰化、精确化、专门化。严辰松（2007）认为中心语所指的应该是一个包容度更大的类，这正是该构式的特点所在。我们认为中心语为一个确定的范围，而“X”是这个范围中的一个次范围，也可以说，从中心语认知域中提取一个有别于其他的成分，我们称之为子类，从而形成部分代整体的转喻思维，如图（8.1）所示。

8.3　“的”字构式的转喻类型

目前存在的转喻分类主要指 Panther & Thornberg（1998、2004）和 Ruiz de Mendoza（2002）的转喻分类。Panther & Thornberg（1998、2004）将转喻分为指称转喻、谓词转喻和言语行为转喻。Ruiz de Mendoza（2002）将指称转喻分为部分代整体和整体代部分两类。

下面我们观察“的”字结构的转喻有哪些类型。

（29） The sax won't come today. (Ruiz de Mendoza, 2001a)

（30） The ham sandwich is waiting for his check. (Ruiz de Mendoza, 2003)

（31） Proust is on the top shelf. (Ruiz de Mendoza, 2003)

（32） The fur coat has left without paying.

这些例子中，“the sax”“the ham sandwich”和“the fur”都是用部分来代整体“人”，其中“the sax”是用人常使用的“工具”来代替“人”，“the ham sandwich”是用买的东西来代替“人”，“the fur”用穿的衣服代替“人”。而例（31）与其他例子不同，它是用整体人“proust”代替“作品”部分。

Panther & Thornberg（2004）和 Ruiz de Mendoza（2002）的分类难以用来讨论“的”字构式中的转喻。我们认为“的”字构式的转喻为汉语所独有，转喻类型也有其特殊性，其特殊性表现为转喻的源域类型种类较多：(1) 种类复杂而多样。“的”字构式的转喻思维由于“X”的多样性，使得该构式的转喻情形更加复杂，比英语中提到的类型多很多。(2) 转喻源域与目的域之间的关系建立在分类意义之上，通过分类意义上的子类代替整个事物，构成部分代替整体的转喻思维形式。我们按照“X”部分与所指代的事物“Y”之间的关系，列举以下几种常见的转喻源域类型。

8.3.1 “领有者—领有物”转喻

(33) 宋先生：什么事？
关先生：关于顾先生的，自然喽。

（王文显《委曲求全》）

(34) 乙：哪里，奇怪了，苏维埃是我们工农自己的，哪里会自家人打自家人呢？

（李伯钊《战斗的夏天》）

(35) 石富财：我输给你了（指洪二爷），我请你吃两粒红丸子，你输给我了，我什么也不要你的，只要乖乖儿给大爷叩一个响头。

（石凌鹤《黑地狱》）

(36) 鲁四凤：哥哥，你别这样说，无论如何，他总是我们的父亲。
鲁大海：（望着四凤）他是你的，我并不认识他。

（曹禺《雷雨》）

(37) 鲁侍萍：孩子，你是我的，你是我唯一的宝贝，我永远疼你！你要是再骗我，那就是杀了我了，我的苦命的孩子！

（曹禺《雷雨》）

(38) 女　子：（微笑）你真是个英雄，一个《战太平》里的花云，那末好，你吹你的，我吹我的，看他们来了，抓你去还是抓我去！

（袁牧之《一个女人和一条狗》）

在上面这些例子中，存在领有者与领有物的关系，如领有者“顾先生”与领有物“顾先生的事”、“我们工农自己”与“我们工农自己的政权”、“你”与“你的父亲”、“我”与“我的孩子”以及“你”与“你的警笛”。从分类意义上看，它们都属于领有者和领有物的关系。例（33）用“顾先生”作为领有者指代“顾先生的事”这个领有物，这种指代关系的激活基于“顾先生的事”与总体的“事”之间在分类意义上存在的转喻关系。其转喻操作如下图：

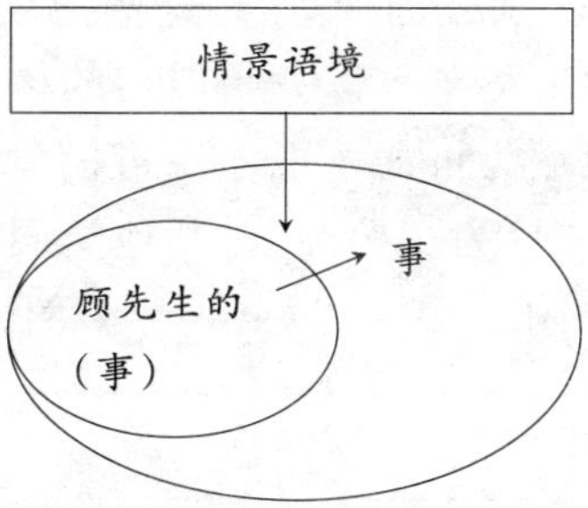

图8.2 基于分类意义的转喻

在该“的”字结构中，“X”为“顾先生”，在与“顾先生的事”的意义关系上，“顾先生”是领有者，“顾先生的事”是领有物，所以具有此类关系的我们称为“领有者—领有物”转喻。领有者常常是人，即物的执行者和拥有者。在该构式中，领有者由于置于该结构，激活了“顾先生的事”与整体“事”分类意义上的转喻思维，其中“顾先生的事”为源域，整体“事”为目的域。与此同时，使“顾先生的”在分类意义上等同于“顾先生的事”。

8.3.2 “地点—人/物”转喻

（39）仆：是张少帅府上的吗？这样重要？

（适夷《SOS无线电急奏》）

（40）姑乙：（惊讶地）哦，今天三十？——那么今天楼下的也会出来，到这房子里来。

（41）姊姊：（觉得这是不值一问的问题）自然是找楼上的去了。

（42）弟弟：（急切地）谁是楼上的？

（曹禺《雷雨》）

（43）老王：对，像我们穷小子才倒霉。那一天我从万国桥老远的也赶着去看。

（石凌鹤《黑地狱》）

（44）四川的榨菜味道好，浙江的差一些。

（孔令达，1992）

在这些例子中，用“张少帅府上的”指代“张少帅府上的电报”，“楼下的”指代“楼下的人”，“楼上的”指代“楼上的人”，“老远的”指代“老远的地方”，“浙江的”指代“浙江的榨菜”，这些指代关系的形成基于以分类意义为基础的转喻思维。因为榨菜可以分为四川的榨菜、湖南的榨菜等，有分类意义存在才使转喻关系成为可能，也才使指代关系成为可能。其中转喻源域为“四川的榨菜”，目的域为“榨菜”，其他类同，且此类转喻思维都是用地点来体现“的”字结构中的“X”，以（44）为例，转喻操作如下图所示。

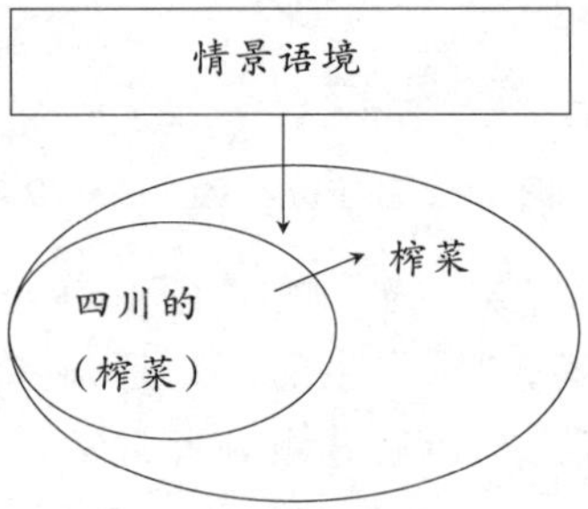

图8.3　“地点—人/事物”转喻

8.3.3　“性状—事物”转喻

（45）阿　福：我想最主要的是讨论，我们怎样抵制这次的查田运动，总要不查到我们头上来。

（李伯钊《战斗的夏天》）

（46）马国材：很好。（走近卧室）这儿摆床，好极了。（看花洋布门幔）这是花洋布的，好，不过最好是纱的，那才够神秘，哈哈。像女明星似的。金姑娘，我说的对吗？

（石凌鹤《黑地狱》）

（47）女　子：这事情使我代你为难了。（装腔作势地）喔，伙计，你再找一副小号的让我试一试，好不好？

（48）巡　警：我哪里还有小的？

（袁牧之《一个女人和一条狗》）

（49）焦花氏：你别吓一跳，我不是说旁的。我要有儿子，我就要生你这样的。

（曹禺《原野》）

（50）宋先生：你的标准是很高的，关先生。

（王文显《委曲求全》）

（51）我穿这套塑料扣子的制服，那套铜扣子的留给你穿。

（孔令达，1992）

在这些例子中，“最主要的”指代“最主要的任务”，“花洋布的”指代“花洋布的门幔”，“纱的”指代“纱的门幔”，“小号的”指代“小号的鞋”，“小的”指代“小的鞋”，“这样的”指代“这样的儿子”，“很高的”指代“很高的标准”，“那套铜扣子的”指代“那套铜扣子的制服”。我们可以看出，表性状的“X”在此用的是表示属性的形容词和名词，这些词都反映事物的本质特性，用包含事物本质特征的构式激活“花洋布的门幔”和整体“门幔”的分类意义而凸显转喻思维。同样道理，这些指代的成立都是基于该结构的区别性特征和分类特点激活的转喻思维。以（46）为例，源域为“花洋布的门幔”，目的域为整体“门幔”，其转喻操作如下：

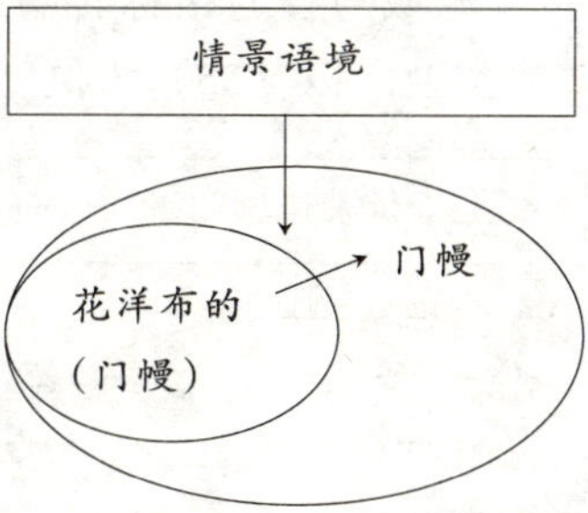

图 8.4 “性状—事物”转喻

8.3.4 “施事 + 行为—对象”转喻

（52）崔朝明：你忘了么？那次不是你看见的？

（53）宋先生：我知道我说的是什么。我再说一遍，我同陆海一早晨都在池子那儿钓鱼来的。你自然相信你的，可是我的也不见得就是假的。

（王文显《委曲求全》）

（54）鲁　贵：（很有理由地）他在矿上吃的也是周家的饭哪。

（曹禺《雷雨》）

（55）厅　长：上面说是广东派来的，一定乌拉呱拉的一口广东腔。
　　　夫　人：你自己亲眼看见的，每天老爷接见的客人比我多，可是能够见到我的，先有官做。

（李建吾《这不过是春天》）

（56）陈白露：（失望）这是我早料到的。（半晌，扶他坐下）你累了么？

（曹禺《日出》）

（57）女　子：你说："我能做的，狗能做，狗的能力并不下于我。"

（袁牧之《一个女人和一条狗》）

在这些例子中，"X"部分为短语，都是"施事+行为"，"的"字构式中的"X"分别为"你看见"、"我说"、"他在矿上吃"、"你自己亲眼看见"、"我早料到"、"我能做"，它们分别指代"你看见的情况"、"我说的内容"、"他在矿上吃的饭"、"你自己亲眼看见的情况"、"我早料到的结果"、"我能做的事"。这与 Panther & Thornburg（1999a）所讨论的典型的指称转喻有明显的区别，"X"部分的特殊性导致其转喻源域与普通指称转喻源域不同，这些例子应该属于"的"字结构特有的转喻类型。以（55）为例，转喻操作如下：

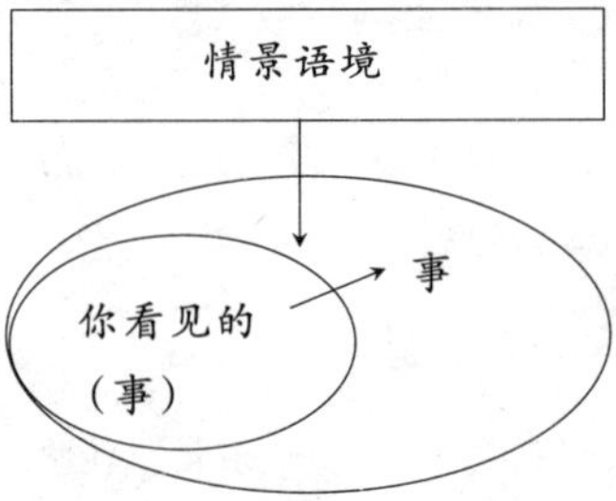

图 8.5　"施事+行为—对象"转喻

"事"可以分成各种事，在现有的语境下，"你看见的"与"张三看见的"或"李四看见的"不同，形成了整体"事"的特定的分类，这种分类意义激活转喻思维，同时，也使"你看见的"指代"你看见的事"激活成为可能。

8.3.5 "行为+受事—人"转喻

（58）萧汉江：你们有亲戚朋友的，都去找，回头到海光寺聚齐。

（石凌鹤《黑地狱》）

(59) 王老爹：谢谢你，萧老板！我们都是靠儿子吃饭的……

(石凌鹤《黑地狱》)

(60) 王福升：他们成群结党，手里都有家伙，都是吃卖命饭的。

(曹禺《日出》)

(61) 群众甲：我们是来找萧汉江的。

(石凌鹤《黑地狱》)

(62) 石富财：只要运气好，我们吃洋烟的也可以做大事业。

(石凌鹤《黑地狱》)

(63) 葆　珍：我教的就有五个，卖水果的，做工的……有一个老头儿，他的孙子也跟我一样高了。

(夏衍《上海屋檐下》)

(64) 沙大千：当初要开小饭馆的是你，主张到香港做买卖的也是你！现在忍心丢掉还是你！就是我错了，难道你就没有责任吗？

(宋之的《雾重庆》)

在这种类型的例子中，“X”由“行为+受事”构成，例子中有“有亲戚朋友”、“靠儿子吃”、“吃卖命饭”、“找萧汉江”、“吃洋烟”、“卖水果”、“做工”、“当初要开小饭馆”、“主张到香港做买卖”，这些部分分别指代“有亲戚朋友的人”、“靠儿子吃饭的人”、“吃卖命饭的人”、“找萧汉江的人”、“吃洋烟的人”、“卖水果的人”、“做工的人”、“当初要开小饭馆的人”、“主张到香港做买卖的人”。同样，这种指代关系的形成是基于“的”字结构的分类意义，而这种分类意义激活转喻思维，同时激活指代关系。转喻源域的结构“X”部分为“行为 + 受事”，并为该构式所特有，转喻操作如下图。其中“有亲戚朋友的人”为源域，整体的“人”为目的域。

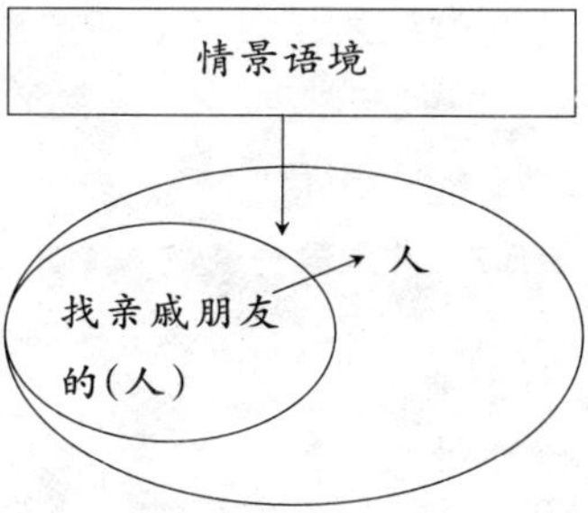

图 8.6　“行为 + 受事—人”转喻

8.3.6 “数量—事物”转喻

(65) 顾八奶奶：我都想过，画报上一定登那么老大的照片，我的，胡四的，我们两个的，报纸每天登着我们蜜月的新闻。并且——

（丁里《子弟兵和老百姓》）

(66) 来福妻：三妮呢，你看你爷爷，要人命了，像那十七八的一样！

（丁里《子弟兵和老百姓》）

(67) 刘玉玺：(拿出一个小本儿)有，有，上一回特务队长跟我碰了一下头，他让我调查一下，那个……粮食是有，坚壁着有个万儿八千斤的，听说还有重要的机器……

（宋之的《雾重庆》）

(68) 林卷好：据苔莉和袁主任他们说，货从香港运到重庆，起码一本一利，要是有眼光，还不止的。假如能够赚个三万五万的——

（宋之的《雾重庆》）

以上例子中，“X”部分为数量，构成“的”字结构特殊的转喻思维源域。该构式的分类意义在语境中形成，激活转喻关系也激活指代关系，如“我们两个的”指代“我们两个的照片”，“十七八的”指代“十七八的人”，“万儿八千斤的”指代“万儿八千斤的粮食”，“三万五万的”指代“三万五万的钱”，其转喻思维以例（68）为例，“三万五万的钱”为源域，整体“钱”为目的域。

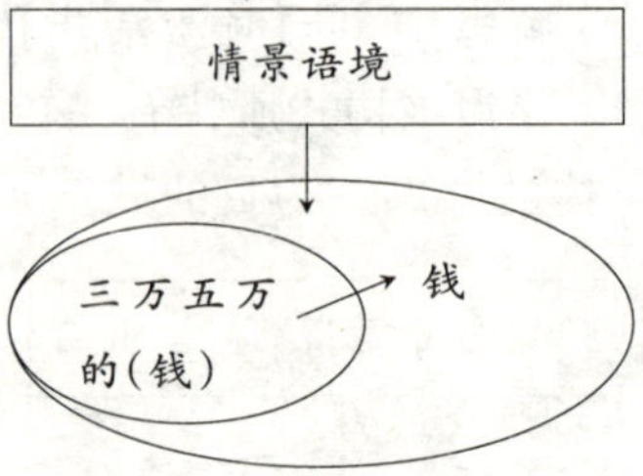

图8.7 “数量—事物”转喻

8.3.7 “时间—事物”转喻

(69) 王：我说史太太你的嘴可太凶了，我以为眼前的局面，只是暂时的，咱们得忍耐一下，马上会有解决的办法的。

（适夷《SOS无线电急奏》）

（70）昨天的报纸我看过了，今天的我还没看。

（孔令达，1992）

（71）王利发：那，我得慢慢地找去。两年前的还许有几张！

（老舍《茶馆》）

（72）电灯费，欠几个月的啦？

（老舍《茶馆》）

在这些例子中，“X”由“时间+事物”构成，属“的”字结构又一独特的转喻源域。该“的”字结构在分类意义基础上形成转喻思维，如“暂时的”指代“暂时的局面”、“今天的”指代“今天的报纸”、“两年前的”指代“两年前的报纸”、“几个月的”指代“几个月的电费”，其转喻操作以例（69）为例，图示如下：

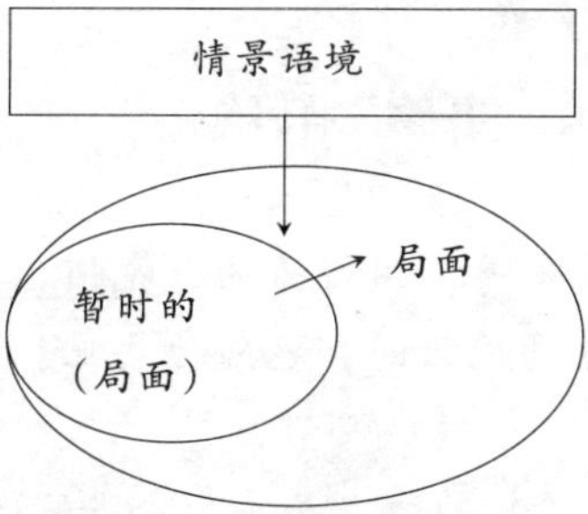

图 8.8 “时间—事物”转喻

8.3.8 “施事 + 行为 + 受事—事物”转喻

（73）李：“……亲爱的劳苦民众们，当这个电报要发完的时候，日本兵已经在发报房的门外了，我传递给你们的不是一个个的电报号码，是一滴滴的东北大众的血。”

（74）苔 莉：什么生意？

沙大千：我跟慕容合资经营的。

（宋之的《雾重庆》）

这类例子“X”部分为“施事 + 行为 + 受事”的复杂结构，“我传递给你们的”和“我跟慕容合资经营的”分别指代“我传递给你们的电报”和“我跟慕容合资经营的生意”。在语境中该“的”字结构形成意义分类，“我传递给你们的”不同于“李平传递给你们的”或“张华传递给你们的”等，在分类意义基础上形成转喻思维。“X”部分为“施事 + 行为 + 受事”的“的”字结构也是转喻源域特有的一个类型。

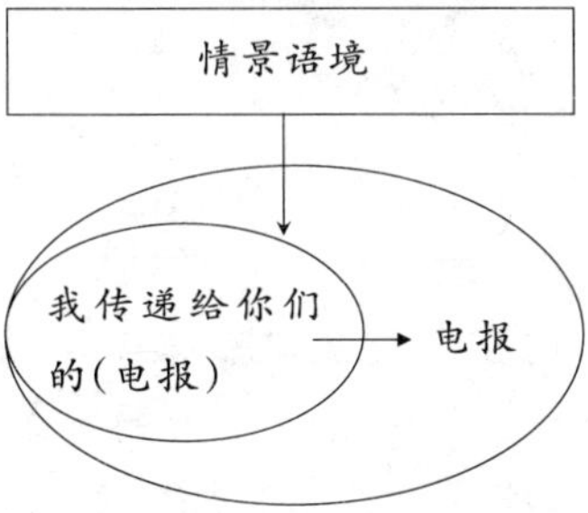

图8.9 “施事 + 行为 + 受事—事物”转喻

8.3.9 “行为 + 性状—事物”转喻

（75）苔　莉：怎么用不着，用得着的，吃惯了甜的，就忘了酸的了！
林卷好：要是他爱吃甜的，也随他去吧！

（宋之的《雾重庆》）

（76）仇　虎：那边金子铺的地，房子都会飞，张口就有人往嘴里送饭，睁眼坐着，路会往后飞，那地方天天过年，吃好的，穿好的，喝好的。

（曹禺《原野》）

（77）白振山：好在姓冯的没有下落，我们不妨先谈别的，我进来时候，觉得有人刚从那边走出去。

（李建吾《这不过是春天》）

（78）焦花氏：你别吓一跳，我不是说旁的。我要有儿子，我就要生你这样的。

（曹禺《原野》）

（79）焦花氏：（甩开）滚！滚！滚！你少跟我说好听的，丑八怪。

（曹禺《原野》）

在这些例子中，“吃惯了甜的”、“忘了酸的”、“吃甜的”、“吃好的”、“穿好的”、“谈别的”、“说旁的”、“说好听的”都是“行为 + 性状”结构，这又是一种独特的转喻源域类型。在分类意义基础上，激活转喻思维和指代关系，“吃惯了甜的东西”、“忘了酸的东西”、“吃甜的食物”、“吃好的饭菜”“穿好的衣服”、“谈别的事情”、“说旁的事”、“说好听的话”与其对应的整体形成转喻关系。“的”字构式与一般指称转喻有所区别，标记语“的”使得词类和短语在此结构中发生变化，并具有指代功能。该构式的存在和广泛使用，大大扩大了指称的转喻范围，构成了新的转喻类型。

“的”字结构的这些转喻思维不同于指称转喻，因为“X“部分的复杂性使得这种转喻与典型的指称转喻不同，转喻的源域存在一定的抽象度，不同于Ruiz de Mendoza & Díez（2001）提出的低层转喻。我们认为“的”字结构的这些复杂源域的转喻思维是“的”字构式所特有的，也可以认为是一种特殊的高层转喻。

8.4　“的”字构式的限制

如前所述，可以进入“的”字构式的词类和短语很多，但都统一在该结构的压制之中，成为一个完整的构式。我们前面也分析过一些类似的构式，但并非“的”字结构。这说明虽然“的”字构式是相对开放的，但进入该构式是有一些限制的，并非任何词都可以无条件随时进入该构式。我们认为该构式的使用受四种限制：（1）转喻思维本身的限制；（2）“的”字构式的区别性、指称性限制；（3）构式内部概念之间、构式与别的构式或概念之间相互作用的限制；（4）语境的限制。正是这些特有的限制使有些表达让人难以接受，也使“的”字构式更有别于其他构式或表达，同时，这些限制也能解释该构式所引起的学界争议颇多的语言现象。下面我们将深入探讨这些限制。

8.4.1　“的”字构式的转喻限制

到目前为止，语义、语法领域的学者们认为描述性名词和描述性形容词的“X的Y”表达都不能省略中心语，也就是说这样的形容词不能进入“的”字结构，而表示属性的名词和形容词则可以省略中心语。范继淹（1979）总结出的名词、形容词能否省略的语义规则如下：

（1）如果名词表示属性，中心名词可以省略。

铁的（架子）　布的（衣）　木头的（房子）　缎子的（被面）

塑料底的（布鞋） 半导体的（收音机） 十二寸的（电视机）
一百公分的（汗衫）

（2）如果名词表示描写、比喻，中心名词不能省略，在任何环境中都必须有中心名词。

铁的纪律 血的教训 钢铁的长城
科学的春天 历史的车轮 秋天的菊花

（3）单音节形容词构成“的”字短语修饰名词，区别性的居多，中心名词一般都能省略。

大的（苹果） 小的（女儿） 红的（毛衣） 白的（衬衫）
热的（牛奶） 凉的（馒头） 长的（竹竿） 短的（裙子）

（4）双音节形容词构成“的”字短语修饰名词，区别性的较少，描写性的居多。属于区别性的，中心名词可省略；属于描写性的，中心名词不能省略。

重要的（问题） 要紧的（事情） 具体的（情节）
详细的（情况） 正确的（意见） 错误的（观点）
漂亮的（姑娘） 复杂的（例子） 奇怪的问题 光荣的事情
曲折的情节 热烈的情况 漂亮的词句 美丽的姑娘
华丽的服装 简单的家具

（5）形容词的生动形式（重叠、前加或后附成分）构成“的”字短语，都是描写性的，中心名词都不能省略。

火红的太阳 雪白的床单 大大的眼睛 短短的头发
干干净净的衣服 黑黝黝的皮肤 热腾腾的馒头

我们认为从语义、语法领域归纳出的这些规则，需要从认知角度给出解释，也就是从认知角度说明为什么有的可以省略，而有的不能。它们都有其认知理据，这与“的”字构式及其转喻思维的限制有关，下面我们讨论其认知理据。

8.4.1.1 本质属性的名词、形容词与转喻

前人从语义、语法角度所做的总结指出描写性的形容词和描写性的名词，如果出现在“X的Y”结构，中心词不能省略。对其背后的认知理据，我们认为在“的”字构式获得意义的过程中，需要转喻思维，而转喻思维部分代整体或整体代部分是有限制的，必须在部分和整体之间有分类意义或区别性特征。由于事物本质属性可以形成分类意义或区别性特征，因此表示本质属性的名词和形容词可以进入该构式。但是描写性的名词和形容词由于不能表示事物本质属性而是比喻性的，难以产生分类意义，所以很难进入该构式。常见的反映事物本质属性的名词和形容词举例如下：

铁的（架子）	布的（衣）	木头的（房子）
缎子的（被面）	重要的（问题）	要紧的（事情）
具体的（情节）	详细的（情况）	正确的（意见）
错误的（观点）	漂亮的（姑娘）	复杂的（例子）

这些形容词、名词如“具体的”“正确的”“铁的”“布的”等，具有区别性特征，反映事物的本质属性，产生分类意义，可以指代整体，符合转喻思维的要求，因此，可以省略中心语进入“的”字构式。例如“铁的架子”可以说成“铁的（架子）”，其他例子类推。虽然形容词和名词本身不是转喻源域，只是构成“的”字结构的一部分，但其在构式中举足轻重的地位影响着该构式，从而使后面的中心词可以省略。

（80）他买了一个铝盆，我买了两个铁的，一个铝的。

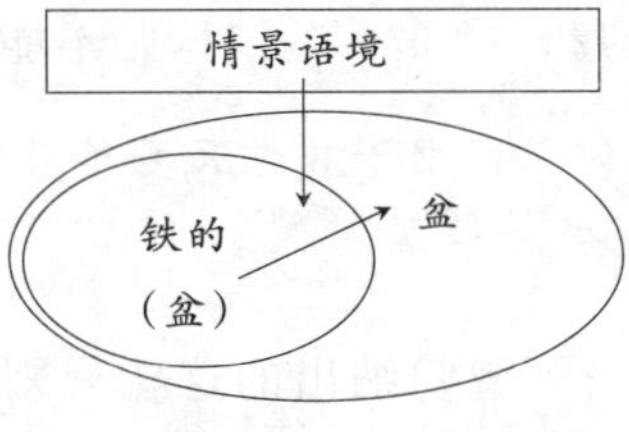

图8.10 “本质属性词—事物”转喻

8.4.1.2 描写性的形容词、名词与转喻

有些表达中的名词和形容词不能反映事物的本质特征，它们不能成为代表事物的本质部分，在构式中难以形成分类意义，因此也不能产生转喻思

维。换句话说，转喻思维的本质特征限制了描写性的名词和形容词，使它们不能进入构式，它们出现的结构只能是另一种与“的”字构式不同的结构，即“X的Y”结构。如：

血的教训	钢铁的长城	科学的春天
历史的车轮	秋天的菊花	火红的太阳
雪白的床单	大大的眼睛	短短的头发
干干净净的衣服	黑黝黝的皮肤	热腾腾的馒头

8.4.2 “的”字构式的区别性、指称性限制

“的”字结构作为一个独立的构式，除了在形式上和语义上有构式特征外，该构式有着区别于其他构式不同的方面，如指称性特征和区别性特征。我们认为“的”字构式的这些特征也限制着某些词和短语，使它们不能随便进入构式，这一特征可以对一些不能进入构式的现象给予解释。

8.4.2.1 指称性

“的”字构式的功能就是指代事物，常常通过上下文，我们很容易就能补出该构式所指的事物。名词、动词、形容词和短语等只要能够进入该构式，便可在“的”字构式的作用下表达相应的所指事物。“的”字构式和不可缺少中心词的“X的Y”结构（如“奇怪的问题”）或其他形似结构之间的最大区别就是分类意义和指称性。“的”字构式使“X”部分发生名物化，能够单独指称事物，而“N的”结构和“X的Y”结构则不能。

（81）马国材：记着，你在家里等我，天亮了我就来找你。我今天要和你商量的就是这个事。

（石凌鹤《黑地狱》）

（82）石富财：西沽的太平花鼓还不够好？一伙十几岁的小孩，有李凌，有燕青，有六个女角跳舞，还有八个武生公子打扮的都要双饶。

（石凌鹤《黑地狱》）

（83）沙大千：当初开小饭馆的时候，也有你一份，总算共过患难的。也许我们现在还可以从头做起，从小入大，慢慢地发展的！

（宋之的《雾重庆》）

（84）鲁四凤：有时哭，有时笑的，听说这屋子死过人，屈死鬼。

（曹禺《雷雨》）

我今天要和你商量的	我今天要和你商量的事
八个武生公子打扮的	八个武生公子打扮的人
当初开小饭馆的时候	×
笑的	×

例（81）和（82）“我今天要和你商量的”指代“我今天要和你商量的事”，“八个武生公子打扮的”指代“八个武生公子打扮的人”，这是典型的“的”字构式；与之不同，在例（83）中，“当初开小饭馆的时候”不能去掉“的”字后面的中心语“时候”，所以该表达不是“的”字结构，而是“X的Y”结构。例（84）中，“笑的”后面无法补充相应的中心语，该表达不能单独指代事物，此例的“的”没有能力将其前面的部分名物化，因此“的”字构式的指称功能也是能否进入该构式的一个标准。再如：

战斗的故事　　历史的车轮　　幸福的生活　　深刻的教训

“战斗的”、“历史的”、“幸福的”和“深刻的”都没有独立指代功能，不能独立指代事物，描述性的名词和描述性的形容词不能进入“的”字构式。可见，构式的指代性对能否进入该构式也起限制作用。指称性和分类意义都是“的”字结构独有的特性，规定着该结构的存在，也成为进入该构式的限制条件。

8.4.2.2　区别性

我们认为进入“的”字构式除有指代功能外，还有区别性功能。后者常表现在有区别性的表达重读，分类意义常常不在文字上表达出来，而是隐含在字里行间，区别性特征使表达常常处于凸显位置，概念上容易激活，表达出准确的含义，容易引起人们的注意。

（85）鲁贵：大少爷不是这位太太生的，他比太太的岁数差得也有限。

（曹禺《雷雨》）

（86）仇虎：挖了我的眼睛，我也挖你的。

（曹禺《原野》）

（87）焦母：儿子是我的，不是你的。

（曹禺《原野》）

（88）苔莉：什么生意？

（宋之的《雾重庆》）

（89）沙大千：我跟慕容合资经营的。

（宋之的《雾重庆》）

这位太太生的	不是别的太太生的
你的	不是我的
我的	不是你的
我跟慕容合资经营的	不是别人合资经营的

我们认为区别性特征是该构式本身所具有的属性，和分类意义是一回事。“的”字构式的区别性功能或分类意义成为进入该构式的条件和限制。构式的这一特性对该结构中有争论的名词领属问题能够给出一些解释。范继淹认为领属的省略规则如下：

（1）凡是可以转让的领属关系，包括购置的物品、制造的产品等，中心名词可以省略。如：

这是我的书	你的（书）在那边
爸爸的手表准	妈妈的（手表）不准
我忘带钢笔了	借你的（钢笔）用用
别处的产品都不要	就要上海的（产品）

（2）不可转让的领属关系，包括身体的一部分，人与人之间的从属关系、性格、能力以及事物的特点等，中心名词不能省略。如：

他的眼睛好	我的眼睛不好（* 我的不好）
这是我的母亲	小华的母亲在那边（* 小华的在那边）
老陈的性子急	老汪的性子慢（* 老汪的慢）
小张的英语一般	小吴的英语比他强（* 小吴的比他强）
习惯了北方的气候	不习惯南方的气候（* 不习惯南方的）

但这样的情况也有不少反例。黄国营（1982）对以上带“*”表达给出不少反例，他认为中心名词表示“身体的一部分、人与人之间的从属关系、性格、能力以及事物的特点”时，某些情况下中心名词也可以省略。

对于汉语界的争论，从认知角度该如何解释？对于这些现象，如果只从语法角度归纳总结难以说明其本质，能否省略有其认知上的理据，与构式的限制不无关系。我们认为可以从分类意义和区别性给予解释：当表达在特定的语境下产生分类意义或者区别性特征时，就能进入该构式，否则就不能进入该构式。也就是说有些表达与语境有关，通过一定的语境实现；该语境的条件就是使之能产生分类意义或区别性特征，这时就可以进入“的”字结构，否则就不能。

(90) 他的眼睛比我的好。

(91) 小汪的性子比小张的急。

(92) 小张的英语比小吴的强。

(93) 北方的气候和南方的比，我更习惯南方的。

在学界争论的这几个例子中，“比”字的出现更加突出了构式的对比性和分类性，在这样的环境下，“我的”、“小张的”、“小吴的”、“南方的”都可以进入构式，分别指代事物。与范继淹（1979）所给的例子相比，例（90）、(91)、(92）和（93）的表达更能突出对比的对象，而范继淹（1979）的例子缺少分类意义，不能省略中心语，可理解为流水句。如果有分类意义而且重读，那就有可能进入构式。可见，能否进入构式存在一个区别性程度问题，即在特定语境下分类性和区别性达到一定程度，这些名词才能成为具有区别性的子类，从而形成转喻思维，那么就可以进入该构式，同时可以省略中心语。对于“*小华的在那边”，我们认为这是个语用问题，也就是说是否有足够的分类性和区别性，与当时的情景语境有关系。这个问题我们将在后面语境部分再细谈。

8.4.3 “的”字构式内、外限制

我们首先感知的是整体构式意义，这符合完形感知的认知观点，“红的”就是指代“红的东西”，但我们也承认构式内部概念之间会有复杂的关系。Goldberg（1991、1997）认为一个语言系统有时被称为一个构式集合体。构式被认为是一个基本的单位序列，构式是形式、意义或用法的匹配体。我们认为“的”字构式虽具有很强的独立性，但仍存在构式内部和构式外部在形式与意义匹配时概念关系的压制问题。从语义、语法领域总结出的一些规律可以看作是该构式内部和外部概念之间产生的限制关系所致，我们称其为内部、外部限制。

《现代汉语八百词》“的”字条下提出一条句法规则：凡中心名词能做前

面动词的主语或宾语的，中心名词可以省略，否则不能。这条规则从句法形式上说明了某些句法组合之间的转换关系。范继淹（1979）将这条规则用几个公式来表示：

a. 名（主）+动（谓）	→	动+的+名	→	动+的
小孩儿游泳		游泳的小孩儿		游泳的
b. 动（谓）+名（宾）	→	动+的+名	→	动+的
托运行李		托运的行李		托运的
c. 名（主）+动宾（谓）	→	动宾+的+名	→	动宾+的
人说话		说话的人		说话的
d. 主谓+名（宾）	→	主谓+的+名	→	主谓+的
我了解情况		我了解的情况		我了解的
e. 名（主）+主谓	→	主谓+的+名	→	主谓+的
学生成绩优良		成绩优良的学生		成绩优良的

“VP的”的指代是否受限于“施事”“受事”等核心格是汉语界一直争论的问题。我们可以看出范继淹认为“VP的”的指代受限于核心格；朱德熙（1983）也持这样的观点；袁毓林（1995）认为在语义上，“VP的”都是转指，可以转指与“VP”直接或间接相关的某一种语义格。不过提取不同语义格的“VP的”具有不同的句法、语义功能，只有提取核心格的“VP的”才有独立的称代功能，可以自由地做主宾语；提取其他格的“VP的”不同程度地缺乏独立的称代功能，通常只能做同位性定语。沈家煊（1999）认为，“VP的”倾向于指代“施事”和“受事”，也有可能是“与事”和“工具”，而指代“时间”和“处所”等所谓“外围格”受到“一般转喻规律的制约”。严辰松（2007）认为“VP的”不仅可以指代“施事”“受事”“与事”“工具”等语义格，而且可以指代“时间”“处所”“方式”等外围格。

前人的研究说明“VP的”主要指代“施事”、“受事”等核心格，但也不局限于此。就拿范继淹（1979）列出的几个公式来说，我们认为还有公式包括不了的现象。如：

（94）———	我煎药的杯子	我煎药的
（95）人伟大	伟大的人	———

这两个例子无法用上面所给的公式解释，按照“名（主）+动（谓）→动+的+名→动+的”公式中施事与受事的关系，应该可以补出表达“我煎药杯子”，但实际上补不出来。第二个例子也是如此，我们补不出“人伟

大”。这说明“VP的”的指代不只“施事”、“受事”等核心格。

再看下面几个例子，“的”字结构也可以指代地点等其他语义格。

(96) 老王：对，像我们穷小子才倒霉。那一天我从万国桥老远的也赶着去看。

（石凌鹤《黑地狱》）

(97) 萧汉江：做好人不行，做坏人也不行。给鬼子做事，为什么？为的是钱。

（石凌鹤《黑地狱》）

(98) 金姑娘：你不是不让我往下边跑么？

萧汉江：（一时语塞）这为的是公事。

（石凌鹤《黑地狱》）

(99) 公司提供了员工锻炼和休闲的地方，这里是跳舞的，那里是练瑜珈的。

（严辰松，2007）

我们认为这种现象的认知理据是因为“的”字构式有其内部、外部限制，“内部限制”指构式内部以及转喻思维所形成的限制，此限制主要源于构式本身限制的特征，即分类性、区别性和指称性。这点前文已有讨论，我们不再重复。“外部限制”指构式与周边的搭配使用，尤其是语境的作用，以上例子“从万国桥老远的”和“为的”分别指代“从万国桥老远的地方”和“为的内容”。这两个表达可以进入“的”字结构，是因为“从万国桥老远的”区别于“从附近来的”或“从不远处的”等，是上下文语境使该表达获得区别性特征或分类意义；同理，“为的”区别于“买的”或“做的”，是语境等外部因素强加给构式的。“为的”还有一个习惯搭配问题，即经常与“是”相连构成“为的是”。下面我们将专门探讨“的”字结构的外部限制，关于外部限制，我们主要考虑语境问题。

8.4.4 “的”字构式的语境限制

8.4.4.1 语境影响转喻的具体所指

从前面几章的转喻讨论可以看出，转喻操作的基本规律是：在具体语境中转喻源域与目的域产生激活，实现概念映射连接。转喻的目的域具体指什么，在一定程度上受语境限制。前面提到描述性的词类和领属关系的词类，由于它们在“X的Y”结构中，不具有明显的子类区别意义，与中心词概念距离远，因而就需要更多地依靠语境知识的帮助，在具体语境的帮助下也有可能进入“的”字构式。

（100）邱小玉：你不知道，化妆顶重要了。（拿着借来的化妆盒子，打开）你们看，这是我刚借来的，专门电影明星用的。

（董林肯《小主人》）

（101）邱小玉：（猜想）一定是偷东西的。

（董林肯《小主人》）

（102）钓　者：（在二卫士挟持中，仍不断叫骂）我亲耳听见你向三闾大夫说你头发晕，我也亲眼看见你倒在了三闾大夫的怀里，你就忘记了在你的周围还有很多人啦！——跳神的、奏乐的、唱歌的！

（郭沫若《屈原》）

“的”字构式之所以被一些学者看作是省略了中心语，就是因为该构式发生在话语双方都明白指代什么的语境下，也就是说，“的”字构式的使用产生于语境，这也说明该构式与语境有依赖关系。“我刚借来的”、“专门电影明星用的”所处的语境为“说话者拿来化妆盒并打开，听者看到所指的东西，即双方对所指非常明了”。“偷东西的”出现的语境为“话语双方都听到了声音，而且将时间、地点等因素考虑进来之后所做的判断”。“跳绳的、奏乐的、唱歌的”都是在情景语境或上下文语境中明确所指的。语境的帮助使说话双方明确所指，同时，也使“的”字结构具有足够的分类意义，产生转喻思维，构式成立。如果说者表达比较含蓄，可能出现多个所指，理解其真实所指就需要更多的语境知识。如下例：

（103）明天再说明天的。

该例中可填补的中心词或所指代的东西不只一个，可能指“明天的事”、“明天的问题”、“明天的话”等，而且往往与整体话语意义或者说话的大背景相连。其转喻思维操作如下：

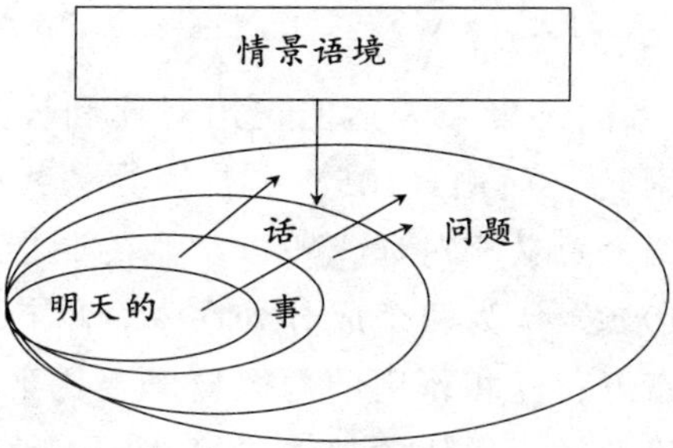

图8.11　“的”字构式转喻多域

具体语境能够使听者理解话语的具体所指，假设话语双方谈话的情景语境为下面两种：

语境(1)：带来的钱刚够今天用，明天还需要交学杂费和管理费，但暂时没有什么好的解决问题的办法，说话者并不认为问题难以解决，轻松地说出“明天再说明天的”。

语境(2)：面对敌人的重围而无计可施，这时下级报告粮食已经不多了，听者给予无可奈何的回答。

在语境(1)中，“明天的”指代“明天的钱的问题”，整个话语确实指第二天再处理第二天的钱的问题；语境（2）中，“明天的”指代“以后的粮食问题”，含义是现在先想办法解决突围的事，不想谈论对方报告的事，此回答有了间接含意。这说明语境对整个话语意义有影响，也对“的”字构式有影响，而“的”字构式有时比一般指称转喻对语境依赖程度大一点儿。从前面的分析可以得知，“的”字构式中转喻的源域“X”部分可以是多种形式，“的”字构式所指代的事物的理解与语境关系较为紧密，尤其“的”字结构可以构成单独的句子，所以该构式多见于对话中，因为口语中双方的情景语境互知更多一些。

8.4.4.2　语境影响概念距离

通常不能进入构式的词类或短语，在一定的语境下，可以进入构式，这是因为语境影响了概念之间的距离，使原来的分类意义或区别性特征由不够变为足够。

（104）我的眼睛大，她的眼睛不大。(√)

（105）我的眼睛大，她的不大。(×)

（106）我的眼睛比她的大。（√）

例（104）的说话者的态度及表达能突出对比和分类意义，“我的眼睛”和“她的眼睛”形成对比，而例（105）中，因为“我的眼睛”和“她的眼睛”分属两个句子，概念意义相对远，所以“她的”指代“她的眼睛”有时不可接受。沈家煊（1999）认为两个成分处在一个单句或一个短语中要比分处在两个小句中的距离近；互相作用的两个概念要比不互相作用的两个概念距离近。除此之外，我们认为说话的整体语境氛围能够让人感觉到有无足够的分类意义和区别性以及对比的强烈与否。如例（106）中的“她的”就能进入“的”字构式，因为“比”的出现强调区别性对比性，缩短了两个概念“我的”和“她的”之间的距离，使他们形成足够的分类意义或区别性特征，而且程度足以使之进入构式。

（107）这不是玩具，这是我的笔袋。（*这是我的。）
（118）连电影他都不感兴趣。（*他都不感兴趣的（电影））

（沈家煊，1999）

在这两个例子中，话语强调的中心是“笔袋”和“电影”，在上面的语境中，“我的”不暗含对比“他的”，区别性相对较低，没有达到可以作为转喻子类的程度，不能激活转喻思维。再者，前面没有语境提到“笔袋”，在例（107）中就难以把中心语“笔袋”略去，语境的铺垫是非常重要的，所以不能说“这是我的”。“他都不感兴趣的”也是同样的状况。

（109）我知道你的弱点，你也知道我的。
*我知道你的弱点，你也知道他的。

（沈家煊，1999）

我们认为这两个概念“你的”和“我的”足够近，具有作为子类的区别性特征，能进入“的”字构式。例（109）中，“你的”和“我的”在前句中出现，两者距离近，而“你的”后突然出现“他的”，“他的”与“你的”、“我的”距离较远，所以不能进入构式。再者，前句来源于《雷雨》中周蘩漪和周萍的对话，有许多语境作为铺垫，读者都可以接受，而后句则没有这样的语境，让人听着有点儿荒唐。

（110）这是我的母亲，小华的母亲在那边。

*这是我的母亲，小华的在那边。

（范继淹，1979）

例（110）中，“小华的”不能取代“小华的妈妈”，如同沈家煊（1999）、严辰松（2007）谈到的“小王的”不能指代“小王的爸爸”一样。对于这个问题我们认为，两者分别处在两个句子中，概念距离远，而且还是一个语境语用和文化的问题。如果语境为谈论小华的东西，那么就可以用“小华的”指代；语境如果是谈论小华的儿子，也是可以的；但用“小华的”指代长辈是很不礼貌的，不符合常规文化习惯。

（111）我的儿子在美国，小华的在英国。

（112）我的钢笔在那边，我用一下小华的。

例（111）中“小华的”指代“小华的儿子”，例（112）中“小华的”指代“小华的钢笔”。这些表达能够接受，是因为他们不仅符合构式的区别性特征和转喻的要求，而且说话者认为符合礼貌和习惯。如果用“小华的”指代“小华的母亲”，这样则很不礼貌，缺乏辈分观念。

以上的例子都是学界对“的”字构式争论的一些难题，对于为何有时可以进入构式，有时又不可以进入的语言现象，我们认为转喻与语境结合的方式可以给出一定的解释。

8.5 “的”字构式的转喻特例

收集“的”字构式的语料时，我们发现一些非常有趣的情况，“的”字构式中的“的”可以省略，但仍然保持”的”字结构的意思，仍然有转喻思维存在。如：

（113）袁大头的值钱

袁大头值钱

例（113）中，“袁大头的”指代“袁大头的银元”（1927年后的一段时间内，有孙中山头像的银元也在流通，故有此对照式的表达），存在转喻思维，源域为“袁大头的银元”，目的域为“银元”，在银元分类中，“袁大头的”指代“袁大头的银元”。而人们也常常采用没有“的”的表达，即“袁大头值钱”，在这种情况下，仍然保持转喻思维，源域为“袁大头”，而目的域为“袁大头的银元”。两者虽是不同的表达，但传递相同的意思，两种情况的转喻操作如下图：

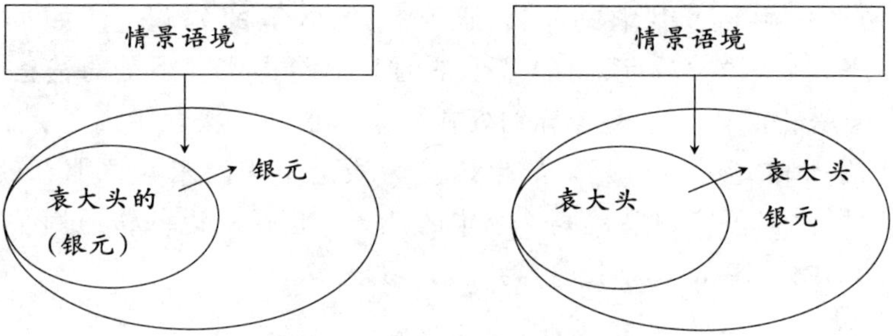

图 8.12 “的”字构式转喻特例

这样的例子还有：

(114) 仆：是张少帅府上的吗？这样重要？

李：(一面发报一面说) 比少帅府上更重要的，是我们东北千千万万劳苦大众自己的报呀！

(适夷《SOS无线电急奏》)

例 (114) 中，“少帅府上的”指代“少帅府上的电报”，并激活转喻思维。“少帅府上的电报”为源域，“电报”为目的域，指代激活与转喻激活同时进行。此转喻基于“的”字结构的分类性和区分性，是“少帅府上的”电报，而不是别处的。第二个画线部分“少帅府上”转喻地指代“少帅府上的电报”，两者之间是部分—整体转喻关系。

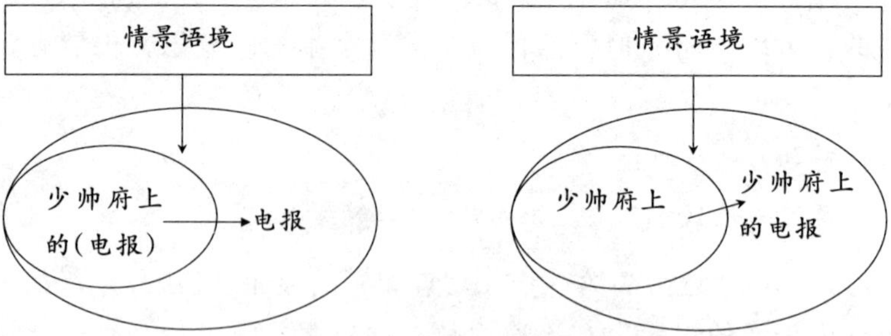

图 8.13 “的”字构式转喻特例

这个例子再次说明“的”字构式表达的丰富性。

8.6 “的”字结构语块观与语块类型

语块的界定目前主要有以下几种：Wray（2002）认为语块是作为整体储存和使用的词语程式；Lewis（1997）将语块分为四类：具有习语性质的固定词组、共现频率很高的词语、形式固定或半固定的惯用词语、句子框架和引语；王立非（2010）认为语块是以整体形式被记忆和提取的语言构块，并从中国学生英语口头和书面语的语块特征出发，将语块类型分为词类语块和句子语块。段士平（2008）认为语块是真实言语交际中以高频率出现的大于单个单词的整体多词单位。可见，目前主要从是否高频、习用的角度来认识语块，一般都从主、谓、宾、定、状、补等句子成分来考虑、确定语块（陆俭明，2010）。

从学者们这些观点即整体储存整体记忆角度来看，“的”字结构应该也可以看成是一种语块，因为体现在句法层面，“的”字结构表现为一个独立的句子成分，该结构有其形式与意义上的独立性，对照前人的语块界定，“的”字结构属于“半固定的惯用词语”，有其灵活性，我们称之为半开放的构式。但无论“X”是什么词或结构或句子，只要进入该构式，就被该构式所限制，整体成为名词性结构，表现在句法层面上，可以做主语、宾语、表语等名词能做的所有成分。那么，怎样看待“的”字结构既是构式又是语块呢？我们认为应该从该结构更深层的内部结构来分析。

8.6.1 单语块“的”字构式

按照语块整体储存和使用的原则，我们从“的”字结构使用的单位大小、包含的内部构件多少来考查，可以将“的”字构式分成这么几种类型：单语块、拼接块和复合语块。如果“X”为一个字或者两个字构成的一个词，我们称其为单语块“的”字构式。也就是说，单语块“的”字构式是指该构式是由一个词或一个字再加上标记语“的”组成，可以进入该结构的词有名词、动词、形容词、数量词、代词等。虽然表现在语言层面是词与“的”的结合，但在意义层面，是一个语块。单语块“的”字构式常见的有如下几种情况：

1. “名词＋的”语块

（115）弟弟：（直觉地臆断）男的吧？
姊姊：（肯定地）不，女的——一个有钱的太太。

（曹禺《雷雨》）

2. “动词＋的”语块

（116）倪毅：有的到吉林，有的到黑龙江，我是被派到辽宁。

（石凌鹤《黑地狱》）

3. “形容词＋的”语块

（117）李：（一面发报一面说）比少帅府上更重要的，是我们东北千千万万劳苦大众自己的报呀！

（适夷《SOS无线电急奏》）

4. “代词＋的”语块

（118）鲁大海：（望着四凤）他是你的，我并不认识他。

（曹禺《雷雨》）

5. “介词短语＋的”语块

（119）宋先生：什么事？
关先生：关于顾先生的，自然喽。

（王文显《委曲求全》）

6. “数量词＋的”语块

（120）小张：他精神得像十七八的。

（丁里《子弟兵和老百姓》）

这些“的”字结构，“男的”“女的”“更重要的”“有的”“你的”“关于顾先生的”“十七八的”，都是单个词进入“的”字结构，从而构成构式语块。这个语块既可以整体储存与记忆，又对进入“的”字结构的词处于半开放状态，有一定的灵活性。也就是说，只要能构成区别性特征，产生分类意义的词都可以进入，不必死记硬背其搭配用法。

8.6.2　拼接语块“的”字构式

拼接语块“的”字构式是指该构式中，“X”由两个或两个以上词或词组合在一起，然后再加上标记语“的”组成的“的”字结构。整体“的”字结构成为一个半固定的构式，在习得过程中，如果掌握了这个基本构式，就能根据需要做出搭配。拼接语块通常也以整体储存和记忆为主，成为规约化的用法，让我们无法感知到，但与单语块相比，灵活拼接是其特点。我们将可能的拼接归纳为以下几种类型：

1. “动词 + 名词 + 的”语块

（121）男仆：嗳，再喝下去，把卖酒的都喝下肚了！

姊姊：（觉得这是不值一问的问题）自然是找楼上的去了。

弟弟：（急切地）谁是？

（宋之的《雾重庆》）

2. “动词 + 形容词 + 的”语块

（122）焦花氏：（甩开）滚！滚！滚！你少跟我说好听的，丑八怪。

仇　虎：那边金子铺的地，房子都会飞，张口就有人往嘴里送饭，睁眼坐着，路会往后飞，那地方天天过年，吃好的，穿好的，喝好的。

（曹禺《原野》）

3. “名词 + 动词 + 的”语块

（123）马国材：记着，你在家里等我，天亮了我就来找你。我今天要和你商量的就是这个事。

（石凌鹤《黑地狱》）

4. “代词 + 动词 + 形容词 + 的”语块

（124）林卷好：要是他爱吃甜的，也随他去吧！

（郭沫若《屈原》）

5. “代/名词 + 动词 + 代/名词 + 的”语块

（125）萧汉江：你们有亲戚朋友的，都去找，回头到海光寺聚齐。

（石凌鹤《黑地狱》）

6. “代词 + 动词 + 名词 + 动词 + （名） + 的”语块

（126）鲁四凤：（拿出钱来）我的都在这儿。这是我回头预备给妈买衣服的，现在你先拿去用吧。

傅善祥：是的，就是她，那命令该也是您要我传达的啦。

（阳翰笙《天国春秋》）

“卖酒的”、“找楼上的”、“吃好的”、“穿好的”、“喝好的”、“我今天要和你商量的”、“他爱吃甜的”、“你们有亲戚朋友的”、“我回头预备给妈买衣服的”、“你要我传达的”，这些“的”字结构内部成分相对复杂，由不同的成分拼合在一起，同时进入“的”字结构，它们都具有语块的特点，成为一种特殊的“的”字语块。

8.6.3 复合语块“的”字构式

该类语块，因其中的词或者词组前面经常有修饰语，比如名词前面可能需要形容词来修饰，动词可能用副词来修饰，这种情况在单语块和拼接语块的分类中没有讨论，但在实际应用中很普遍，我们称其为复合语块。如下例：

（127）大盗：你的衣服，看起来，不像是在巴黎做的罢！

夫：（露忸怩色）是在上海做的。

（宋春舫《一幅喜神》）

（128）关先生：真有亲眼看见那件事的。

（王文显《委曲求全》）

（129）焦花氏：你别吓一跳，我不是说旁的。我要有儿子，我就要生你这样的。

（曹禺《原野》）

（130）勒尚：《礼魂》歌刚好跳完，再奇怪也没有的就是我们的三间大夫了。你们猜，他是怎样了？

（郭沫若《屈原》）

这些例子中，在“动词+的”构式中，语块前面又多了附加语块“在巴黎”和“在上海”，但我们把它看作“动词 + 的”单语块的复合形式。例（128）中，“动词 + 名词 + 的”前面多了附加语块“亲眼”，同样，我们也把这种现象看作“动词 + 名词 + 的”拼接语块的复合形式。例（129）和例

（130）中，“这样”和“再奇怪”等都是复合语块的部分。

通过语块的分类，我们对“的”字构式有了更深入的了解和认识，构式是相对模糊的概念，而语块更为具体，可以看出该构式有不同的形式，这样看待“的”字结构对更深入的研究也有一定的意义。

本研究从构式的角度和转喻的角度来探索对“的”字结构的解释，这与过去从语义、语法角度进行的研究不同。首先，本研究讨论了“的”字结构与其他相似结构的区别，主要对该结构的认知基础做了进一步的研究，认为“的”字结构存在独立的形式特征和不可预测的意义特征，所以是构式。第二，揭示了“的”字构式意义获得存在的转喻基础，并对“的”字构式的转喻思维类型，从“X”部分与所指代事物之间的关系上进行了分类，提出“领有者—领有物”、“地点—人/物”、“形状—事物”、“施事＋行为—对象”、“行为＋受事—人”、“时间—事物”、“施事＋行为＋受事—事物”、“行为＋性状—事物”这几种转喻类型。第三，“的”字结构的构式特征和转喻本质特征构成了进入该结构的限制条件，即分类性、区别性和指称性。这些限制可以对语义和语法学界的规则给出认知理据，也可以对一些争议给出解释。第四，语境对构式也有一定的限制作用，有些表达在这样的语境下可以进入构式，在那样的语境下则不能进入构式，从语境限制方面也可给予解释。第五，“的”字构式的转喻思维存在特例。第六，“的”字结构不仅是构式，同时也是语块，这两个观点不矛盾，可以给予统一的解释。总之，我们希望此项研究对前人的转喻观有一定的发展，对语块与构式相结合的研究能产生抛砖引玉的作用，对其他有标记构式的研究也能有所启发。

第九章 结 语

通过对这五种语言现象的研究，我们赞同转喻思维现象很普遍的观点；对这五种语言现象的分析也证明了区分高层转喻和低层转喻的必要性，这种区分有利于对语言现象背后抽象的认知机制尤其是话语层面的抽象转喻进行更深入的研究。同时，我们发现汉语现象中的转喻思维确实有它自己的特点和规律，研究汉语语料对认知理论的发展非常有必要。本研究主要探讨了五种语言表达中的转喻思维情况，在这五种语言现象中，既有语言现象各自的转喻规律和特点，也有共同的规律和特点。下面我们归纳一下各章的主要内容、结论以及共同的转喻规则，以便以后继续研究和验证。

9.1 语言现象各章研究结论

在第四章“转喻与语境：‘What's X doing Y’构式转喻思维的限制性因素探讨”中，虽然Ruiz de Mendoza & Díez（2001）曾从转喻的角度对该构式给出解释，改变了过去解释的角度，很有新意。但我们认为他们的解释还是有一定的局限性，忽视了不同语境下该构式转喻的变化情况。因此，本研究对该构式在不同语境下转喻的变化情况进行了深入研究。我们提出与Ruiz de Mendoza & Díez（2001）不同的观点，最明显的区别在于，我们认为该构式的意义生成与语境密切相关。本章考察了语境对“What's X doing Y”构式转喻思维的影响和限制作用。主要从四个方面进行探讨：第一，探讨该构式存在转喻思维的语境条件，指出该构式在不知而问的语境下，不存在转喻，只有在明知故问、话语目的不是询问信息的语境下，才存在转喻。第二，探讨该构式转喻思维两域操作和多域操作的语境条件，指出即使说话者是用该构式来转喻性地表示不满或担忧，但倘若只是出于担心或惊讶和提醒旁人注意，该构式的转喻操作仅为两域操作；只有在间接请求身边的人去阻止构式所涉及的行为的条件下，才为多域操作。第三，探讨“doing”在不同语境中的功能变化。我们不完全赞同Ruiz de Mendoza & Díez（2001）对“doing”的看法，我们认为“doing”究竟是否具有实际词汇意义，在很大程度上由语境决定。有的语境下，“doing”并没有什么实际的词汇意义，有的语境下，部分具有实际词汇意义。第四，考察具体说话语境与一般背景知识的区别。我们认为背景知识规定着常规的转喻思维，而情景语境影响着常规思维在具体情况下的变化。与此同时，我们将该构式与相近的构式“What's X doing”作了对比，得出转喻思维在该构式中存在的五个具体条件（详见第四章），如果五个条件都满足，转喻为多域操作，存在两次转喻映射；如果满足前四个条件，不请求别人制止现有行为，则转喻只有两域操作。通过对“What's X doing Y”构式的观察，发现该构式义的获得虽然与构式本身以及其内部成分有关，但构式义及其转喻思维的获得在很多情况下又都与具体说话语境有密切关系。该构式有无转喻操作，以及是一次转喻激活还是两次转喻激活，在很大程度上都由语境决定。对该构式的分析使我们从一个侧面看到话语理解中认知因素和语境因素的共同作用，语境因素对认知操作起限制作用，而且揭示了该构式在不同语境下的转喻两域操作和多域操作的情况。

在第五章“现代汉语间接拒绝言语行为与高层转喻”中，我们认为根据直接、间接、有言、无言等标准对拒绝的划分远远不够，因为这些划分方法基本上属于对拒绝的静态观察。而我们认为拒绝言语行为从对它的判断开始，就必须考虑上下文语境，根据上下文的动态语境，才能断定是否是间接拒绝言语行为。我们提出界定间接拒绝应该从动态的角度考虑，即应该把语境因素考虑其中，这与以往汉语界静态研究间接拒绝有很明显的区别。我们提出新的分类，即狭义间接拒绝和广义间接拒绝。狭义间接拒绝指听话人针对说话人提出的直接请求、直接邀请、直接要求、直接提议和直接建议所做出的拒绝言语行为；广义间接拒绝指听话人针对说话人间接请求、间接邀请、间接提议等给予的间接拒绝。通过对间接拒绝的深入分析，我们认为语境对间接拒绝有时有决定性的作用，是否存在转喻思维有时取决于语境，两域或多域操作也取决于语境。此外，我们提出常见的间接拒绝的转喻类型有部分代整体、整体代部分和因果思维中的转喻三种；提出间接拒绝经常存在两种类型的转喻链——从直接到间接的转喻链和从间接到直接的转喻链，这表明间接拒绝有时存在转喻多域操作的情况。

在第六章“现代汉语疑问句意义偏离与高层转喻”中，我们首先观察传统的四种疑问句，发现在一定语境下都可以无偏离，而在特定语境下也都可以有偏离，并认为在语境中意义偏离是疑问句的普遍现象。我们指出意义偏离是在语境中偏离，研究意义偏离离不开语境。我们从动态语境出发，对疑问句意义偏离作出界定，并把疑问句意义偏离分为强偏离和弱偏离。具体从语用功能角度归纳了意义偏离种类：建议、责备、制止、关心、鼓励、担心、拒绝、威胁、感激、示怒、缓和关系、吃惊、辩护、驱逐和愤怒意义偏离疑问句，共十五种，并揭示了偏离内部的转喻思维操作机制。我们把责问考虑进来，这点与前人不同。我们认为虽然责问一般用在知道结果而责备对方的情况，但责问有时候也不完全是没有一点疑问之义，出于这样的想法，我们把责问和威胁归于强偏离一类；其他归为弱偏离。再者，我们认为意义偏离不仅是语用问题，也是一个认知思维问题，所以本研究采用高层转喻来解释意义偏离，分析了53例具体语境中的疑问句意义偏离现象，发现都存在转喻思维，而且意义偏离的转喻操作情况有其自己的规律，一般为两次转喻即属于多域操作情况，其转喻操作符合我们提出的基本转喻操作模式，但又有变化，我们称为其变体形式。意义偏离离不开语境的影响，而且疑问句意义偏离的转喻操作与第四章基本转喻模式相比，其转喻多域操作存在变体。此外，我们认为言语行为层面的转喻思维与词汇层面的指称转喻有很大不同，它是更为抽象的思维活动，所以，把转喻分为高层转喻和低层转喻是有意义的，有利于对语言现象做更深入的分析。

在第七章“转喻与语篇：伏应与高层转喻”中，本研究首次提出伏应中存在认知转喻思维，由于伏应以跨句、段为特征，本研究提出伏应现象中经常存在转喻，并称其为高层篇章转喻，高层篇章转喻是对前人高层转喻划分的补充和发展。本文从转喻思维这一新的角度考察了伏应这一语篇衔接手段。我们把“伏”与“应”的概念激活看成是因果逻辑关系，认为在“伏”与“应”的概念激活过程中，还可观察到“伏”或“应”本身所涉及的转喻思维。我们可以观察到“伏”有时呈现出间接表达代直接表达的关系，产生转喻思维；“应”也可能呈现出间接表达代直接表达的关系，从而产生转喻思维；或者“伏”、“应”都为间接表达，产生转喻思维，而在产生“伏”与“应”的因果激活之前，这种间接表达的关系是难以被读者察觉的。“伏”（“因”）和“应”（“果”）中的转喻无法单独存在，它们通过激活伏应因果整体而产生。此外，本文还区分了四种不同的“伏”与“应”类型：一伏一应、一伏多应、多伏一应和多线伏应，认为伏应关系可能是一条包括几个连续伏应的线索，也可能只有一伏一应、一伏多应、多应一伏。总之，整个故事常常在多条以转喻为基础的伏应线索中穿行，语篇因此而展开。这些类型中“伏”或“应”都可能呈现转喻思维。总之，整个故事情节常常在多条涉及转喻思维的伏应线索中展开。

在第八章“‘的’字结构的构式观与转喻思维”中，首先我们提出“的”字结构的区别性特征，或者说分类意义特征是“的”字结构存在转喻思维的基础。“的”字结构只有“部分代替整体”转喻，而其转喻关系就是基于这一区别性特征的。通过对话剧中“的”字结构大量语料的分析，观察到“的”字结构中的转喻思维比目前认知语言学中谈到的指称转喻范围大得多。从“X的”中，“X”部分与所指代事物之间的关系上，我们将转喻分为“领有者—领有物”、“地点—人/物”、“性状—事物”、“施事+行为—对象”、“行为+受事—人”、“时间—事物”、“施事+行为+受事—事物”、“行为+形状—事物”等转喻思维源域类型。本研究从转喻角度解释了“的”字结构的语义规则，如：描述性名词和描述性形容词不能省略中心语，表示属性的名词和形容词可以省略中心语。我们认为该规则的认知理据是：表属性的名词和形容词可以省略中心语，因为“的”字构式存在转喻思维，表示属性的名词和形容词使得该结构具有了区别性特征，能够反映事物的本质属性，可以用其部分属性代替事物整体，符合转喻思维的要求，所以，可以进入“的”字构式；而描写性的名词和形容词则不能使“的”字结构反映事物的本质属性，所以不能进入构式。“的”字构式的区别性特征或转喻思维特征成为进入该构式和该构式获得意义的限制条件。本研究指出“的”字构式的转喻有四种限制。“的”字结构在一定语境下，也会出现多域操作的情况；语境有时对该构式有影响，语境因素不仅可能影响“的”字构式的具体所指，还影响其概念距离。本文用这个观点解释了一些目前学界的热点争议问题。“的”字结构的转喻源域类型比认知语言学界谈论的任何指称转喻情况复杂得多，这是汉语“的”字结构的一大特点。与此同时，我们提出该结构从形式与意义匹配来看属于构式，但从语义和习得来看又属于语块，而语块和构式的观点并不矛盾，语块可以看作构式的表现形式。本文提出“的”字结构存在三种语块类型：单语块“的”字构式、拼接语块“的”字构式和复合语块“的”字构式。

9.2　五种语言现象的转喻共性

（1）高层转喻存在共同基本模式

这五种现象中的转喻存在共同的基本操作模式，其操作都符合转喻思维的本质，即“部分—整体”和“整体—部分”转喻思维本质，而且，五种现象在不同程度上都受语境的影响。这些表明我们在第三章提出的高层转喻基本操作模式是有效的。前面我们一再声明，在不同语言现象中，其转喻具体操作存在变体形式，但都符合转喻的基本模式，也就是说，虽然不同语言其转喻思维有变体，但都在基本模式的框架内进行。这个基本模式与前人的转喻模式的区别在于，我们将情景语境对转喻的限制作用考虑其中，在动态语境下，考虑具体语言现象中转喻的确定、分类与操作。我们提出的高层转喻的基本模式在这几种语言现象中是能够成立的。

（2）语境对高层转喻有限制作用

在这五种语言现象中，语境都不同程度地影响着转喻思维，但语境在不同语言现象中所起的作用大小不同。一般来说存在高层情景转喻的语言现象，如“What's X doing”构式、疑问句意义偏离、间接拒绝，有时语境会起决定性作用（即语言现象是否存在转喻取决于语境），以及转喻思维分一步进行还是两步进行也取决于语境。而在有的语言现象中（如伏应关系和“的”字结构中），语境的作用相对要弱。当然，情景语境的影响，即使在同一种语言表达中，也必须视具体情况而定。总之，语境在高层转喻思维中的情况说明转喻尤其是情景转喻受语境的制约。我们认为认知背景规定着常规的思维路线，而情景语境导致了思维的变化和特色。

（3）高层转喻多域操作比较普遍

我们认为高层转喻尤其高层情景转喻存在多域操作的情况很普遍。从这五种语言现象的转喻操作中，我们发现转喻有时涉及多个认知域而不只是两个。转喻多域操作的原因有二：第一，语言表达的策略性使读者可能同时产生不只一个推测目标，也就是出现多个转喻目的域；第二，由于有些转喻思维比较复杂，不能一步到位，需要两步操作（陈香兰、申屠菁，2008d），这样就出现多域操作的情况。转喻多域操作与转喻两域观并不矛盾，即使转喻过程中涉及多个认知域，但随着语境量的增加，转喻一般会最终映射到一个比较具体的目的域上，这样从过程来看，属于多域操作，而最终的映射是源域和目的域两域。因此，两域操作可以看作多域操作的特例。如果目的域仍然是多个，则属于语义歧义现象。

（4）高层转喻存在变体形式

第三章提出的高层转喻基本模式是高层转喻共同的基本模式，但在不同语言现象及不同语境中，转喻操作尽管遵循转喻的本质，但其操作形式可能存在变体。从我们讨论的几种语言现象的转喻操作变体现象来看，这些转喻思维都符合“整体—部分”或“部分—整体”的转喻思维本质，只是具体操作上有稍许变化，但没有改变其本质思维特征。在这五种语言现象的转喻分析中确实存在不同的变体现象，比如伏应中的转喻思维、意义偏离中的转喻思维与基本模式中的看起来不太一样，这与我们的预期是一致的，与我们整体的认知语用观并不矛盾，是基于统一模式基础上的变体形式。这点正从侧面反映了语言的复杂性。高层转喻更为抽象，所以，转喻思维推理也就会更加复杂一些。多域变体形式与我们提出的转喻观点相符，转喻操作情况与我们的转喻思维模式一致，侧面证明了我们的转喻操作观是有说服力的。

9.3 研究局限与今后研究方向

思维本身是一种复杂的现象，无形的高层转喻思维就更加抽象。本研究通过不同语言现象的转喻情况，以内省的方法来揭示其思维过程。毫无疑问，这种探讨方法不可避免地带有一定的主观性，其结论也存在一些局限性，所提出的假说还有待后续研究的进一步验证和完善。

首先，作为一个开放性的研究课题，本书的研究可以说是在“高层转喻与语言表达”这个大题目下进行的第一步工作，只探讨了五种语言现象，可以说刚做了一些初步的研究工作，因为还有很多语言表达中的转喻思维本书没有涉及到。虽然我们提出的模式能够成立，能够作为一个基本的高层转喻操作模式，所做的研究基本能证明我们的理论假设能站住脚，但我们毕竟只对五种语言现象作了分析，有些语言层面没有涉及到，比如语音系统、构词系统等。另外，不同的语言又有何转喻特点和规律？这些我们也没有涉及到。所以，高层转喻模式能多大程度地适应各种语言现象，还需要更多的针对不同语言现象的研究来检验。我们期待更多的相关研究，以便更全面地了解该模式的解释力以及转喻操作变体情况的种类，这样才能更清楚语境对不同语言现象的影响力和构式对其内部成分的相互制约情况。“语言表达”涉及的范围很大，与我们认为高层转喻涉及很多领域有关，这就需要我们继续深入探讨。本人将在以后的社科项目专著中，在此基础上做进一步的研究，专门探讨语法中的高层语法转喻的相关问题。

其次，五种语言现象的研究也有待更深入、更细致。就我们分析的这些现象而言，虽然我们尽力收集尽可能多的语料，但实际上还是难以做到穷尽，我们的语料毕竟还是很有限的。比如伏应现象，目前从认知角度研究的还很少，我们分析的例子也很有限。伏应关系的语料我们主要是在话剧、长篇小说和散文中收集的，因此，得出结论也只是针对这些领域而言，其使用范围是有限的，是否适用于其他文体（如描述体、说明体、辩论体等）还需进一步研究。在伏应现象中，除了我们归纳的转喻思维操作类型，是否还存在其他类型、其他文体中的伏应关系也需要深入研究。在疑问句意义偏离中，我们也有一些问题需要继续思考，如反问，本次研究我们没有将它包括其中，但能否说反问无转喻？这些都是我们下一步要研究的课题。

再次，从本文所采用的语料方面来说，我们主要从剧本话语中进行选择，其次是来自认知领域的研究例子，也有来自小说、散文的，但为数不多。不同的语言现象语料的收集也是有差别的，“的”字结构、间接拒绝、疑问句意义偏离，其语料收集的数量不同。话剧语料多而且分析相对容易操作，但小说等其他方面的语料，我们只是选取了其中的一些相关内容，因此这难免会使分析结果的说服力受到影响。

总之，今后我们将沿着本研究的方向和思路，在不断积累现有研究成果的基础上，深化、细化所建立的语用认知理论框架，继续扩大对汉语各层次的深入研究。我们相信，只要坚持以语言事实为基础，进行大量的语料收集和分析，就一定能够对语言现象做出更合理的解释。最后，我们希望本研究提出的理论模式能对第二语言习得和教学起到抛砖引玉的效果。

参考文献

汉语文献

白解红（2000）语境与意义，《外语与外语教学》，第4期。

蔡少莲（2011）英汉语拒绝策略理论与实证研究，《外语研究》，第9期。

常玉钟（1992）试析反问句的语用含义，《汉语学习》，第5期。

陈　静（2010）《语用认知视角下的指称研究》，博士学位论文，浙江大学。

陈乾峰（2006）《汉英拒绝言语行为的跨文化比较——以中美两国例行记者会为例》，硕士学位论文，浙江师范大学。

陈香兰（2006）《转喻与语用推理》，博士学位论文，北京大学。

陈香兰（2007）仿拟理解的转喻机制研究，《外语学刊》，第5期。

陈香兰（2008a）高层转喻研究，《外语教学》，第6期。

陈香兰（2008b）转喻思维的多样性，《外语学刊》，第5期。

陈香兰（2008c）间接言语行为类型转换与转喻，《外语与外语教学》，第1期。

陈香兰，申　丹（2009）转喻与语篇：伏应与转喻思维，《外语与外语教学》，第5期。

陈香兰（2010）“的”字结构的构式观与转喻思维属性特点，《外语研究》，第5期。

陈香兰，申　丹（2010）构式与语境：“What's X doing Y”构式的转喻限制性因素探讨，《外语教学与研究》，第2期。

陈香兰，申屠菁（2008）转喻多域观，《外国语》，第2期。

陈香兰，徐　珺（2011）“的”字结构的语块构式观与转喻源域类型，《外国语》，第5期。

陈香兰，周流溪（2007）异形回指和联想回指理解的转喻机制，《外语与外语教学》，第2期。

陈新仁（2008）“转喻”指称的认知语用阐释，《外语学刊》，第2期。

陈振宇（2008）现代汉语中的非典型疑问句，《语言科学》，第7期。

陈振宇，古育斯（2012）汉语疑问代词的不定代词用法，《云南师范大学学报》，第5期。

程东岳（2007）“脸”的隐喻与转喻，《华东交通大学学报》，第3期。

池昌海，曹　沸（2012）回指形式选择的修辞制约及其功能，《当代修辞学》，第1期。

邓思颖（2011）问原因的“怎么”，《语言教学与研究》，第2期。

东　平（1999）汉语中的拒绝，《白城师范高等专科学校学报》，第2期。

董宪臣（2007）《现代汉语是非问句的疑问程度研究》，硕士学位论文，北京大学。

董宪臣（2011）汉语是非问句相关研究述评，《重庆工商大学学报》，第6期。

董晓燕（2004）《汉语拒绝策略对比研究》，硕士学位论文，曲阜师范大学。

董亚楠（2007）《英语指称性代词it和汉语对应词“它”》，硕士学位论文，上海海事大学。

段士平（2008）国内二语语块教学研究述评，《中国外语》，第4期。
范继淹（1979）“的”字短语代替名词的语义规则，《中国语文通讯》，第3期。
范继淹（1982）是非问句的句法形式，《中国语文》，第6期。
范　晓（1998）《汉语的句子类型》，上海：书海译文出版社。
傅福英，张成文（2008）“拒绝”艺术在中西文化差异中的语用体现，《开封大学学报》，第6期。
傅惠钧（2008）关于疑问句的性质与范围，《浙江师范大学学报》，第5期。
高卫东（2008）《语篇回指的功能意义解析—可及性理论质疑与回指语意义新探》，博士学位论文，解放军外国语学院。
高卫东（2009）回指语的修辞性提取功能，《解放军外国语学院学报》，第5期。
高卫东（2011）回指语的关系定位功能，《解放军外国语学院学报》，第1期。
高艳菊（2009）浅析英汉语礼貌现象中的拒绝言语行为，《安徽文学》，第12期。
葛卫红（2008）汉英照应成分比较及对语篇翻译的启示，《语言与文化研究》，（第3辑）。
谷路平（2010）《跨文化视角下的中英拒绝及恭维策略研究》，硕士学位论文，长春工业大学。
郭　锐（2002）“吗”问句的确信度和回答方式，《世界汉语教学》，第2期。
郭婷婷（2005）现代汉语“吗”是非问句的信息结构与功能类型，《华中科技大学学报》，第3期。
韩　丹，许宁云（2006）指称转喻的回指照应机制，《解放军外国语学院学报》，第2期。
何元建（2003）特指问句标记的类型学特征，《外语教学与研究》，第3期。
何兆熊（1984）语言的间接性，《外国语》，第4期。
何兆熊（1988）《语用学概要》，上海：上海外语教育出版社。
何自然（2000）语用推理的照应，《福建外语》，第1期。
何自然（2001）语用含意推理和照应，《福建外语》，第4期。
洪　岗，陈乾峰（2011）中美新闻发言人拒绝策略对比研究，《外语教学与研究》，第3期。
胡炳忠（1989）有关“呢”的两个问题，《语言教学与研究》，第2期。
胡毓平（2007）汉英语篇中照应衔接手段的对比分析，《哈尔滨职业技术学院学报》，第3期。
胡壮麟（2004）《认知隐喻学》，北京：北京大学出版社。
黄伯荣（1958）《陈述句疑问句祈使句感叹句》，上海：新知识出版社。
黄国营（1982）“的”字的句法、语义功能，《语言研究》，第1期。
黄国营（1986）“吗”字句用法初探，《语言研究》，第3期。
黄　莉（2010）《汉语是非疑问句的句法结构研究》，硕士学位论文，中南大学。
黄向荣（2009）《现代汉语中以“不”结尾的疑问句研究》，硕士学位论文，暨南大学。
黄艳春，黄振定（2006）英汉语指称照应对比与翻译，《外语教学》，第1期。
贾　晴（2009）《基于数据库的汉韩对话语篇指称研究》，博士学位论文，华东师范大学。
江海燕（2008）语气词“吧”和疑问语气的传达，《语言文字应用》，第11期。
金立群（2005）伏笔与突转背后的人性观察，《语文教学与研究》，第8期。
金立鑫（1996）关于疑问句中的“呢”，《语言教学与研究》，第4期。

靳雅姝（2007）现代汉语疑问句对会话结构的结构形态制约，《鸡西大学学报》，第10期。
孔令达（1992）“名$_1$+的+名$_2$”结构中心名词省略的语义规则，《安徽师大学报》，第1期。
兰巧玲（2007）《俄汉语是非问句对比研究》，博士学位论文，黑龙江大学。
乐　耀（2010）从汉语书面叙事体的语篇结构看人物指称的分布和功能，《当代语言学》，第4期。
黎　彦（2006）《英汉照应对比分析》，硕士学位论文，广西师范大学
李大勤（2001）“呢”问句疑问功能的成因试析，《语言教学与研究》，第6期。
李美妍（2011）汉语反问句的性质特点分析，《重庆科技学院学报》，第9期。
李　青（2009）《最简方案框架下英汉多元疑问句的比较研究》，硕士学位论文，中南大学。
李　玮（2005）汉、英拒绝言语行为表达方式之比较，《北京科技大学学报（社会科学版）》，第6期。
李小华，王立非（2010）第二语言习得的构式语法视角：构式理论与启示，《外语学刊》，第2期。
李燕娟，邱天河（2010）英语间接拒绝语的心理顺应性研究，《洛阳理工学院学报》，第5期。
李云靖（2008）“NP+的+VP”结构的构式语法阐释，《语言教学与研究》，第2期。
李展宇（2004）《呢字疑问句研究》，博士学位论文，华中师范大学。
李正娜（2012）汉语间接拒绝语的性别特征研究，《湛江师范学院学报》，第4期。
廖定玲（2010）《基于合作，关联，顺应模式的拒绝语研究》，硕士学位论文，湖南师范大学。
林裕文（1985）谈疑问句，《中国语文》，第2期。
林　忠（2007）从形式主义到认识语言学，《中国民航飞机学院学报》，第7期。
刘丹青（2008）汉语名词性短语的句法类型特征，《中国语文》，第1期。
刘静元（2008）《对间接言语行为的疑问句的中日对比研究》，硕士学位论文，西南交通大学。
刘礼进（2011）　汉英篇章视点回指式对比考察，《现代汉语》，第3期。
刘礼进，陈翀好（2011）汉语会话中零回指研究的语用认知模式，《外语与外语教学》，第6期。
刘妍李（2009）《汉语焦点重音位置对回声疑问句句尾语调的影响初探》，硕士学位论文，暨南大学。
刘延华（2011）《疑问标记，焦点与对外汉语疑问句教学》，硕士学位论文，吉林大学。
刘　洋（2007）汉语领有名词提升的最简方案研究，《外国语言文学》，第4期。
刘　莹（2012）从社会语用学角度分析间接拒绝语，《吉林广播电视大学学报》，第6期。
刘月华（1988）语调是非问句，《语言教学与研究》，第2期。
刘志成（2010）《现代汉语疑问句习得研究》，硕士学位论文，辽宁师范大学。
卢卫中，孔淑娟（2006）转喻与委婉语的构成，《外语研究》，第6期。
卢卫中，路　云（2006）语篇衔接与连贯的认知机制，《外语教学》，第1期。
陆俭明（1982）由“非疑问形式＋呢”造成的疑问句，《中国语文》，第6期。

陆俭明（1983）“的”字结构和“所”字结构，《中国语文杂志社语法研究和探索（一）》，北京：北京大学出版社。
陆俭明（1984）关于现代汉语里的疑问语气词，《中国语文》，第5期。
陆俭明（2007）吴海波译，《构式：论元结构的构式语法研究》，北京：北京大学出版社。
栾义敏（2011）拒绝言语行为的礼貌问题研究，《安徽工业大学学报》，第3期。
伦　茜（2007）《泰国留学生汉语疑问句语调习得实验研究》，硕士学位论文，广西师范大学。
罗贯中（1973）《三国演义》，北京：人民文学出版社。
吕明臣（1989）汉语答句的意义，《语法求索》，第2期。
吕叔湘（1942）《中国文法要略》，北京：商务印书馆年版。
吕叔湘（1985）疑问，否定，肯定，《中国语文》，第4期。
马丹妮（2006）《中日英拒绝策略的对比研究》，硕士学位论文，东北师范大学。
马青雅（2008）《商务汉语教材中间接拒绝语言现象的考察和分析》，硕士学位论文，北京语言大学。
马　文（2009）会话中的指称合作原则及其运作，《外语教学》，第5期。
马　文，陈晓阳（2011a）篇章回指修正：引导手段及其等级，《外语教学》，第3期。
马　文，陈晓阳（2011b）篇章回指修正的引导语类型分析，《解放军外国语学院学报》，第3期。
马　文，纪云霞（2011）会话中人称指代引入的认知分析，《外语研究》，第6期。
马　琰（2011）《美国中学生汉语拒绝言语行为习得状况调查及对策研究》，硕士学位论文，西安外国语大学。
马月兰（1999）从语篇表层谈中、美拒绝策略，《齐齐哈尔大学学报》，第4期。
牛保义（2001）英汉语附加疑问句语法化比较，《外国语》，第2期。
欧阳苹果，肖武云（2007）认知语境在话语交际中的作用，《外语学刊》，第5期。
潘　枫（2011）《汉英拒绝言语行为对比研究》，硕士学位论文，南京师范大学。
彭善友（2002）论《项链》的伏笔艺术，《呼兰师专学报》，第2期。
彭小川（2006）关于是非问句的几点思考，《语言教学与研究》，第6期。
齐沪扬（2002）“呢”的意义分析和历史演变，《上海师范大学学报（哲社版)》，第1期。
裘荣棠（1992）谈“动+的”短语的几个问题，《中国语文》，第3期。
屈春芳（2005）英语照应词指代对象的确定性与非确定性，《外国语言文学》，第1期。
邵敬敏（1989a）叹词疑问句语义层面分析，《语文研究》，第2期。
邵敬敏（1989b）语气词“呢”在疑问句中的作用，《中国语文》，第3期。
邵敬敏（1996）《现代汉语疑问句研究》，上海：华东师范大学出版社。
邵敬敏，朱彦（2002）“是不是”问句的肯定性倾向及其类型学意义，《世界汉语教学》，第3期。
邵敬敏（2012）是非问内部类型的比较以及“疑惑”的细化，《世界汉语教学》，第3期。
沈家煊（1999）“转指”和“转喻”，《当代语言学》，第1期。

沈家煊（2000）说“偷”和“抢”，《语言教学与研究》，第1期。
沈家煊（2006）《认知与汉语语法研究》，北京：商务印书馆。
施其生（1990）汕头方言的反复问句，《中国语文》，第3期。
石　麟（2008）古代小说评点家论叙事之“埋伏照应”，《湖北师范学院学报》，第3期。
石毓智（2000）论“的”的语法功能的统一性，《世界汉语教学》，第1期。
宋　宏（2011）语用顺应论视阈下的语篇回指研究，《海外英语》，第14期。
孙帮俊（2008）疑问句及其非疑问语用功能，《黑龙江教育学院学报》，第12期。
孙　亚（2007）误解与言语行为转喻，《外语教学》，第2期。
孙　越（2008）《语篇中第三人称代词标示的可及性——项基于法汉翻译语料的研究》，硕士学位论文，厦门大学。
孙志农（2007）论语篇连贯的转喻机制，《天津外国语学院学报》，第2期。
覃胜勇（2007）转喻与语义—语用之间的连续体，《外国语言文学研究》，第2期。
谭轶操（2007）《现代汉语疑问句语用研究》，硕士学位论文，延边大学。
汤洪丽（2008）《汉语正反问句的历时演变考察》，硕士学位论文，苏州大学。
汤廷池（1981）国语疑问句研究，《台湾师大学报》，第20期。
汤廷池（1984）国语疑问句研究续论，《台湾师大学报》，第29期。
唐　玲（2004）汉语间接拒绝言语行为的表层策略分析，《广西社会科学》，第10期。
唐　玲（2004）汉语拒绝言语行为及东南亚华裔留学生习得情况分析，《暨南大学华文学院学报》，第2期。
田秋月（2009）原型范畴与拒绝言语行为，《鸡西大学学报》，第1期。
田小凤（2012）从语用学视角浅析日语的拒绝表达，《语言研究》，第5期。
王爱华（2001）英汉拒绝言语行为表达模式调查，《外语教学与研究》，第3期。
王爱华，吴贵凉（2005）对英汉拒绝言语行为直接性层面的调查研究，《西南交通大学学报（社会科学版）》，第1期。
王灿龙（2006）英汉第三人称代词照应的单向性及其相关问题，《外语教学与研究》，第1期。
王成东（2006）《汉语的疑问删略现象》，硕士学位论文，中南大学。
王德亮（2011）汉语回指消解算法推导，《外语教学》，第3期。
王红旗（2011）“指称”的含义，《汉语学习》，第12期。
王　劼（2011）论转喻回指中的常规关系因素，《西安外国语大学学报》，第4期。
王　军（2006）论篇章距离对回指先行语可及性的影响，《山东外语教学》，第1期。
王　军（2007a）主题性：整体回指关系体现出的一种篇章属性，《外语与外语教学》，第7期。
王　军（2007b）直接回指与间接回指，《天津外国语学院学报》，第5期。
王　军（2012）从演化指称看指同关系，《外语学刊》，第1期。
王良兰（2002）语篇照应与语篇理解，《重庆大学学报(社会科学版)》，第6期。
王瑞昀（2011）生成语法中的英汉疑问句研究，《江苏大学学报》，第3期。
王　蓉（2012）语篇中的动词性回指现象，《解放军外国语学院学报》，第1期。

王胜利（2010）《基于语料库的当代汉语剧本中作为面子威胁行为的请求拒绝策略研究》，博士学位论文，上海外国语大学。
王世华（1985）扬州话里两种反复问句共存，《中国语文》，第6期。
王文琴（1998）论间接语言的语用功能及制约范围，《南京师大学报》，第1期。
王文卿（2004）太原话的疑问句X，《语文研究》，第2期。
王秀丽（2008）话语范围导入词—对存在句的篇章分析，《外语教学与研究》，第5期。
王秀丽（2012）篇章分析中的概述回指，《当代语言学》，第3期。
王　寅，严辰松（2005）语法化的特征、动因和机制，《解放军外国语学院学报》，第7期。
王　燕（2007）认识语言学视角下的隐喻理论与英语教学，《湘潭师范学院学报》，第1期。
王　燕（2007）汉语间接拒绝言语行为实施原因变项探析，《聊城大学学报》，第2期。
王远杰（2008a）《定语标记“的”的隐现研究》，博士学位论文，首都师范大学。
王远杰（2008b）再探多项定语“的”的隐现，《中国语文》，第3期。
王韫佳（2008）《普通话疑问语气表达的复杂性》，第八届中国语音学学术会议暨庆贺吴宗济先生百岁华诞语音科学前沿问题国际研讨会。
魏在江（2007）概念整合、语用推理与转喻认知，《四川外语学院学报》，第1期。
魏在江（2007）概念转喻与语篇衔接，《外国语》，第2期。
魏在江（2007）语篇转喻综观，《外语学刊》，第3期。
文卫平，方　立（2008）汉语驴句研究—兼谈英语相关句式，《外语教学与研究（外国语文双月刊）》，第5期。
文　旭，叶　狂（2006）转喻的类型及其认知理据，《解放军外国语学院学报》，第6期。
吴剑锋（2008）论汉语的八大句类，《上海交通大学学报》，第5期。
吴建设（2003）拒绝语的表达方式，《四川外语学院学报》，第7期。
伍艳红，陶建华，路继伦（2006）《汉语疑问语调的韵律分析》，第七届中国语音学学术会议暨语音学前沿问题国际论坛。
项成东（2004）间接照应及其认知推理，《西安外国语学院学报》，第6期。
谢元才（2005）中西“拒绝”言语行为比较研究，《广西政法管理干部学院学报》，第11期。
邢福义（1987）现代汉语的特指性是非问，《语言教学与研究》，第6期。
邢福义（1990）“有没有”疑问句式，《华中师范大学学报》，第1期。
熊学亮（1999）《认知语用学概论》，上海，上海外语教育出版社。
熊仲儒（1999）“呢”在疑问句中的意义，《安徽师范大学学报（社科版）》，第1期。
熊仲儒（2006）生成语法学中的“的”字结构，《暨南大学华文学院学报》，第4期。
徐　杰，张林林（1985）疑问程度与疑问句式，《江西大学学报》，第2期。
徐景亮（2007）转喻推理与转喻性习语加工模式的构建，《外语研究》，第1期。
徐龙年（2005）简论《三国演义》的写作技巧，《学术交流》，第9期。
徐盛桓（1999）疑问句探询功能的迁移，《中国语文》，第1期。
徐盛桓（2009）转喻语句与真值条件，《外语教学与研究》，第1期。
徐天兴（2008）《现代汉语副词照应的历时考察》，硕士学位论文，湖南师范大学。

徐晓燕，夏伟蓉（2003）英语“拒绝”言语行为语用策略对比研究，《西南民族学院学报（哲学社会科学版）》，第2期。
许艾明（2006）中动构式的转喻阐释，《外语与外语教学》，第4期。
许余龙（2004）《语篇回指的功能语用探索》，上海：上海外语教育出版社。
严辰松（2007）“给予”双及物结构中的转喻，《外语学刊》，第2期。
严辰松（2007）限制性“X的”结构及其指代功能的实现，《解放军外国语学院学报》，第5期。
言志峰（2007a）汉语拒绝言语行为的性别差异研究，《合肥工业大学学报》，第8期。
言志峰（2007b）中加大学生拒绝言语行为的实证研究，《科教文汇》，第7期。
杨朝军（2004）照应关系的篇章功能研究，《福建外语》，第4期。
杨　红（2011）《现代汉语疑问语气副词与疑问句类型匹配能力研究》，硕士学位论文，华中师范大学。
杨剑英（2007）语篇中指称选择的认知语用解释，《西华师范大学学报》，第5期。
杨剑英（2008）指称词语选择的关联性，《内江师范学院学报》，第3期。
杨剑英（2012）英汉语的照应和替代功能对比分析，《海外英语》，第2期。
杨　杰（2011）《探析汉语拒绝言语行为中的性别差异现象》，硕士学位论文，华中师范大学。
杨　眉，王亚蕾（2009）试论学生口译学习动机及其影响因素，《教育与教学研究》，第3期。
杨学民（2004）转喻与小说、空白，《小说评论》，第2期。
杨玉玲（2006）单个“这”和“那”篇章不对称研究，《世界汉语教学》，第4期。
杨志平（2008）论“草蛇灰线”与中国古代小说评点，《求是学刊》，第1期。
姚　俊（2003）从英汉拒绝策略的语用对比看中西文化差异，《山东外语教学》，第1期。
叶清玲（2007）关于“一般疑问句/特殊疑问句”的不同阐释年，《外语学刊》，第5期。
殷树林（2009）汉英反问句比较，《汉语学报》，第2期。
尹洪波（2008）现代汉语疑问句焦点研究，《江汉大学学报》，第1期。
于善志（2003）一般疑问句疑问功能的语用消解，《外语与外语教学》，第10期。
袁毓林（1994）一价名词的认知研究，《中国语文》，第4期。
袁毓林（1995）谓词隐含及其句法后果—“的”字结构的称代规则和“的”的语法、语义功能，《中国语文》，第4期。
张　辉（2003）《熟语及其理解的认知语义学研究》，军事谊文出版社。
张　辉（2007）从转喻场境到语用参数和言外ICM，《外语学刊》，第4期。
张　辉，承　华（2002）试论汉英语法形式的转喻理据与制约，《外语研究》，第6期。
张　辉，孙明智（2005）概念转喻的本质、分类和认知运作机制，《外语与外语教学》，第3期。
张　辉，周　平（2002）转喻与语用推理图式，《外国语》，第4期。
张佳音（2008）《是非问句之历时演变研究》，硕士学位论文，苏州大学。
张京鱼，刘加宁（2010）汉语间接否定拒绝句式“又不/没有”的语义背景和使用条件，《汉语学习》，第2期。

张　宁（2009）歧义回指的表现形式和确定，《中国外语》，第6期。
张　权，张立新（2004）论图式推论的转喻理据，《外国语》，第1期。
张　韧（2007）转喻的构式化表征，《外国语》，第2期。
张晓涛，邹学慧（2011）语境对疑问表否定用法的制约性研究，《哈尔滨工业大学学报》，第3期。
张志恒（2012）汉语前置疑问代词问句的焦点性质，《汉语学报》，第2期。
张志平（1998）论几类常见疑问句的功能，《语文教学与研究》，第10期。
赵　红（2010）俄语语篇中话题指称的回指与翻译，《外语教学》，第7期。
赵秀凤，董静萍（2007）视角的选取与指称语的选择，《外语教学》，第7期。
赵元任（1968）《中国话的文法》，加州大学出版社。
赵元任（1979）《汉语口语语法》，北京：商务印书馆。
钟　桦（2006）《单项定语的性质与“的”字的隐现》，硕士学位论文，华中科技大学。
周福娟（2008）指称转喻在文学语篇中的诗学功能，《苏州大学学报》，第1期。
朱德熙（1961）在什么情况下用“的”和“地”，《新闻业务》，第6期。
朱德熙（1966）关于《说“的”》，《中国语文》，第1期。
朱德熙（1983）自指和转指:汉语名词化标记“的、者、之、所”的语法功能和语义功能，《方言》，第1期。
朱德熙（1985）汉语方言里的两种反复问句，《中国语文》，第1期。
朱德熙（1985）汉语方言里的两种反复问句，《中国语文》，第1期。
朱　跃，李家玉（2003）中英商业购物中“拒绝”言语行为对比研究，《外语教学》，第1期。
庄会彬，刘振前（2012）“的”的韵律语法研究，《汉语学习》，第3期。

英语文献

Al-Sharafi, A.G. (2004) *Textual Metonymy. A Semiotic Approach*. New York: Palgrave Macmillan.
Austin, J.L. (1962) *How to Do Tings Withords.* Cambridge. MA: Harvard University Press.
Bach, K. & R.M. Harnish, (1979) *Linguistic Communication and Speech Acts.* Cambridge, Mass: The MIT Press.
Barcelona， A. (2000) *Metaphor and Metonymy at the Crossroads: A Cognitive Perspective.* Berlin: Mouton de Gruyter,
Barcelona, A. (2002) Clarifying and Applying the Notions of Metaphor Andmetonymy within Cognitive Lingusitics: An update. In: Dirven, R. and R. Pörings.(eds.). *Metaphor and Metonymy in Comparison and Contrast*: 207–277.
Barcelona, A. (2003) The Case for a Metonymic Basic of Pragmatic Inferencing: Evidence from Jokes and Funny Anecdotes. In: Panther, K-U. & L.Thornburg. (eds.). *Metonymy and Pragmatic Inferencing*. Amsterdam: John Benjamine: 81–102.
Beebe, L.Takahashi, S. & R.Uliss-Weltz (1990) Pragmatic Transfer in ESL Refusals. In:

Scarcella, R. Anderson, E. and S.Krashen.(eds.). *On the Development of Communicative Competence in a Second Language*. Cambridge, MA: Newbury House: 57.

Blum-Kulka, S. House, J.& G.Kasper (1989) *Cross–cultural Pragmatics: Requests and Apologies*. Norwood, NJ: Ablex.

Blum-Kulka, S. & E.Olshtain (1984) Requests and Apologies: A Cross-cultural Study of Speech Act Realisation Patterns. *Applied Lingusistic* (5): 196–213.

Bolinger, D. (1968) Entailment and the Meaning of Structures. *Glossa* (2): 119–127.

Bolinger, D. (1979) Pronouns in Discourse. In: Givon, T. (eds.). *Discourse and Syntax*. New York: Academic Press: 289–308.

Bosch, P. (1983) *Agreement and Anaphora*. London: Academic Press.

Brown P & S.Levinson (1987) *Politeness: Some Universals in Language Usage*. Cambridge: Cambridge University Press.

Chomsky, N. (1981) *Lectures on Government and Binding*. Dordrecht: Kluwer.

Croft, W. (1993) The Role of Domains in the Interpretation of Metaphors and Metonymies. *Cognitive Linguistics*. 4(4): 335–370.

Croft, W. (2001) *Radical Construction Grammar: Syntactic Theory in Typological Perspective*. Oxford: Oxford University Press.

Croft, W. & D.A.Cruse (2004) *Cognitive Linguistics*. Cambridge: Cambridge University Press.

Dik, Simon C. (1989) *The Theory of Functional Grammar.Vol.1: The Structure of the Clause*. Dordrecht: Foris.

Dik, Simon C. (1997) *The Theory of Functional Grammar. Vol. 2: Complex and Derived Constructions*. Berlin / New York: Mouton de Gruyter.

Dirven, R. (1993) Metonymy and Metaphor: Different Mental Strategies of Conceptualisation. *Leuvense Bijdragen*. (8): 1–25.

Dirven, R. (1997) Emotion as Cause and the Cause of Emotions. In: Niemeier, S. & R.Dirven. (eds.). *The Language and Emotions*. Amsterdam: Benjamins: 55–83.

Dirven, R. (1999) Conversion as a Conceptual Metonymy of Event Schemata. In Panther, K-U. & Radden, G. (eds.). *Metonymy in Language and Thought*. Amsterdam: John Benjamine: 275–289.

Dirven, R. & R.Pörings. (eds.) (2002) *Metaphor and Metonymy in Comparison and Contrast*. Berlin / New York: Mouton de Gruyter.

Fillmore, Charles J. (1988) The Mechanisms of "Construction Grammar." *BLS*. (14): 35–55.

Fillmore, Charles J. Kay, P. and C. C. Mary (1988) Regularity and Idiomaticity in Grammatical Constructions: The Case of Let Alone. *Language* (64): 501–538.

Fillmore, Charles J. and P.Kay (1993) *Construction Grammar*. Unpublished manuscript. University of California. Berkeley.

Foley, Willian A. and Robert V. V.J. (1984) Functional Syntax and Universal Grammar.

Cambridge Studies in Linguistics. Cambridge: Cambridge University Press. (38): 321–374.

Gibbs, R. (1994) *The Poetics of Mind: Figurative Thought, Language, and Understanding*. Cambridge: Cambridge University Press.

Gibbs, R. (1999) *Speaking and Thinking with Metonymy*. In Panther, K-U & G.Radden.(eds.). *Metonymy in Language and Thought*. John Benjamine Publishing Company. Amsterdam: John Benjamine: 61–76.

Goldberg, Adele E. (1991) *It Can't Go Up the Chimney Down: Paths and the English Resultative*. BLS. (17): 368–378.

Goldberg, Adele E. (1995) *Constructions: A Construction Grammar Approach to Argument Structure*. Chicago: University of Chicago Press.

Goldberg, Adele E. (1997) The Relationship between Verbs and Constructions. In: Verspoor, M., Lee, K. D. & E.Sweetser.(eds.). *Lexical and Syntactical Constructions and the Construction of Meaning*. Amsterdam: John Benjamine: 383–398.

Goossens, L. (1990) Metaphtonymy: The Interaction of Metaphor and Metonymy in Expressions for Linguistic Action. *Cognitive Linguistics*. (3): 323–340.

Grice, H. P. (1975) "Logic and Conversation." In Cole, P. and Morgan,J.L. (eds). *Syntax and Semantics, vol.3: Speech Acts*. New York: Academic Press.

Halliday, M.A.K. (1994) *An Introduction to Functional Grammar*. London: Edward Arnold.

Halliday, M.A.K. & R.Hasan (1976) *Cohesion in English*. London: Longman.

Hara, K. & K.Min-Sun (2004) The Effect of Self-construals on Conversational Indirectness. *International Journal of Intercultural Relations*. (28) 1:1–18.

Hayase, N. (1997) The Role of Figure, Ground and Coercion in Aspectual Interpretation. In: Verspoor, M., Lee, K.D. and E.Sweetser. (eds.). *Lexical and Syntactical Constructions and the Construction of Meaning*. Amsterdam: John Benjamine: 33–35.

Huang, Y. (1991) A Neo-Gricean Pragmatics Theory of Anaphora. *Journal of Linguistics*. (27): 301–335.

Huang, Y. (2000) *Anaphora: A Cross–Linguistic Approach*. Oxford: Oxford University Press.

Jakobson, R.& M.Halle (1971) *Fundamentals of Language*. Berlin/New York: Mouton de Gruyter.

Jackendoff, R. (1997) *The Architecture of the Language Faculty*. Cambridge: The MIT Press.

Kay, P.& C. J.Fillmore. (1999) Grammatical Constructions and Linguistic Generalizations: The "What's X doing Y?" Construction. *Language*. (75) 1: 1–33.

Kövecses, Z.& G.Radden (1998) Metonymy: Developing a Cognitive Linguistic View. *Cognitive Linguistics*. (1): 37–77.

Kövecses, Z.& G.Radden, (1999) Towards a Theory of Metonymy. In: Panther, K-U. and G. Radden. (eds.). *Metonymy in Language and Thought*. Amsterdam / Philadelphia: John Benjamine. 17–60.

Lakoff, G.& M.Johnson (1980) *Metaphors We Live By.* Chicago /London: University of Chicago Press.

Lakoff, G. (1987) *Women , Fire and Dangerous Things: What Categories Reveal about the Mind.* Chicago: University of Chicago Press.

Lakoff, G.and M.Turner (1989) *More Than Cool Reasons: A Guide to Poetic Metaphor.* Chicago: The University of Chicago Press.

Langacker, Ronald W. (1987) *Foundations of Cognitive Grammar.* Vol I. *Theoretical Prerequisites.* Stanford, Calif: Stanford University Press.

Langacker, Ronald W. (1990) *Concept, Image, and Symbol: The Cognitive Basis of Grammar.* Berlin: Mouton de Gruyter.

Langacker, Ronald W. (1991) *Foundations of Cognitive Grammar: Volume II: Descriptive Application.* Stanford: Stanford University Press.

Langacker, Ronald W. (1993) Reference-point Constructions. *Cognitive Linguistics* (4):1–38.

Langacker, Ronald W. (2000) *Grammar and Conceptualization*. Berlin and New York: Mouton de Gruyter.

Langacker, Ronald W. (2002) Deixis and Subjectivity. In: Brisard, F.(eds.). *Grounding: The Epistemic Footing of Deixis and Reference*. Berlin: Mouton de Gruyter: 1–28.

Leech, G. (1983) *Principles of Pragmatics*. New York: Longman.

Levinson, S.C. (2000) *Presumptive Meanings: The Theory of Generalized Conversational Implicature.* Cambridge: The MIT press.

Lewis, M. (1997) Pedagogical Implications of Lexical Approach. In: Coady, J.& T. Huckin (eds.). *Second Language Vocabulary Aquicsition*. Cambridge: Cambridge University Press.

Liao, Chao-chi (1994) *A Study on Strategies, Maxims, and Development of Refusal in Mandarin Chinese*. Taipei: Crane.

Liao, Chao-chi. and I.B. Mary (1996) A Contrastive Pragmatic Study on American English and Mandrain Refusal Strategies. *Language Science* (18) :703–727.

Morgan, J. L. (1978) Two Types of Convention in Indirect Speech Acts. In: Cole, P. (eds.). *Syntax and Semantics 9: Pragmatics.* New York, Academic Press: 261–280.

Niemeier, S. (2000) Straight from the Heart-metonymic and Metaphorical Explorations. In Barcelona, A.(eds.). *Metaphor and Metonymy at the Crossroads.* Berlin / New York: Mouton de Gruyter: 195–214.

Panther, K-U. & G.Radden.(eds.) (1999) *Metonymy in Language and Thought*. Amsterdam: John Benjamine Publishing Company.

Panther, K-U. & L.Thornburg (1998) A Cognitive Approach to Inferencing in Conversation. *Journal of Pragmatic* (30): 755–769.

Panther, K-U. & L.Thornburg (1999a) Coercion and Metonymy: The Interaction of Constructional and Lexical Meaning. In: Lewandowska- Tomaszczyk, B. (eds.). *Cognitive Perspective on Language.*

Frankfurt am Main: Peter Lang: 37–52.

Panther, K-U. & L.Thornburg (1999b) The Potentiality for Actuality Metonymy in English and Hungarian. In: Panther, K-U. & G.Radden.(eds.). *Metonymy in Language and Thought*. Amsterdam: John Benjamine: 333–360.

Panther, K-U. & L.Thornburg (2000) The Effective for Cause Metonymy in English Grammar. In: Barcelona, A. (eds.). *Metaphor and Metonymy at the Crossroads: A Cognitive Perspective*. Berlin and New York: Mouton de Gruyter: 215–231.

Panther, K-U. & L.Thornburg. (eds.) (2003) *Metonymy and Pragmatic Inferencing*. Amsterdam: John Benjamine.

Panther, K-U. & L.Thornburg (2004) The Role of Conceptual Metonymy in Meaning Construction. Metaphorikde electronic paper available at http://www.metaphorik.de/Journal/.

Pérez Hernández, L. & I. F. J. Ruiz de Mendoza (2002) Grounding, Semantic Motivation and Conceptual Interaction in Indirect Directive Speech Ats. *Journal of Pragmatics*: (34–38): 259–284.

Radden, G. & Z.Kövecses (1999) Towards a Theory of Metonymy. In: Panther, K-U. & G. Radden. (eds). *Metonymy in Language and Thorght*. Amsterdam/Philadelphia: John Bejamine.

Radden, G. (2000) How Metonymic Are Metaphors? In: Barcelona, A.(eds.). *Metaphor and Metonymy at the Crossroads: A Cognitive Perspective*. Berlin: Mouton de Gruyter: 93–108.

Radden, G. (2002) How Metonymic Are Metaphors? In Dirven, R. & R.Pörings. (eds.). *Metaphor and Metonymy in Comparison and Contrast*. Berlin, New York: Mouton de Gruyter.

Radden, G. and K-i.Seto (2003) Metonymic Construals of Shopping Requests in HAVE and BE-languages. In: Panther, K-U.and L.Thornburg. (eds.). *Metonymy and Pragmatic Inferencing*. Amsterdam, Philadelphia: Benjamine: 223–239.

Radden, G. (2005) The Ubiquity of Metonymy. In: Otal Campo, J. L., Navarro i Ferrando, I. and B.Bellés Fortuño. (eds.) *Cognitive and Discourse Approaches to Metaphor and Metonymy*. Published in Spain.

Ruiz de Mendoza I.F. J. (1998) On the Nature of Blending as a Cognitive Phenomenon. *Journal of Pragmatics*. (30): 259–274.

Ruiz de Mendoza I.F. J. (1999) From Semantic Underdetermination via Metaphor and Metonymy to Conceptual Interaction. *Essen:* LAUD: 492.

Ruiz de Mendoza I.F. J. (2000) The Role of Mappings and Domains in Understanding Metonymy. In: Barcelona, A.(eds.). *Metaphor and Metonymy at the Crossroads*. Berlin. New York: Mouton de Gruyter: 109–132.

Ruiz de Mendoza I.F. J. (2005) High Level Cognitive Models: In Search of a Unified Framework for Inferential and Grammatical Behavior. In: Kosecki, K. (eds.). *Perspectives on Metonymy*. Frankfurt / Main. Peter Lang.

Ruiz de Mendoza I.F. J. & Díez Velasco, O. I. (2001) High-level Metonymy and Linguistic Structure. *Atlantis* 19 (1) : 297–314.

Ruiz de Mendoza I.F. J. & H. L. Pérez (2001) Metonymy and the Grammar: Motivation, Constraints and Interaction. *Language and Communication*. 21(4) : 321–357.

Ruiz de Mendoza I.F. J. & J. L.Otal Campo (2002) *Metonymy, Grammar, and Communication*. Albolote, Granada: Compares.

Ruiz de Mendoza I.F. J. & S. F. Santibáñez (2003) Content and Formal Cognitive Operations in Construing Meaning. *Italian Journal of Linguistics* 15(2) : 293–320.

Ruiz de Mendoza I.F. J. & B. Annalisa (2006) Illocutionary Constructions: Cognitive Motivation and Linguistic Realization. Theme session 3: Cognitive-linguistic Dimensions of Intercultural Pragmatics.

Ruiz de Mendoza I.F. J. & U.R. Mairal (2007) Levels of Description and Constraining Factors in Meaning Construction: An Introduction to the Lexical Constructional Model 1. Unpublishied Manuscript.

Ruiz de Mendoza I.F. J. & P. C.Maria Sandra (2008) Grammatical Metonymy within the "action" Frame in English and Spanish. In: Ángeles González, M., Lachlan Mackenzie J. and E. M. González Álvarez (eds.), *Current Trends in Contrastive Linguistics: Functional and Cognitive Perspectives:* 251–280.

Searle. John R. (1975) Indirect Speech Acts. In: Cole, P. & Morgan, J. Volume.3 (eds.). *Syntax and Semantics: Speech Acts.* New York: Academic Press.

Searle. John R. (1979) A Taxonomy of Illocutionary Acts. In Searl,J.R. (eds.). *Expression and Meaning*. Cambridge: CUP. 1–29.

Sperber, D. and D.Wilson (1986 /1995) *Relevance: Communication and Cognition*. Oxford: Basil Blackwell.

Sperber, D. and D.Wilson (1991) Loose Talk. In: Davis, S.(eds.). *Pragmatics, A Reader*. New York: OUP: 153–171.

Stephen U. (1962) Semantics: *An Introduction to the Science of Meaning*. Oxford: Basil Blackwell.

Talmy, L. (1988) The Relation of Grammar to Cognition. In: Rudzka-Ostyn, B.(eds.). *Topics in Cognitive Linguistics.* Amsterdam: John Benjamine: 165–205.

Talmy, L. (2000) *Toward a Cognitive Semantics.* Vol.1: *Concept Structuring Systems.* Cambridge. Mass: MIT Press.

Taylor, J. R. (1995) *Linguistic Categorization: Prototypes in Linguistic Theory*. Oxford: Clarendon.

Thornburg, L. & K-U.Panther (1997) Speech Act Metonymies. In: Liebert, W-A. Redeker, G. & L.Waugh. (eds.). *Discourse and Perspective in Cognitive Linguistics*. Amsterdam: John Benjamine: 205–219.

Turnbull, W. & K. L. Saxton (1997) Modal Expressions as Facework in Refusals to Comply with Requests: I think I should say "No" right now. *Journal of Pragmatics* (27) : 145–181.

Turner, M.& G.Fauconnier (2000) Metaphor, Metonymy, and Binding. In: Barcelona, A.(eds.). *Metaphor and Metonymy at the Crossroads*. Berlin: Mouton de Gruyter: 133–148. Also In: Dirven, R. & R.Pörings.(eds.). *Metaphor and Metonymy in Comparison and Contrast*. Berlin / New York: Mouton de Gruyter: 469–487.

Wasow, T. (1979) *Anaphora in Generative Grammar*. Ghent: E.Story. Scientia.

Warren, B. (2003) An Alternative Account of the Interpretation of Referential Metonymy and Metaphrer. In R. Dirven & R. Pörings (eds.) *Metaphor and Metonymy in Comparision and Contrast*. Amsterdam: John benjamins.

Wierzbicka, A. (1988) *The Semantics of Grammar*. Amsterdam: John Benjamine.

Wood L A. Kroger R O. (1994) The Analysis of Facework in Discourse: Review and Proposal. *Journal of Language and Social Psychology*. (13): 248–277.

Wray, A. (2002) *Formulaic Language and the Lexicon*. Cambridge UK: Cambridge University Press.

索　引

Z

后　记

这本书是在笔者2008年北京大学博士后出站报告基础上经反复修改而成，主要探讨作为人类认知方式之一的转喻在汉语和一些英语构式中的思维状况，并力求通过探究汉语认知的独特之处，对场境理论（Panther & Thornburg, 1998）和高层转喻思想（Ruiz de Mendoza & Díez, 2001）进行理论上的发展。国外学者Ruiz de Mendoza & Díez（2001）等将转喻分为高层和低层，在此基础上，本书对更为抽象的高层转喻进行深入探讨。我们的基本假设是汉语中有些语言表达尽管从文字上看不出存在转喻，但其意义获得存在着高层转喻思维。本项研究的目的在于揭示一些语言表达背后的高层转喻思维机制，解释一些从传统理论和言语行为理论难以解释的语言现象，并拓展篇章转喻这一新的转喻研究领域，从而加深对人类认知转喻思维的认识。

这本书提出高层转喻操作模式，并具体对五种语言现象中存在的高层转喻思维进行比较系统的探讨，即现代汉语间接拒绝、现代汉语疑问句的意义偏离、伏应现象、汉语“的”字结构与“What's X doing Y”构式。对这几种语言现象中的转喻思维提出共同的基本的转喻操作模式（见第三章），并且将重点放在探讨语境对转喻思维的限制和不同语言现象中转喻在具体语境下的操作上，对“的”字构式和“What's X doing Y”这两种构式也进行了有别于前人的深入探讨。本书提出高层转喻统一的理论模式，并分析各语言现象独特的认知特点。由于本书立足理论创新，所以观点可能会让读者感到新颖独特，也可能让读者感到奇异和主观，这也是我们迟至今日才让本书面世的原因之一。因为笔者一直在思考、修改、完善，以期观点能够站得住脚。

到目前为止，笔者就本书的主要观点已发表论文十多篇，分别列举如下：

（1）转喻矩阵域观（《外国语》，2008年，第2期）；（2）间接言语行为类型转换与转喻（《外语与外语教学》，2008年，第1期）；（3）转喻思维的多样性（《外语学刊》，2008年，第5期）；（4）高层转喻研究（《外语教学》，2008年，第6期）；（5）间接言语行为的转喻多域操作（《外语学刊》，2009年，第3期）；（6）转喻与语篇：伏应与转喻思维（《外语与外语教学》，2009年，第

5期)；(7) 认知语言学构式观(《重庆大学学报》，2009年，第2期)；(8) 构式与语境："What's X doing Y"构式的转喻限制性因素探讨(《外语教学与研究》，2010年，第2期)；(9)"的"字结构的构式观与转喻思维属性特点(《外语研究》，2010年，第5期)；(10)"的"字结构的语块构式观与转喻源域类型(《外国语》，2011年，第5期)；(11) 语境与高层转喻：基于现代汉语间接拒绝言语行为的探讨(《外国语文》，2012年，第5期)；(12) 现代汉语疑问句意义偏离的语境观与高层转喻机制(《外语学刊》，2012年，第6期)。

笔者就研究中的观点广泛与学界名人交流，积极参加国外学术交流活动。2007年7月，参加波兰召开的第十届国际认知语言学会议，并宣读论文"Metonymy Matrix Domain and Multiple Formations in Indirect Speech Act"；2007年9月参加芬兰召开的欧洲语言学会议，并专题发言，宣读论文"Indirect Speech Act Type Change and Metonymic Thinking"；2009年9月参加葡萄牙Catholic University of Portugal举办的"交际、认知和媒介国际会议"，并宣读论文"'What's X doing Y' Construction"；2009年10月参加西班牙"隐喻性语言的学习与使用"国际会议，并专题发言，宣读论文"Metonymy and Text: *Fu-ying* and Metonymic Thinking"；2010年6月参加荷兰阿姆斯特丹Vrije Universiteit举办的"国际隐喻研究与应用"会议，并专题发言，宣读论文"Metonymic Thinking in the Chinese 'X+de' Construction"。

另外，本书是教育部人文社科项目"语言中的高层转喻思维机制研究"(09YJA740022)的结项成果，同时也是2003年北京市社会科学理论著作出版基金资助项目。在这些成果及本人博士后基金项目"转喻与语法"(20070420267)的基础上，2011年，笔者又申请到国家人文社科项目"英汉语法中的高层转喻机制研究"(11BYY010)。总之，这一系列成果的连续取得更加激励本人在科研的道路上继续前进。

同时，本书的撰写得到了多方支持。首先是博士后指导教师申丹教授，这里有她闪光的智慧和辛勤的指导。当初，每写好一章，她都认真审阅、精心指导，尤其在"伏应"和"What's X doing Y"两章中更多地体现了她的智慧。这两章后来又在她的精心指导和亲自修改下共同发表。她认真严谨的做事做人态度将永远是我学习的榜样。在此，我也非常感谢我的博士生导师周流溪教授，我博士期间的课题研究是《转喻与语用推理》，周老师悉心指导，使我走上认知的研究道路。周老师博古通今，年过花甲，对教学科研等工作从不懈怠，是我学习的榜样。同时，在此也深深感谢给予我指导和帮助的胡壮麟、陆俭明、徐盛桓、王立非、张辉、黄国营、王克非、宁一中、束定芳、张克定、王文斌、文旭、徐赳赳、刘国辉、魏在江和何卫等诸多教授。感谢国外学者Ruiz de Mendoza、Panther and Thonburg、Randon and Barcelona的支持；此外，也深深感谢我先生段宏亮和两个孩子的支持；最后，感谢北京大学出版社唐娟华女士，她仔细严谨的审读修改使本书避免了许多错误。由于本人的水平有限，错谬之处在所难免，诚请各位批评指正。

陈香兰

2012年8月

The University of Warwick